书山有路勤为径,优质资源伴你行
注册世纪波学院会员,享精品图书增值服务

梅明平老师在厦门为元气森林经销商进行培训

梅明平老师受邀为惠发食品经销商进行培训,图为与经销商的合影

梅明平老师为济南邦德激光国外营销团队进行培训

梅明平老师为安徽正宇面粉提供渠道管理咨询，图为经销商调研现场

梅明平老师在济南培训姗拉娜经销商现场

梅明平老师受邀为中国辣味产业大会的演讲嘉宾

销售总监管理经销商的 **13**大模块 **105**种管理工具
区域经理管理经销商的 **14**大模块 **91**种管理工具

经销商管理
（第4版）

Distributor
Management

梅明平 著

帮助厂家销售总监和区域经理
有效提高经销商管理效率的实用工作手册

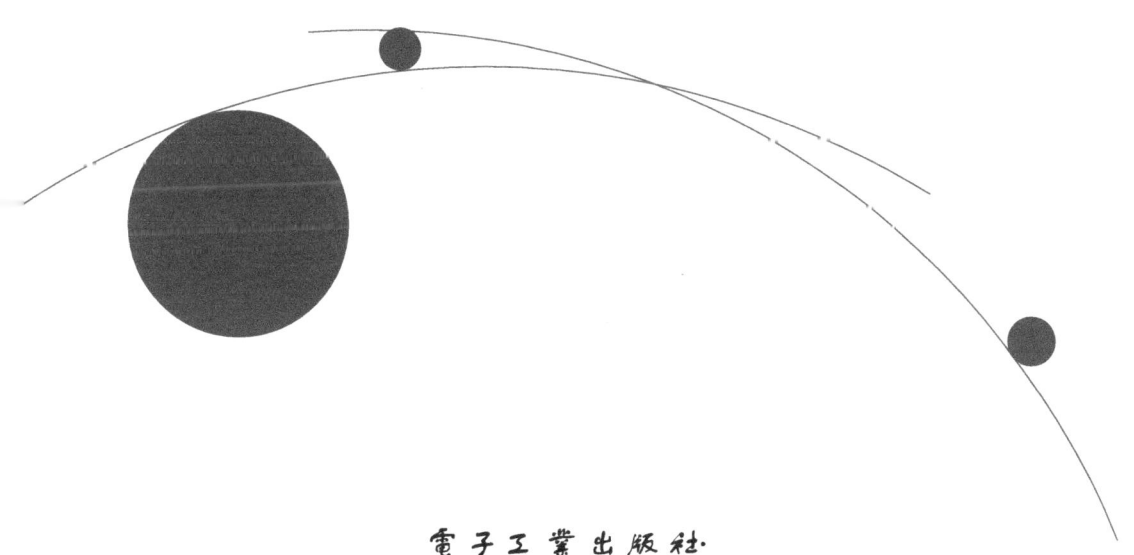

电子工业出版社
Publishing House of Electronics Industry
北京·BEIJING

内 容 简 介

本书是厂家管理经销商的全面解决方案。本书内容丰富、全面，实用性强，为销售总监提供了 13 大模块 105 种管理工具，为区域经理提供了 14 大模块 91 种管理工具，既能帮助销售总监制定具有竞争力的经销商管理制度，也能提供给中层、基层销售人员一套对经销商进行管理的有效办法。

未经许可，不得以任何方式复制或抄袭本书之部分或全部内容。
版权所有，侵权必究。

图书在版编目（CIP）数据

经销商管理 / 梅明平著．—4 版．—北京：电子工业出版社，2022.8
ISBN 978-7-121-43983-4

Ⅰ．①经… Ⅱ．①梅… Ⅲ．①企业管理－销售管理 Ⅳ．①F274

中国版本图书馆 CIP 数据核字（2022）第 127825 号

责任编辑：刘淑敏　　　文字编辑：刘琳　　　特约编辑：田学清
印　　　刷：涿州市般润文化传播有限公司
装　　　订：涿州市般润文化传播有限公司
出版发行：电子工业出版社
　　　　　北京市海淀区万寿路 173 信箱　　　邮编：100036
开　　本：720×1000　　1/16　　印张：25.25　　字数：467 千字　　彩插：1
版　　次：2007 年 10 月第 1 版
　　　　　2022 年 8 月第 4 版
印　　次：2025 年 8 月第 9 次印刷
定　　价：89.00 元

凡所购买电子工业出版社图书有缺损问题，请向购买书店调换。若书店售缺，请与本社发行部联系，联系及邮购电话：(010) 88254888，88258888。
质量投诉请发邮件至 zlts@phei.com.cn，盗版侵权举报请发邮件至 dbqq@phei.com.cn。
本书咨询联系方式：(010) 88254199，sjb@phei.com.cn。

专家推荐

本书为厂家销售总监提供的13个模块105种管理工具，是销售总监制定公司经销商管理制度最实用的工具；为厂家区域经理提供的14个模块91种管理工具，可以让销售人员快速掌握管理经销商的方法。本书是厂家销售总监和区域经理（企业管理者）必备的工具书，也适合作为大学营销类专业学生的辅导教材。

——武汉大学经济与管理学院　张广玲博士

本书是一本经销商管理方面的具有权威性的图书，从经销商管理制度的制定到如何管理经销商，都进行了详细的论述。汇泰龙的经销商管理实践与本书的许多内容相符。本书是目前指导企业管理经销商的少有的实战、实效、实用图书，值得企业借鉴。

——汇泰龙装饰材料有限公司董事长　陈鸿填

我请梅老师对我公司的经销商和业务员进行过多次培训，梅老师的培训深受经销商和销售人员欢迎。公司销售总监宋鹏飞曾去上海参加了梅老师《厂商持续共赢模式》销售总监精品班的培训，对改善经销商的管理工作很有帮助。梅老师在经销商管理方面确实是国内少有的兼具理论和实战的老师。

——浙江快活林食品有限公司总经理　王文刚

开发新的区域市场、招聘新的经销商是企业进行市场扩张的一项重要工作，本书在指导区域市场开发、选择经销商方面给予了详细的指导。

——柯尚木业有限公司董事长　罗杰

本书在经销商管理领域非常具有实战性和实效性。作者以高层管理者特有的洞察力和实战经验，总结出管理经销商的有效方法，值得企业借鉴。

——广东琪雅事业有限公司董事长　张仕武

本书给予销售总监的 105 种管理工具和给予区域经理的 91 种管理工具非常实用，能大大提高企业管理经销商的水平，是实现厂商共赢的必备工具书。

——北京英惠尔生物技术有限公司董事长　任泽林博士

第 4 版序

我非常高兴《经销商管理》(第 4 版)能够与广大读者见面,自从第 1 版于 2007 年 10 月面市以来,本书历经了 3 次修订,第 3 版至今已加印 23 次,这在同类书籍中实属少见,作为本书的作者,我倍感欣慰,同时深受鼓舞。

《经销商管理》是我从经销商管理实践中摸索、积累、总结的一套完整的方法论,目的是为企业总经理、销售总监、区域经理和业务员提供一套系统的、实操性强的经销商管理解决方案,帮助他们解决面对经销商时的难题,提高营销渠道效率,实现厂商共赢。我离开企业从事经销商培训和咨询以来,已经服务了 2000 多家生产商,一方面帮助他们培训经销商和销售人员,另一方面帮助他们制定高效的经销商管理体系。在服务生产商的过程中,我不断发现国内经销商管理存在的问题,持续完善自己的理论体系,并积累了大量实战案例。多年来,我始终秉持"授人以鱼,不如授人以渔"的理念,不断输出自身的知识,以期能够帮助更多人。除了《经销商管理》持续的更新,我还陆续出版了《经销商激励》《经销商窜货管理》《周转·周赚》,从经销商管理的各个方面入手,提出了更加精细化、更有针对性的解决方案,同时为广大经销商提供了利润增长策略的指导。

本书延续第 3 版的结构,分为 3 个部分。

第 1 部分包括前两章,主要介绍关于经销商的基础知识,对厂商关系进行了明确的定位,为读者后续的学习做好铺垫。

第 2 部分针对销售总监级别的读者,从第 3 章到第 13 章,介绍了销售总监必须掌握的经销商管理知识,内容覆盖了分销渠道选择、返利设计、经销商激励、对经销商促销、应收账款管理、合同管理、渠道冲突、窜货管理、绩效评估、经销商培训、经销商年会,每章都对相应的方法进行了细致的论述,并在末尾辅以"实战演练""厂家销售总监工具箱",旨在为销售总监提供具体的、可操作的方法,对其进行手把手的指导。

第 3 部分针对区域经理级别的读者，从第 14 章到第 27 章，介绍了招商策略、招商标准、开发流程、拜访经销商、激励、压货、促销、终端管理、货款管理、投诉处理、窜货管理、更换经销商、业务员管理、日常工作方面的方法和策略，同样提供了"实战演练""厂家区域经理工具箱"，以满足读者的实践需求。

在附录中我向读者提供了水平自测，便于读者了解自身情况，明确学习目标。同时，我列表总结了销售总监管理经销商的 13 大模块 105 种管理工具，以及区域经理管理经销商的 14 大模块 91 种管理工具，便于读者根据自身情况有针对性地查阅、学习。

在延续第 3 版结构的基础上，我对本书内容做了进一步修订，结合近几年我的培训和咨询实践，对旧版中的案例进行了调整，对相关数据进行了完善。在内文的版式设计上，本书采用了更加突出重点的新版式。同时在编校上，相关人员对书稿进行了精雕细刻，力求给读者带来更好的阅读体验。

本书是我对经销商管理领域知识传播与培训咨询工作精益求精之作，读者想要获取更多经销商管理知识、视频课程，或者量身定做的"经销商管理体系建设"的营销渠道管理咨询服务，可以关注微信公众号"梅明平讲渠道"，或者访问武汉新蓝海营销管理咨询有限公司的官方网站。武汉新蓝海营销管理咨询有限公司是我 2008 年创办的专注于营销渠道管理的咨询公司，以帮助制造商实现厂商共赢为宗旨，至今已为格力、美的、益海嘉里、白象、伊利、五得利、双汇、思念、海尔、康师傅、泸州老窖、青岛啤酒、创维、苏泊尔、雷士照明、金牌洁具、东鹏陶瓷、鸿星尔克、柒牌男装、姗拉娜、元气森林等上千家企业提供培训与咨询服务。

随着互联网的进一步发展，购物在线化、渠道碎片化、管理数字化的趋势将愈演愈烈。为了加快经销商实现数字化管理的进程，《经销商数字化建设》将很快面市，希望这本书能够帮助经销商利用数字化管理软件，解决数字化转型难题，建立数字化运营体系，从而面对复杂多变的形势，细化运营管理，提升利润空间，提高管理效率。

伴随科技的发展，消费者权利的增加，新兴渠道会不断涌现，如抖音、快手、小红书、拼多多、微信、京东、天猫、社区拼团、美团、微博等，但无论线上线下渠道如何发展，实体经销商都是营销渠道最重要的成员，制造商利用实体经销商实现线上

第 4 版序

线下深度融合，将是未来营销渠道的发展趋势。制造商只有与实体经销商实现厂商共赢，才能拥有持久的竞争优势。为此，《厂商共赢战略》也将很快面市。厂商共赢战略是我的核心理念，旨在帮助制造商的管理层进行渠道战略顶层设计，从根本上提高经销商的管理水平，打造稳固的营销渠道，真正实现厂商一体，携手共赢。

《经销商管理》（第 4 版）得以出版，首先非常感谢电子工业出版社的编辑刘琳老师，她一直鼓励我、帮助我完成第 4 版的修订工作。同时非常感谢曾经为《经销商管理》出版面市付出努力的王慧丽、王莞朕、王斌 3 位老师，因为她们的认真负责，才使这本书成为行业的经典之作。

我非常感谢我们团队的祝智君老师，10 多年来一直协助我的工作，她一丝不苟、勤奋认真的精神令人敬佩，她深入洞察企业需求与难点，为帮助企业改善和提升而尽心尽力。感谢吕瑞雪老师，她的新媒体运营使得我的经销商管理思想能够更好地传播，以帮助更多的企业。感谢谭红平老师，她工作兢兢业业，时刻为他人排忧解难。感谢我们团队的所有成员，你们让我的这份使命更有意义。

此外，非常感谢我的老师——武汉大学经济与管理学院的张广玲教授，自从在武汉大学 MBA 参加张老师的课程以来，她一直非常关心我的事业，为我的书写序，并给予了我很多建议。感谢妻子罗平对我事业的一贯支持，同时为儿子梅佶一家感到自豪。

本书既可以帮助制造商、生产商、品牌商的渠道管理者（如董事长、总经理、销售总监、渠道经理等）制定经销商管理制度，提升经销商管理效益，也可以为渠道执行者（如大区经理、省区经理、城市经理、业务员等）提供极大的指导，还可以作为高校营销类专业学生和 MBA、EMBA 学生的辅导教材，以及营销渠道研究人员的参考资料。欢迎广大读者朋友与我开展更多交流，我的电话号码是 13971258318（微信同号），邮箱是 meimingping@163.com。

梅明平于武汉

2022 年 7 月 18 日

目录

第1部分 关于经销商

第1章 定义经销商 3
1.1 经销商的定义 4
1.2 经销的形式 6
1.2.1 独家经销 6
1.2.2 非独家经销 9
1.3 批发型经销商与终端型经销商 12
1.4 经销商与代理商 13
1.4.1 经销商与代理商的区别 13
1.4.2 经销商与代理商的业务流程 14
1.5 经销商在渠道中的作用 16
1.6 厂家销售总监工具箱 19

第2章 厂商关系 20
2.1 厂家与经销商的关系 21
2.1.1 相互依赖的关系 21
2.1.2 相互矛盾的关系 21
2.2 销售人员与经销商的关系 23
2.2.1 销售人员与经销商关系的误区 23
2.2.2 销售人员与经销商的两种关系 24
2.3 新型厂商关系的建立 26
2.3.1 厂商共赢关系 26
2.3.2 传统厂商关系与厂商共赢关系的比较 26
2.4 厂家销售总监工具箱 27

第2部分　销售总监篇

第3章　分销渠道选择 31
3.1　分销渠道的结构 32
3.1.1　直接渠道与间接渠道 32
3.1.2　长渠道与短渠道 32
3.1.3　宽渠道与窄渠道 33
3.1.4　单渠道与多渠道 33
3.2　影响分销渠道设计的因素 35
3.3　典型的分销渠道模式 37
3.3.1　消费品渠道模式 37
3.3.2　玩具产品渠道模式 38
3.3.3　服务渠道模式 39
3.3.4　消费类电子产品渠道模式 39
3.3.5　地板产品渠道模式 39
3.4　厂家销售总监工具箱 44

第4章　返利设计 45
4.1　返利概述 46
4.1.1　返利的定义 46
4.1.2　返利的功能 46
4.1.3　返利的目的 47
4.1.4　返利引起窜货 48
4.2　返利的种类 49
4.2.1　按返利兑现时间分类 49
4.2.2　按返利兑现方式分类 50
4.2.3　按返利奖励目的分类 51
4.2.4　按返利内容分类 52
4.3　选择返利的兑现形式 55
4.4　确定返利水平 56
4.4.1　不同行业的返利水平 57
4.4.2　产品利润率水平 57

目录

  4.4.3 产品类别 57
  4.4.4 竞争对手的返利水平 58
 4.5 建设返利系统的关键点 58
  4.5.1 产品生命周期 59
  4.5.2 经销商队伍稳定情况 59
  4.5.3 销售淡旺季 59
  4.5.4 市场掌控度 60
 4.6 设计返利系统 60
  4.6.1 确定返利项目、返利水平和返利时间 60
  4.6.2 确定返利兑现方式 61
  4.6.3 返利累计定位 63
  4.6.4 成熟产品返利制度 65
 4.7 实战演练 67
 4.8 厂家销售总监工具箱 69

第5章 经销商激励 70

 5.1 激励经销商的3个维度 71
  5.1.1 发现经销商的需求与问题 71
  5.1.2 为经销商提供支持 75
  5.1.3 确保厂家的领导权 80
 5.2 经销商销售竞赛 82
  5.2.1 确定销售竞赛目标 83
  5.2.2 确定优胜者奖赏 85
  5.2.3 制定竞赛规则 87
  5.2.4 确定竞赛主题 88
  5.2.5 确定竞赛费用预算 88
  5.2.6 召开经销商动员和总结会议 89
 5.3 激励经销商常用的方法 90
 5.4 厂家销售总监工具箱 92

第6章 对经销商促销 93

 6.1 对经销商促销的问题和论点 94

XI

6.1.1 对经销商促销存在的主要问题 94
   6.1.2 对经销商促销的论点 94
6.2 对经销商促销的主要内容 95
   6.2.1 协作性广告 95
   6.2.2 促销补贴 96
   6.2.3 展销 97
   6.2.4 店内促销 97
   6.2.5 配额规定 98
   6.2.6 特派员 98
   6.2.7 培训 99
6.3 对经销商促销的主要方式 101
   6.3.1 按促销区域分 101
   6.3.2 按促销对象分 104
6.4 促销的主要技巧 108
   6.4.1 找准促销对象 108
   6.4.2 弄清产品促销与销量的关系 109
   6.4.3 不同产品的促销方法 111
   6.4.4 产品促销组合 113
6.5 实战演练 114
   6.5.1 金科公司对经销商的终端支持 114
   6.5.2 金科公司对不同产品的促销模式 117
   6.5.3 促销的战略行为及其实施 118
6.6 厂家销售总监工具箱 119

第7章 应收账款管理 120
7.1 应收账款的概念 120
7.2 经销商信用评估 121
   7.2.1 5C 信用评估法 121
   7.2.2 综合评估法 123
7.3 确定经销商信用额度 124
   7.3.1 信用限额 124
   7.3.2 信用期限 125

目录

- 7.3.3 现金折扣 126
- 7.3.4 可接受的支付方式 126
- 7.4 应收账款的日常管理 127
  - 7.4.1 应收账款追踪分析 127
  - 7.4.2 定期分析应收账款账龄，及时收回应收账款 127
  - 7.4.3 实行滚动收款 129
  - 7.4.4 建立坏账准备金制度 129
- 7.5 及时收回应收账款 129
  - 7.5.1 确定收账程序 129
  - 7.5.2 回款控制 130
  - 7.5.3 催债方法 130
- 7.6 实战演练 132
  - 7.6.1 《房屋抵押合同》样本 132
  - 7.6.2 科学、合理的催款程序 135
- 7.7 厂家销售总监工具箱 135

第8章 合同管理 137

- 8.1 经销合同的作用 138
- 8.2 经销合同的内容 138
- 8.3 签订经销合同应注意的事项 142
- 8.4 经销合同签订程序 143
- 8.5 实战演练 144
  - 8.5.1 销售总监如何制定有话语权的《产品经销合同》 144
  - 8.5.2 《产品经销合同》样本 145
- 8.6 厂家销售总监工具箱 149

第9章 渠道冲突 151

- 9.1 经销商冲突的类型 152
- 9.2 经销商冲突的原因 153
- 9.3 渠道冲突与渠道效率 155
- 9.4 解决渠道冲突的方法 158
- 9.5 厂家销售总监工具箱 159

第 10 章 窜货管理 160

10.1 窜货概述 161
10.1.1 窜货的概念 161
10.1.2 窜货的形式 161
10.1.3 窜货的性质 162
10.1.4 窜货的诱因 163

10.2 打码 164

10.3 市场督察部 166
10.3.1 销售人员处理窜货问题的缺陷 166
10.3.2 设立市场督察部 167
10.3.3 市场督察部的职责 169

10.4 处罚标准 170

10.5 市场秩序管理公约 170

10.6 实战演练 171
10.6.1 好佳公司《市场秩序管理公约》 171
10.6.2 好佳公司《市场违规处罚条例》 173

10.7 厂家销售总监工具箱 174

第 11 章 绩效评估 176

11.1 绩效评估的影响因素 177

11.2 绩效评估的步骤 178
11.2.1 制定绩效评估标准 178
11.2.2 确定绩效评估方法 182
11.2.3 提出整改建议 184

11.3 实战演练 185
11.3.1 销售总监如何确定经销商的评价标准 185
11.3.2 销售总监如何处理那些业绩差的经销商 186

11.4 厂家销售总监工具箱 186

第 12 章 经销商培训 187

12.1 确定经销商培训内容 188
12.1.1 确定经销商培训层次 188

  12.1.2 确定经销商培训形式 189
  12.1.3 确定经销商培训师 189
 12.2 编写经销商培训资料 191
 12.3 实战演练 192
 12.4 厂家销售总监工具箱 198

第13章 经销商年会 199
 13.1 确定年会的主要内容 200
 13.2 确定年会时间 201
 13.3 选择年会地点 201
 13.4 确定参会人员 202
 13.5 会议议程策划 202
 13.6 发出年会邀请 205
 13.7 年会现场控制 205
 13.8 会后评估 206
 13.9 年会费用预算 206
 13.10 准备年会欢迎函 206
 13.11 厂家销售总监工具箱 207

第3部分 区域经理篇

第14章 招商策略 211
 14.1 分两步走策略 211
 14.2 追随策略 212
 14.3 逆向拉动策略 213
 14.4 实战演练 214
  14.4.1 选不到好的经销商怎么办 214
  14.4.2 选择经销商的4大误区 214
 14.5 厂家区域经理工具箱 215

第15章 招商标准 216
 15.1 经营思路 216
 15.2 经营实力 218

XV

- 15.3 管理能力 219
- 15.4 合作意愿 220
- 15.5 实战演练 221
  - 15.5.1 汇泰龙选择经销商的5大标准 221
  - 15.5.2 比尔寻找经销商 222
- 15.6 厂家区域经理工具箱 223

第16章 开发流程 224

- 16.1 前期准备 225
  - 16.1.1 心理准备 225
  - 16.1.2 形象准备 227
  - 16.1.3 资料准备 227
- 16.2 收集信息 228
- 16.3 商务谈判 230
  - 16.3.1 谈判资料的准备 230
  - 16.3.2 商务谈判的6大注意事项 230
  - 16.3.3 谈判步骤 231
- 16.4 签订合同 233
- 16.5 实战演练 235
  - 16.5.1 在招商谈判中如何让经销商感到安全 235
  - 16.5.2 在招商谈判中如何让经销商感到一定会赚钱 236
- 16.6 厂家区域经理工具箱 237

第17章 拜访经销商 238

- 17.1 拜访准备 239
- 17.2 拜访任务 240
- 17.3 拜访总结 243
- 17.4 实战演练 244
  - 17.4.1 区域经理拜访经销商记录表 244
  - 17.4.2 区域经理拜访经销商工作流程检查表 245
- 17.5 厂家区域经理工具箱 246

目录

第 18 章 激励 247
- 18.1 利益激励 248
- 18.2 服务激励 251
- 18.3 精神激励 252
- 18.4 实战演练 254
  - 18.4.1 区域经理提升经销商积极性的 8 种方法 254
  - 18.4.2 如何调整经销商的销量以提升返利 254
- 18.5 厂家区域经理工具箱 255

第 19 章 压货 256
- 19.1 压货的目的 257
- 19.2 压货的方式 258
- 19.3 给经销商施压 259
- 19.4 给业务员施压 260
- 19.5 加强终端分销 261
- 19.6 厂家区域经理工具箱 263

第 20 章 促销 264
- 20.1 KA 卖场堆头促销 265
- 20.2 铺市促销 266
- 20.3 应对竞争对手的促销 266
- 20.4 会议促销 267
- 20.5 新产品促销 268
- 20.6 应对窜货的促销 269
- 20.7 编写促销方案 270
- 20.8 实战演练 270
  - 20.8.1 促销方案制定表 270
  - 20.8.2 促销大礼包带动辅销产品销售 272
- 20.9 厂家区域经理工具箱 272

第 21 章 终端管理 273
- 21.1 终端队伍管理 274

XVII

21.2 终端业务管理 275
21.3 终端价格管理 279
  21.3.1 对零售价高于厂家的市场指导价的管理 279
  21.3.2 对零售价低于厂家的市场指导价的管理 279
  21.3.3 对批发价低于厂家的市场指导价的管理 280
21.4 厂家区域经理工具箱 282

第22章 货款管理 283

22.1 降低货款风险 283
  22.1.1 协助经销商加强应收账款管理 284
  22.1.2 不要过分要求高铺货率 285
  22.1.3 厂家与经销商共担铺货风险 285
  22.1.4 用返利模式来降低货款风险 286
  22.1.5 关注零售终端的欠款信号 286
22.2 严格管理应收账款 287
  22.2.1 加强原则性 287
  22.2.2 加强回款意识 287
  22.2.3 在销售合同中明确账款条款 287
  22.2.4 严格执行经销商开户制度 288
  22.2.5 定期协助经销商与财务对账 288
  22.2.6 关注经销商欠款信号 289
22.3 应收账款处理方法 290
  22.3.1 正常应收账款的处理方法 290
  22.3.2 已被拖欠款项的处理方法 290
  22.3.3 呆账和坏账的处理方法 291
22.4 实战演练 291
  22.4.1 销售人员应了解的追款方式 291
  22.4.2 拖欠时间与追收成功率的关系 291
22.5 厂家区域经理工具箱 292

第23章 投诉处理 293

23.1 处理投诉的6种原则 293

	23.1.1	先处理人，后处理事 293
	23.1.2	限时答复 294
	23.1.3	从倾听开始 294
	23.1.4	认同经销商的感受 294
	23.1.5	表示愿意提供帮助 295
	23.1.6	确实解决问题 295
23.2	产品质量投诉 296
23.3	窜货投诉 296
23.4	延迟送货投诉 297
23.5	服务质量投诉 297
23.6	对厂家驻地业务员的投诉 298
23.7	垫付费用投诉 298
23.8	对账单投诉 299
23.9	兑现返利投诉 299
23.10	实战演练 300
	23.10.1	处理投诉时留下文字资料的 4 大好处 300
	23.10.2	投诉处理所采用的标准格式 300
23.11	厂家区域经理工具箱 301

第 24 章 窜货管理 302

24.1	查出窜货真相 303
24.2	判断窜货影响 304
24.3	上报给直接领导 304
24.4	确定处理方案 304
24.5	实施应对措施 306
24.6	做好善后工作 306
24.7	实战演练 307
24.8	厂家区域经理工具箱 308

第 25 章 更换经销商 309

| 25.1 | 前期准备 .... 310 |
| | 25.1.1 | 签订整改备忘录 .... 310 |

- 25.1.2 确定候选经销商 ... 311
- 25.2 正式解除合约 ... 311
- 25.3 妥善处理善后事宜 ... 312
  - 25.3.1 为主要的下游客户做正面的文字说明 ... 312
  - 25.3.2 暂停新产品上市 ... 313
  - 25.3.3 库存处理 ... 313
  - 25.3.4 账款处理 ... 314
- 25.4 新经销商支持 ... 314
- 25.5 厂家区域经理工具箱 ... 315

第26章 业务员管理 ... 317

- 26.1 业务员的工作职责 ... 318
- 26.2 业务员的管理问题 ... 318
- 26.3 有效管理业务员 ... 319
  - 26.3.1 销售人员有效管理业务员的主要内容 ... 319
  - 26.3.2 建立业务员的工作标准 ... 320
  - 26.3.3 报表管理 ... 323
- 26.4 实战演练 ... 325
  - 26.4.1 厂家驻地业务员岗位职责及管理制度 ... 325
  - 26.4.2 金辉厂督察员监督驻地业务员的岗位职责 ... 327
- 26.5 厂家区域经理工具箱 ... 327

第27章 日常工作 ... 328

- 27.1 建立经销商档案 ... 328
- 27.2 对经销商进行分类 ... 331
- 27.3 销售指标分析 ... 331
  - 27.3.1 销售增长率 ... 332
  - 27.3.2 销售额 ... 332
  - 27.3.3 出货量 ... 334
  - 27.3.4 销售计划完成率 ... 335
  - 27.3.5 其他销售指标 ... 336
- 27.4 确定月工作计划 ... 337

    27.4.1　确定本月经销商销售计划 337
    27.4.2　确定月度重点管理的经销商 338
    27.4.3　确定月工作行程表 339
  27.5　月度工作总结 340
    27.5.1　区域经理对自己月度工作的总结 340
    27.5.2　区域经理对所管理的经销商的工作进行月度总结 341
  27.6　实战演练 342
    27.6.1　广东省经销商快讯 342
    27.6.2　北京英惠尔9月销售工作总结会议安排 344
  27.7　厂家区域经理工具箱 345

附录A　《厂商共赢渠道战略》厂家总裁班 346

附录B　《数字化转型》经销商总裁班 360

附录C　销售总监管理经销商的13大模块105种管理工具 374

附录D　区域经理管理经销商的14大模块91种管理工具 378

第1部分　关于经销商

导读

第1章　定义经销商

第2章　厂商关系

梅明平老师培训厦门视贝科技经销商现场

梅明平老师在长沙为雷丁电动汽车经销商进行培训

梅明平老师被聘为易咖商学院院长

第 1 章　定义经销商

 问题与痛点

在经销商的管理实践中，存在以下问题与痛点。

1. 有些厂家混淆经销商、代理商、加盟商、批发商的概念，导致定位不清、职责不明。
2. 有些厂家盲目选择产品的分销渠道，导致渠道营销费用越来越高，产品利润越来越低，最终失去竞争优势。
3. 有些厂家一味渠道下沉，通路精耕。殊不知，"成也萧何，败也萧何"，虽然保证了一时的业绩增长，但销售员工数量的急剧增加，以及大量的促销费用，导致厂家的渠道成本快速增加、利润急剧下降，管理难度越来越大。如果此时原材料价格上涨、产品价格下降，厂家更是雪上加霜。
4. 为了控制渠道，有些厂家一味扩大直营范围，甚至将经销商改为自营商，原来的经销商摇身一变成为厂家的职业经理人。殊不知，控制力加强了，但渠道的发动机（经销商就是发动机）没有了。如果厂家在销量持续上升的顺境下，问题就会被隐瞒，一旦发展遇到障碍，厂家的自营渠道由于固定成本过大、利润下降，离崩溃就不远了。很多大公司的渠道变革就经历过这样的波折，但现在还有一些大公司正在或准备冒着风险自营化。
5. 有些厂家不了解专销、专营和多品牌经营的优缺点，对于经销商中专销商的占比任其发展、毫无控制，结果专销商的比例越来越低，厂家的产品销量在经销商的产品销量中占比越来越低，经销商的忠诚度越来越低。

6. 有些厂家对经销商的作用界定不清晰。厂家对经销商的职责大包大揽，协助促销、协助开发分销渠道、协助谈判、协助管理、协助融资，最终经销商养成严重依赖厂家的习惯，导致厂家的负担越来越重。

1.1 经销商的定义

经销商的定义很多，但其本质是一致的，即产品从厂家传至消费者手中通常要经过的中间渠道。经销商是渠道中间商的一种，它们不制造产品，不创造产品的使用价值。

> ➡ **名词解释：经销商**
> 将从厂家购入的产品以批量销售的形式通过自己拥有的分销渠道向零售商或批发商进行销售的独立或连锁的商业机构。

图 1-1 所示为几种典型的消费品分销渠道模式。

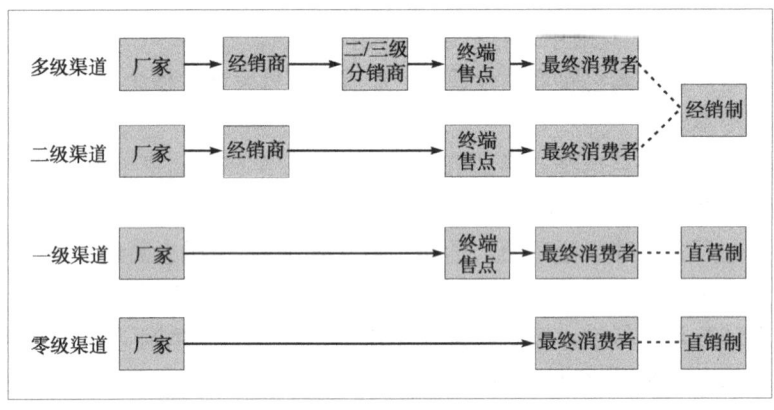

图 1-1 几种典型的消费品分销渠道模式

 梅明平对厂家销售总监说

分销渠道模式看起来简单，但在实际运用中涉及厂家所选择的经销商数量多少、销售人员规模大小，以及厂家对渠道的掌控力度等问题，直接影响厂家的经营成本和利润，对厂家后续的竞争力产生重要影响。

例如，你希望开发湖南省市场，湖南省有 14 个地级市场（含 13 个地级市和 1 个自治州）、86 个县级市场（含 19 个县级市、60 个县和 7 个自治县）。

方法1：选择短渠道，即按照县划分区域市场。

你需要的经销商数量：100个，即14个地级市场经销商加86个县级市场经销商。

你需要的销售员工数量：25位，包括20位业务员、4位区域经理和1位省区经理。假设1位业务员管理5个经销商，则需要20位业务员；1位区域经理管理5位业务员，则需要4位区域经理；1位省区经理管理4位区域经理。

给你带来的销售额：每月128万元。假设1个县级市场经销商每月销售额为1万元，共86万元；1个地级市场经销商每月销售额为3万元，共42万元。

销售员工需要的费用开支：每月14.2万元，含工资、奖金、保险和差旅费。其中1位省区经理1万元，4位区域经理3.2万元（1位区域经理按照0.8万元计算），20位业务员10万元（1位业务员按照0.5万元计算）。

销售员工的费用占比：11.1%，即14.2万元的销售费用带来128万元的销售额。

经营利润：3.9%。如果该厂家产品的销售毛利润为15%，减去渠道营销费用（假设渠道营销费用用销售员工的费用11.1%表示），则只剩下3.9%，绝对利润为4.99万元（128万元×3.9%）。

方法2：选择长渠道，即按照省划分区域市场。

你需要的经销商数量：1个，即1个省级市场经销商。

你需要的销售员工数量：1位，即1位省区经理服务1个经销商。

给你带来的销售额：每月50万元（因经销商数量少，销售额会比128万元减少78万元）。

销售员工需要的费用开支：每月1万元，含工资、奖金、保险和差旅费。

销售员工的费用占比：2%，即1万元的销售费用带来50万元的销售额。

经营利润：13%。如果该厂家产品的销售毛利润为15%，减去渠道营销费用（假设渠道营销费用用销售员工的费用2%表示），则还剩下13%，绝对利润为6.5万元（50万元×13%），比128万元带来的4.99万元的绝对利润要多1.51万元。

通过以上短渠道和长渠道的分析可以预测以下情况：即使接下来原材料涨价，销售员工工资上升，因竞争导致产品价格下降，长渠道也比短渠道的营销费用可操作空间大得多，竞争力强得多，厂家寿命长得多。

选择短渠道的厂家，营销费用会越来越高，经营会越来越困难，竞争力会越来越弱。

你的厂家目前采用的是短渠道模式吗？

虽然长、短渠道都有各自的优缺点，不能一概而论，但：
- 什么样的厂家适合短渠道？
- 厂家应该采用什么渠道模式？
- 如果现在采用的短渠道模式导致渠道营销费用居高不下，那有没有办法将现有的短渠道模式改为长渠道模式？
- 是自营模式好还是经销模式好？

以上问题牵涉厂家的发展命脉，是厂家发展需要解决的战略问题，一旦解决不及时，将会导致前功尽弃。

以上问题牵涉厂家的发展命脉，是厂家发展需要解决的战略问题，一旦解决不及时，将会导致前功尽弃。如果厂家想了解更多信息，或者得到量身定做的解决方案，可以关注我的《厂商共赢渠道战略》公开课，为你一一解答，让你的企业基业长青、永续经营。

1.2 经销的形式

1.2.1 独家经销

→ **名词解释：独家经销**
在一定时期、一定区域，经销商对厂家特定的产品具有独家购买权和销售权，这种经销方式适合流通性较强、品牌知名度较高、销量较大或者价值较低的产品。独家经销分为3种类型，即专销、专营和多品牌经销。

→ **名词解释：专销**
专门销售某厂家的系列产品，不再经销其他厂家的产品。采用专销形式的经销商称为专销商。

→ **名词解释：专营**
专门销售某厂家的系列产品，不再经销其他同类型厂家的竞争性产品。采用专营形式的经销商称为专营商。

→ **名词解释：多品牌经销**
在一定时期、一定区域，经销商对某厂家特定的产品具有独家购买权和销售权，但同时可以经销其他厂家的产品，包括竞争性产品。采用多品牌经销形式的经销商称为多品牌经销商。

1. 独家经销的优点

（1）提升经销商的忠诚度。独家经销可以更好地维护经销商的利益，确保它们的未来收益，赢得它们的"忠心"。厂家采用独家经销使得一个区域市场内只有唯一的、占有垄断性地位的经销商，这个经销商可以通过价格杠杆获得较高的利润，从而更紧密地维系与厂家之间的合作伙伴关系。

（2）增强经销商的信心。厂家采用独家经销，渠道策略调整幅度不大，有利于维护渠道稳定，安抚"军心"。经销商追求利益，同时希望尽可能地降低自身经营风险，而经销商的经营风险绝大多数来源于厂家营销策略的随意变动。厂家营销策略不变或者变动较小，经销商经营风险会随之大大降低，这有利于增强经销商信心，刺激经销商继续加大市场投入力度，厂家也会获得相应的回报。

（3）树立厂家的良好形象。在市场规模扩大后，厂家继续选择独家经销，可以给自己的经销商和其他经销商树立"楷模"。经销商的口碑传递非常迅速，而且极其重要。经销商特别看重那些讲信誉的厂家。厂家持续选择一个经销商，可以增强经销商的信心。毕竟，前期的付出终究是有现在的丰厚回报的，这也向业内同行塑造了一个"诚信营销"的良好形象，厂家可以借此迅速进入其他市场。

（4）维护经销商的利益。区域保护可以有效维护经销商的利益，避免后期由于经销商众多而造成的利益纠纷，以及由此而导致的市场份额下降局面。

（5）提升经销商的积极性。区域保护可以增强经销商的安全感，提升经销商的积极性，主动有效地推广厂家的产品。

案例 独家经销使销量大增

某品牌授权了40家县城经销商，采用了区域独家经销形式，加上市场价格保护较好、窜货控制较严，经销商主动向各乡镇推销产品的积极性高，使得产品的销量比去年提高了69%，实现了销量的大幅度增加。

（6）有利于配合厂家开展市场工作。由于存在区域保护政策，经销商是区域内唯一的中间商，在配合厂家开展市场工作方面，不能依赖其他经销商。

（7）区域宣传广告容易获得经销商的合作。

（8）区域市场政策相对容易控制。

（9）经销商的售后服务更为周到，从而有利于维护和提高产品和厂家的声誉。

（10）市场价格相对容易控制。

2. 独家经销的缺点

（1）区域覆盖有限。厂家选择的经销商难以覆盖整个市场，也满足不了日益增长的市场容量，这制约了厂家向纵深方向发展的步伐。

（2）经销商没有销售压力。由于缺少竞争对手，市场压力不是很大，厂家选择的经销商可能懈怠下来，甚至放松对市场的控制和拓展工作，造成市场份额下降。

（3）易形成价格垄断。经销商通过价格垄断获得高额利润，不思进取，而周边市场不一定能做得同样出色。

（4）导致窜货发生。厂家销售人员、经销商为了完成销售任务或获得返利，容易导致窜货问题，从而扰乱区域市场秩序。

（5）容易依赖厂家。经销商可能过分依赖厂家的支持，如在销售网络建设的过程中，经销商依赖厂家提供铺市车辆、铺市人员、铺市费用的支持。

（6）经销商容易对厂家制度"说三道四"。市场相对被经销商控制，经销商容易左右厂家的制度。经销商可能误认为厂家离不开自己，因此对厂家提出各种无理要求，甚至挑战厂家的市场控制权，以便掌握最终的话语权。

（7）区域销售风险。经销商与厂家的矛盾冲突一旦解决不好，厂家在该市场就容易陷入被动。

（8）厂家产品容易被雪藏。新加入的经销商不一定真心想当厂家的经销商。一些经销商看到竞争对手经销的品牌极为畅销，往往会挖空心思先加盟该品牌，再以经销该品牌产品为幌子，重点销售其他竞争性品牌产品，导致厂家"赔了夫人又折兵"。

3. 采用独家经销的注意事项

如果选错了经销商，厂家很容易陷入被动局面，甚至会在一定时间内失去该地区的市场经营控制权，造成进退两难的局面。所以，厂家在采用独家经销形式时要注意以下几点。

（1）在确定经销商资格之前，厂家要对经销商的经销条件进行全面评估。例如，经销商把产品当成主业推广，认同厂家的理念和文化等。

（2）确定试销期。一般情况下为3个月，在3个月内，经销商要完成首付款、产品的铺市等工作。

（3）区域不要太大。厂家可以与经销商合作一段时间后，再逐步扩大经销商区域。

（4）厂家在合同上可注明"如违反以上协议的内容，经销商协议将自动终止"

字样，以便随时掌握主导权。

1.2.2 非独家经销

→ **名词解释：非独家经销**
厂家的特定产品在一定时期、一定区域，由几个经销商共同经销。

1. 非独家经销的优点

（1）有利于经销商之间的竞争。区域市场不宜被某个经销商所控制，厂家采用非独家经销形式，引进竞争机制，提高经销商的竞争意识，增强经销商的市场活力，为厂家未来赢得更大的市场奠定坚实的基础。

（2）有利于区域掌控。厂家对区域市场控制的主动性较强，制度制定与实施比较主动。厂家采用非独家经销形式，便于总体控制，毕竟厂家可以选择的余地会大大增加。

（3）有利于区域密集覆盖。经销商数量较多，多方集合的销售力量相对比较强大，厂家采用非独家经销形式可以更快、更好地覆盖整个市场。在市场中，许多产品、厂家的崛起往往就在短短一两年内完成，因此能否尽快地覆盖整个市场、完成整个市场网络建设是厂家能否最终成功的重要因素。厂家选择两个经销商可以弥补一个经销商的不足，迅速将势力拓展到每个角落。

（4）有利于满足消费需求。地区市场覆盖密度相对较大，易于满足快速增长的消费需求。消费者的需求往往集中在一瞬间，而如此庞大的市场容量一个经销商是很难单独完成的。

2. 非独家经销的缺点

（1）市场价格管理难度大。厂家选择两个经销商，独家经销的价格垄断优势就会荡然无存，经销商之间会相互杀价，接近甚至低于进货价。经销商无利可图，自然就没有经销厂家产品的信心和意图。最终，厂家销量不升反降，市场份额大幅度下降。

（2）客户服务存在差异。不同经销商在客户服务水平上差异比较大。

（3）经销商的积极性不易提高。由于厂家选择多个经销商，导致平均利润大幅度降低，经销商的积极性随之下降，并对厂家失去信心，转而去经营其他竞争品牌。

（4）容易造成渠道冲突。经销商对下游客户竞争激烈，容易造成渠道冲突。

（5）厂家随意变更自己的渠道策略，让原有的经销商心寒，让后来的经销商胆战，后期的市场拓展将极为艰难。

案例 由独家经销转为非独家经销的后果

在国内赫赫有名的某厂家,早期采用独家经销形式,让许多经销商获利颇丰,前景一片光明。后来,该厂家认为经销商赚钱太多了,为了更好地开拓市场,在许多地方都采用了非独家经销形式。虽然网络铺开了,但销量不断下滑,早期的合作伙伴都变成了竞争对手的"铁哥们儿"。

3. 采用非独家经销的注意事项

(1)在同一区域,对渠道进一步细分,每个细分渠道选择一个经销商,形成区域非独家但渠道独家经销,如零售终端、酒楼、宾馆、团购、学校等。

(2)每个或几个渠道选择一个经销商对其供货。

(3)同一渠道尽量不要选择多个经销商。

(4)严格规范管理市场,避免市场冲突。

案例 采用独家经销还是非独家经销

某厂家的销售人员郭明在当地拥有一个经销商,负责整个区域市场的防盗门经销事宜。经过双方一年多的通力协作,厂家在当地取得了非常好的业绩,销量较上年增长150%,前景一片光明。郭明在这个时候却犯愁了,他觉得市场已经打开,这时应该选择两个甚至更多的经销商加快市场拓展的步伐。但同时,他觉得选择原有的经销商也有相当多的理由。在这种情况下,郭明觉得左右为难。

这种情况在营销领域非常普遍,也是令诸多销售人员感觉头痛的一个难题。那么,在这种情况下,我们应该选择独家经销还是非独家经销呢?

在市场快速拓展的时候,厂家应该采用独家经销形式,还是非独家经销形式,其实并没有统一的答案。应该说,两种选择各有各的道理。古代兵书中有云:"运用之妙,在乎一心。"厂家在一个区域市场是选择一个经销商还是选择两个经销商,最主要的是结合当时当地的具体情况,结合厂家的整体营销策略,以及经销商的具体情况做出恰当的选择。

梅明平对厂家销售总监说

经销商可以分为3类:专销商、专营商和多品牌经销商。在厂家的实际运用中,不同类型的经销商对厂家的影响是不一样的。厂家不同的选择决定了厂家经营的方方面面：管理的难易度，经销商忠诚度的高低，厂家发展的后劲等。通过表 1-1 中的比较，我们就能一目了然。

表 1-1 3 类经销商特征的比较

经销商类型	专销商	专营商	多品牌经销商
忠诚度高低	非常听话，忠诚度高	在两者之间	抱怨指责，没有忠诚度
需要的销售人员支持	非常少，几乎不需要	在两者之间	越多越好，永不满足
厂家发展后劲	越来越足	在两者之间	越来越弱
经销商的依赖程度	不依赖，靠自己	在两者之间	严重依赖，等、靠、要
厂家的寿命长短	永续经营，基业长青	在两者之间	短命，市场过客
厂家的竞争力	越来越强	在两者之间	越来越弱，没有竞争力

由于专销商只经营一个品牌，厂家对它们来说就是衣食父母，所以这类经销商对厂家的制度执行得非常到位，与厂家的关系也非常密切，它们非常注重开发当地市场，树立品牌形象，这类经销商的忠诚度最高。美国的卡特彼勒、中国的立白和汇泰龙能够长寿和快速发展，采用的就是专销商模式。这 3 家厂家规定，它们的经销商只能经营自己厂家的产品，如果经营其他厂家的产品，即使一个螺丝钉、一块肥皂，也要被清除出局。

案例 立白的专销商模式

立白发展初期，主要销售地区就是华南地区，但对于一个知名度不高的品牌来说，很难让经销商倾尽全力推销。为了让新产品进入市场初期的动作能按照立白的指挥操作，立白厂家决定在重要的区域设立专销商，这些专销商由立白内部人员的亲戚朋友组成，只经营立白产品，这种忠诚不是一般经销商可以比拟的。

和一般经销商不同，这些专销商对于立白的制度照单全收，在初期执行得更是毫无偏差，就像完全服从命令的士兵一样。由于所有人都把经销立白当作安身立命的唯一途径，命运都寄托在一根绳上，谁都希望立白能做大做强，所以他们对每级市场的操作都尽心尽力，立白产品的渗透力自然很强。

由于目标一致、利益一致，再加上齐心协力的推销，立白的产品才能在高价位上顺利进入流通渠道，可以推测，换成任何一个经销商都不可能把市场做得这么透彻和牢固。正因为华南地区由这些与立白有着千丝万缕联系的专销商操作，贯彻立白的各种策略非常到位，立白才会有后来的局面。如果没有专销商的配合，立白怎么可能反向提价、逆市而行呢？

相反，对于多品牌经销商来说，由于经销多个品牌，甚至包括竞品，所以这类经销商并不在乎对某个品牌拥有经销权，它们既不会认真执行厂家的制度，也不会树立厂家产品的品牌形象，这类经销商的忠诚度最低。

中国大部分厂家都经历了创业初期经销商的一心一意，到后来大多数经销商经营其他品牌的过程，导致厂家发展后续乏力，核心原因就是厂家没有对经销商进行严格控制，导致经营困难。例如，深圳友利通手机、重庆百亚在发展初期，经销商都全心全意经销厂家的产品，因为它们基本上都是专销商，都是靠经销友利通、百亚的产品起家的。但随着经销商的规模越来越大、欲望越来越强，它们开始在市场上寻找其他品牌，尤其是同类产品的杂牌来经销。结果，厂家的原有分销渠道因代理其他品牌导致忠诚度严重下降，厂家管理越来越难，销量持续下滑，甚至因为代理杂牌出现严重的产品质量问题，直接影响原有分销渠道在市场上的声誉，导致多年建立起来的分销渠道迅速坍塌。

梅明平对厂家销售总监说

你所在厂家的经销商是否存在以下现象。

- 不执行厂家的制度。例如，截留促销产品，促销制度走样，经常低价销售，窜货时有发生……
- 严重依赖厂家。例如，希望厂家帮忙垫资，希望厂家多派业务员，希望厂家做广告，希望厂家给更低的价格，希望厂家给更高的返利……
- 抱怨、指责厂家。例如，说厂家的产品质量不好、厂家的产品价格高、厂家销售人员素质差、厂家后勤人员服务不到位、厂家的产品不好卖……
- 忠诚度越来越低。例如，经销商转向经销其他竞品，经销商威胁说放弃经销，经销商的热情不再，经销商小富即安……

若经销商出现以上问题，要引起厂家的高度重视，这是厂家不久将会被市场所淘汰的征兆。

有没有办法解决这些问题呢？有！请关注我的《厂商共赢渠道战略》销售总监精品班的课程，帮助你所在厂家快速解决以上问题，使其进入长寿型厂家的发展通道，实现基业长青、永续经营。

1.3　批发型经销商与终端型经销商

从经营方式的不同和产品适用性方面考虑，可以把经销商划分为两种类型，即批发型经销商与终端型经销商。批发型经销商与终端型经销商在经营上的区别如表1-2所示。

表1-2 批发型经销商与终端型经销商在经营上的区别

项目	批发型经销商	终端型经销商
模式	经销商→批发商→零售商	经销商→零售商
经营方式	坐商。客户自己上门提货,主动开发市场的意愿差;客户主要是区域市场的便民店、小商场、酒店,也有郊区及周边城市的二、三级批发商	行商。主动开发客户;客户主要是大中型酒店、商场、超市
经营场所	在城市批发市场或酒水批发市场租赁铺位	在批发市场或其附近的写字楼办公
经营品种	经营品种非常多	经营品种不多
经营品牌	以畅销品牌为主。既经营全国性品牌,也经营地方性品牌	由于终端销售成本高,不喜欢经营价格透明度高的畅销产品
经营利润	以经营"大路货"为主,利润率非常低。批发商之间经营的品牌差异性小,竞争激烈	毛利率较高,但运输、人员、促销成本等销售费用也高

梅明平对厂家销售总监说

随着零售业态的不断变化,以及新型分销渠道网络销售的快速发展,批发市场中批发商的业务快速萎缩,批发型经销商面临着前所未有的冲击。

同时,许多厂家为了进一步掌控终端,通过渠道下沉通路精耕使批发型经销商的业务进一步缩小。

目前,几乎所有的品牌厂家的经销商都属于终端型经销商,厂家通过这些终端型经销商严格掌控终端渠道。当然,也有部分厂家,尤其是中小型厂家,采用批发型经销商进行销售。

低值快速消费品的中小型厂家在三级、四级市场销售,主要分销渠道依然是批发型经销商。但随着零售业态的变化,批发型经销商将会逐渐减少。

1.4 经销商与代理商

1.4.1 经销商与代理商的区别

经销商与代理商的区别如表1-3所示。

表 1-3　经销商与代理商的区别

经销商	代理商
与厂家是一种买卖关系	与厂家是一种委托代理关系
以独立法人的身份签订合同	与第三方签订合同时需以厂家的名义签订
获得经营利润	赚取佣金（提成）
保持适当的库存	大多数只有样品而无存货，依订单进货
经营活动不受或很少受供货商限制	经营活动受供货商指导和限制
拥有产品的所有权	没有产品的所有权
是独立的经营机构	不一定是独立机构
与供货商责权对等	供货权力较大
以自己的名义从事销售	以厂家的名义从事销售
在售后服务方面，一般自己承担	在售后服务方面，一般在合同中注明不负责任
发生索赔事件时，一般自己承担	发生索赔事件时，一般在合同中注明不负责任

1.4.2　经销商与代理商的业务流程

一般来说，成熟品牌和产品因市场走势稳定、推广工作较简单、销量容易预估，比较适合采用经销商的方式；而新成立的厂家所开发的新产品因市场复杂、投入较大、前景未卜，需要精耕细作，适合采用代理商的方式，以降低代理商的风险和负担。

经销商与代理商的区别，通过图 1-2 中的销售流程可以一目了然。

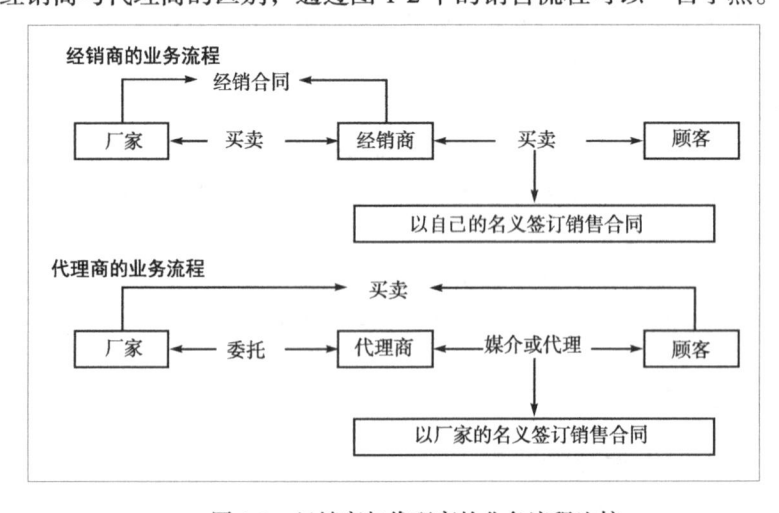

图 1-2　经销商与代理商的业务流程比较

第1章 定义经销商

梅明平对厂家销售总监说

经销商一般是消费品行业的称呼，代理商一般是工业品行业的称呼。

经销商和代理商最大的区别在于，产品的所有权不同。经销商是现款现货或先款后货，产品的所有权已经发生转移。产品所有权没有发生转移，还是厂家的就叫代理商。代理商代表厂家，以厂家的名义经销产品。例如，国内很多涂料渠道商就属于代理商，它们往往没有注册公司，在区域市场以厂家办事处的名义进行销售。

产品所有权的转移对厂家而言，实质上是产品销售风险、销售压力和资金的转移。例如，美国挖掘机巨人——卡特彼勒公司，虽然属于工业品行业，按道理应该采用代理商模式，但卡特彼勒为了解决厂家的资金问题，将销售压力和风险转嫁给渠道成员，从1925年成立起一直采用经销商模式。它要求经销商必须是有钱人，同时要求经销商必须把挖掘机进到自己的仓库，还要求经销商只能经销卡特彼勒一个品牌，这些构成了卡特彼勒基业长青、永续经营的基础。

案例 美国卡特彼勒经销商的特点

一是独立的商业组织，独立拥有、独立经营。

二是被授予的权限比一般意义上的经销商大得多。

三是不同于一般的经销商，它们从卡特彼勒购买产品，从而对产品拥有所有权和控制权。

四是不但不能销售与卡特彼勒竞争的产品，甚至不能销售其他工程机械制造商的非竞争性产品。

目前，大部分厂家都实现了现款现货，将销售压力和风险转移给了经销商，并实现了资金回收，这是厂家非常好的做法，但也有部分厂家还在为经销商提供融资、铺底、赊销、借款等服务。殊不知，虽然这些服务能够帮助经销商解决销售中的困难，但是销售压力和风险却继续留在厂家，同时大大减少了厂家的流动资金，使厂家资金运转困难。如果产品卖不出去，经销商会直接退货以冲抵应付款，造成厂家退货堆积如山，销售成本急剧上升。另外，即使经销商违反了厂家的规定，厂家想对经销商进行罚款，但由于厂家的货款还在经销商手上，比如厂家给经销商铺底30万元，厂家罚经销商2万元，厂家能执行吗？厂家的30万元还在经销商手中，厂家敢罚吗？

1.5 经销商在渠道中的作用

一个国际调查机构对经销商进行调查得出结论（见表1-4）：你有一个好的产品，如果再有一个好的经销商，那么用户的满意度就可以维持在56%的水平；而当你有一个好的产品，却有一个差的经销商的时候，用户的满意度只有36%，表现出来的就是你的产品不如竞争对手的产品；如果跟竞争对手相比，你的产品比较差，但是你有一个好的经销商，用户的满意度就能达到49%；而产品不好，经销商也不好，用户的满意度就没有了，那就卖什么都"没戏"了。从这里可以看出，品牌忠诚度一般是达不到100%的。有一个好的产品和好的经销商也只有56%的满意度，这已经相当不错了。而且，仅仅有好的产品是不行的，没有一个好的经销商，用户的满意度也高不到哪里去。你有一个好的经销商，哪怕你的产品跟竞争产品相比稍微差一点，你也会取得好的业绩。

这时，我们或许可以得出这样一个结论：经销商才是厂家的第一用户。

表1-4　国际调查机构对经销商的调查结论

经销商	厂家产品	用户满意度（%）
差	差	0
差	好	36
好	差	49
好	好	56

经销商的作用如下所述。

1. 分担厂家的经营风险

经销商与厂家合作，在一定程度上需要承担相应的责任和义务，而不是全部渠道责任和经营风险都由厂家承担。

经销商需要负责所在区域的市场开拓、产品仓储、运输、资金、经销成本与费用等相关方面的工作，相应的责任与经营风险自然由经销商承担。厂家通过与经销商合作，同时将地区市场的相关风险分解给经销商，从而相对降低自身的风险。

2. 快速分销使之覆盖目标市场

即使世界上最好的产品辅之以最佳的广告，如果用户买不到，厂家的市场目标也就达不到。因此，产品应最大限度、最方便地接近用户，加大终端布点的密度与促销力度，新面市需要快速铺市抢占市场的产品尤其如此。

（1）拥有快速分销的销售队伍和网络。各地区的经销商，因自身发展的需要都有一定的分销网络，建有相应的销售队伍，具有一定的销售管理基础，能在短时间内，将厂家的产品迅速、全面地推广到其所控制的网点体系，发挥快速分销的作用。

（2）拥有快速分销的人脉。各地区经销商经过多年当地经营经验的积累和提炼，掌握地区行业、产品、竞争与用户的特点，同时拥有相应的销售服务等配套能力，对适合当地销售的产品，能够迅速、主动、有效地推介。同时，由于经销商在当地市场的信誉和能力，产品容易取得当地用户的信赖，有利于产品的快速推广。

> ☑ 关键点
>
> 经销商能够充分发挥产品在空间、时间上的效用，可以缩短厂家的产品、服务和其用户之间的距离，能够及时、方便地满足用户、服务用户，有利于产品的销售，同时帮助厂家节约了在地区渠道上的营运成本，提高了厂家的收益。

3. 传递市场信息

经销商是厂家在市场上的"顺风耳"和"扩大器"，可以帮助厂家传递市场信息。

（1）顺风耳。在地区市场上，经销商直接接触用户，对用户的购买心理、行为与习惯、动机与需求等非常熟悉，能有效收集消费者或渠道客户对厂家的广告、促销、服务、产品质量等方面的意见并直接反馈给厂家，以利于厂家全面掌握市场与需求情况，并进行相关工作的改进，进一步满足市场和用户的需求。

（2）扩大器。厂家的产品、促销、宣传、服务等相关信息，通过经销商的传递作用，让更多用户接收准确的信息，吸引用户购买并培养用户忠诚度，形成较大、较稳定的用户群体。

梅明平对厂家销售总监说

站在厂家的角度，经销商在分销渠道中需要履行哪些职责呢？或者说，经销商需要具备哪些功能呢？一般来讲，经销商需要履行以下职责，或者具备以下功能。

（1）转移产品的所有权。厂家将产品交给经销商，同时希望实现所有权的转移。因为产品所有权转移就代表产品的资金转移、销售压力转移和销售风险转移，但代销、赊销、铺底的产品就不能实现产品所有权的转移。例如，一旦出现经销商的仓库被当地法院封存的情况，厂家就无法追回仓库里未销售出去的产品。因为从法院的角度来讲，这些产品是属于经销商的，除非厂家与经销商签订合作协议时注明这一条：由于采用的是代销模式，经销商仓库里产品的所有权归厂家所有。

（2）提供仓库设施。产品从厂家仓库转移到经销商处，经销商就需要仓库进行储存。所以有些厂家对经销商的仓库设置、管理有严格要求，尤其是易损坏变质的产品，如乳制品、食品等。

（3）承担风险。产品能不能卖出去，价格会不会下降，库存时有没有受潮、受损（被老鼠破坏）、被盗等，经销商都需要承担风险。

（4）与卖场谈判。快速消费品经销商就供应价格、送货（补货）、货款支付、货架大小、陈列位置、卖场促销条款等问题与零售超市进行讨价还价。例如，酱油经销商要进入超市渠道，就需要与超市进行谈判，以获取超市好的货架、优惠的折扣、更短的结款周期、更多的促销档期等。

（5）下订单。经销商向厂家订货，下订单。

（6）货款支付。经销商从厂家进货需要支付应付货款，经销商在卖场销售需要垫付应收账款。

（7）促销。经销商为了提高销售额，在所在区域市场要进行广告、人员推销、销售促进和公共关系等形式的说服沟通工作。

（8）融资。经销商向厂家提供的货币或非货币支持，包括商业信用（经销商向厂家预先支付的预付账款）、厂家向经销商提供的按期付款奖励等。

> 经销商所具备的功能越多，或者需要履行的职责越多，则经销商所获得的利益就越多。如果销售名牌产品，经销商不需要促销能力，则经销商获得的利益就少。

为了让经销商所具备的能力与销售厂家产品所需要的能力相匹配，厂家确定经销商的选择标准时就需要有明确的要求，具体内容如下。

- 如果厂家资金不足，或者需要大量的资金周转，就需要经销商现款现货，甚至需要经销商向厂家预先支付货款。这时，对厂家来讲，经销商的融资功能最重要。所以在招商时，厂家就需要有明确的资金要求，如100万元启动资金。同时，厂家要将奖励的重点放在经销商支付货款上，如格力的淡季贴息制度。在淡季，经销商将闲置的现金交给格力，格力每个月会补贴 1.7%，最多可以贴息 6 个月，即 100 万元的现金，经销商交给格力，格力最高可以贴息 10.2 万元。同时，这笔现金可以作为预付的货款。
- 如果是新的厂家，最重要的是把产品卖出去，厂家最需要开发具备促销能力的经销商。经销商的促销能力高低，决定了厂家未来的发展速度。例如，厂家大量招聘曾担任业务员的人作为经销商，或者将自己的销售人员转为经销商。因为这些人具备很强的促销能力，能够帮助厂家快速发展。比如艾丽碧丝，就是将部分销售人员转为经销商，使其生命力很强。
- 如果产品易损坏或变质，就需要采用现款现货的方式快速转移所有权（转移销售风险），同时对经销商的库存设置有明确的、严格的要求，如奶制品等。
- 如果产品通过卖场才能销售，则需要经销商有很强的商业谈判能力，以获取好的交易条件，增加获利空间。这时，厂家就需要招聘有谈判能力的经销商，如大量招聘曾担任卖场业务员的员工作为经销商，他们知道卖场的规则，很容易获得较好的交易条件。或者选择曾经在国际型大卖场做过管理者的人担任厂家渠道部或关键客户（KeyAccount，KA）部的销售总监，能够对经销商进行培训，也是一个不错的选择。

总之，经销商的作用举足轻重，经销商的能力一定要与经营产品所需要的能力高度匹配。

1.6　厂家销售总监工具箱

关于经销商的一些基本知识，销售总监要掌握以下 8 大工具。
（1）4 种典型的消费品分销渠道模式。
（2）两种经销形式。
（3）经销商的分类方法。
（4）独家经销的 10 大优点。
（5）非独家经销的 5 人缺点。
（6）批发型经销商与终端型经销商的区别。
（7）经销商与代理商的区别。
（8）经销商在渠道中的作用。

第 2 章　厂商关系

问题与痛点

1. 销售人员在经销商面前存在弱势心理问题，认为自己的年龄没有经销商大、市场经验没有经销商丰富、收入没有经销商多，担心经销商瞧不起自己，结果导致销售人员缺乏自信心，无法有效引导经销商的经营思路，甚至被经销商"洗脑"，成为经销商的"员工"，与经销商沆瀣一气，侵占厂家的资源。
2. 厂家一味站在自己的角度制定经销商管理制度、开发新产品，殊不知，厂家对经销商有希望，经销商对厂家也有希望。厂家一味强调自己的希望，最终导致经销商失望。
3. 厂家一味压货，只能导致经销商寅吃卯粮，最终经销商"揭竿起义"，拒绝进货。
4. 销售人员不知道如何与经销商打交道，最终出现两种极端，要么讨好经销商，要么威胁经销商。
5. 销售人员既不知道如何引导经销商执行厂家的制度，也不知道如何管理经销商的市场违规行为，导致销售人员无法履行自己的职责，把经销商管理得一塌糊涂。

2.1 厂家与经销商的关系

2.1.1 相互依赖的关系

厂家与经销商都有独立的经营资格，双方互不从属，是一种持续买卖的契约关系。对厂家而言，经销商的网络、人力、资金可以使厂家的产品低成本进入市场，创造销量和利润。这时候，厂家会把经销商看作自己的子系统，试图建立伙伴关系，相互配合、密切协作，共同运作市场，把市场做大，并把从中所得的利益与经销商合理分配，共同获利，这样就会形成一种双赢的局面。所以说，厂家与经销商之间是一种相互平等的合作关系，厂家的生存离不开经销商的支持，经销商的发展也离不开厂家的支持。

2.1.2 相互矛盾的关系

1. 厂家与经销商的利益存在矛盾

厂家与经销商之间存在的利益矛盾如表2-1所示。

表2-1 厂家与经销商的利益矛盾

厂家希望经销商	经销商希望厂家
先付款，后提货	先赊货，后付款
统一供价，根据合同条款返利	低供价，高返利
最好整车进货，减少厂家的配送成本	多次、少量、及时送货
不希望出现退换货	随时可以退换货
合适区域的"经销独家"	更大区域的"独家经销"
拥有充足的人力、物力，厂家不必有太多的投入	厂家更多的人力投入
最好有成熟的网络	协助开发销售网络
认真执行厂家的促销方案	更多的推广费、广告、促销支持
满足产品所需的库存和运输条件	产品质量稳定
客户投诉出现后经销商能及时、圆满处理	客户投诉出现后厂家及时出面处理
能进行自我提高	给经销商更多的培训辅导
能大力推广新产品和滞销产品	产品畅销，品牌力强
……	……

2. 厂家与经销商的不当行为导致对对方的伤害

（1）厂家的违规操作对经销商的伤害。

① 压货。厂家业务人员给经销商压货太多，产品又无法退货。
② 断货。经销商畅销产品断货，导致利润损失。
③ 调价。厂家产品价格下降造成经销商库存产品贬值。
④ 监控不利。厂家市场控制不力，导致窜货、砸价，假货泛滥。
⑤ 不能兑现。经销商垫付的促销费用不能及时兑现。
⑥ 赊销。厂家怂恿经销商大量向零售商赊销铺货，造成经销商货款无法及时收回。
⑦ 更换。厂家频繁更换经销商。

（2）经销商的不当行为对厂家的伤害。
① 雪藏经销权。经销商拿着独家经销权，却不"经销独家"，甚至雪藏。
② 违规经营。经销商冲货、砸价、抬价、截留各种费用。
③ 销售不力。经销商只做畅销产品，不做新品推广，更不协助厂家处理滞销产品。
④ 投入不足。经销商物力、人力、资金不足，制约厂家市场发展。
⑤ 网点不全。经销商不给KA卖场供货，怕压资金；不计小店进货，怕运费划不来。
⑥ 依赖厂家。经销商依靠市场优势不断向厂家提无理要求。

梅明平对厂家销售总监说

厂家与经销商是荣辱与共的关系，要么双输，要么双赢，没有一输一赢的情况。若要实现厂商共赢，厂家就必须了解经销商的需求，尊重经销商的需求，从而满足经销商的需求。厂家与经销商关系的核心就是利益关系，厂家一定要维护经销商的利益。格力董事长董明珠曾经说过一句经典的话：谁与经销商过不去，谁就是与我董明珠过不去！格力经销商非常信任格力的董事长，认为董明珠是他们的保护神，只要是董明珠制定的制度，经销商都会彻彻底底地执行。只有经销商有激情，厂家才有希望；只有经销商都希望持续盈利，厂家才能基业长青。

为了确保经销商的利益，厂家一定要做好以下几项工作。

（1）稳定市场价格，重要指数★★★★★。因为市场价格与经销商的利益关系最密切，任何市场低价、窜货都会损害经销商的既得利益。

（2）多听听经销商的建议，重要指数★★★★★。因为经销商距离市场最近，最了解市场的需求，最清楚市场对产品的反应，能够使厂家及时掌握市场信息，做出正确的决策，如新产品的开发、老产品的改进、促销策略的修正等。

（3）避免过度压货，重要指数★★★★☆。厂家通过利益驱使，如加大返利、短期促销等，让经销商主动压货，可以给经销商一定的销售压力，这样对厂家与经销商都有利。但是，厂家若强迫经销商压货，如经销商不进货就取消经销资格等，这样的被迫压货会造成产品积压在渠道中，经销商也会产生逆反情绪，对厂家与经销商都是伤害。

（4）承诺要兑现，重要指数★★★★★。厂家与经销商之间互信的建立是一个漫长的过程，但破坏很快。例如，饮料厂家承诺经销商先期垫付产品进入卖场销售的进场费，到年底一次性由厂家报销。但是，如果厂家到年底以各种理由不报销，或者降低报销比例，或者提高报销条件（如完不成任务不报销进场费）等，导致经销商失去对厂家的信任，那么接下来厂家要求经销商垫付促销费，经销商会相信吗？互信一旦被破坏，重建的成本会很高。

如果厂家制定的一切销售策略、推广的任何新产品都以提高经销商的利益为目的，同时让经销商能够清晰了解到，厂家是帮助经销商赚钱的，厂家会保护好经销商的利益，这样的关系才是经销商所追求的关系。

2.2 销售人员与经销商的关系

2.2.1 销售人员与经销商关系的误区

销售人员与经销商的关系也许是一个很初级的问题，但这往往是厂家容易忽视的一个问题。这个关系弄不清楚，往往成为导致销售人员管理经销商效率低下的一个重要原因。销售人员与经销商关系的误区主要包括以下两个方面。

1. 买卖关系

拥有此观点的销售人员会有以下行为：一味关心自己是否完成销售任务，对于经销商的服务、库存一概不管，与己无关；只要把货款"忽悠"回来，把产品"忽悠"出库，就万事大吉，至于经销商的满意度，不闻不问。这种销售人员管理的经销商，要么"忍气吞声"，要么就成为"投诉专业户"，最后不得不离开厂家。

2. 上帝关系

经销商是销售人员的客户，客户就是上帝。在这种关系下，销售人员对经销商的管理就是"做客情（与经销商搞好关系）"，其行为主要有以下3种。

① 销售人员见了经销商就只有简单的3句话："卖得怎么样？再进点货吧？这次买100箱送2箱，您要多少？"

② 销售人员天天跟经销商闲聊、吃吃喝喝，就是不讨论市场下一步怎么做，不掌握经销商的各品项库存，不帮经销商分析市场并策划市场方案，对经销商的出货价格、下线网络等更是一无所知。

③ 销售人员在经销商面前犯"软骨病"，对经销商的种种恶意操作，如砸价、冲货、截留费用等视而不见，甚至和经销商联手窜货冲销量，向厂家哭穷要优惠，期望以此换来"销量"和"客情"等。这种销售人员管理的经销商往往胃口越来越大，自我膨胀、不服从管理，最终成为厂家的"钉子户"。

显然，销售人员陷入上述两种关系的误区后，在经销商管理方面都不会有好结果：带着"买卖关系"态度的销售人员只顾压货、没有服务，经销商甚至会对销售人员产生轻视、怨恨的情绪（厂家不负责任，老是让我多进货，能否卖出去它一点也不关心）；带着"上帝关系"态度的销售人员与经销商私人关系不错，但对经销商的管理只停留在"讨好"的层面。这两种做法有殊途同归的结果：销售人员的市场工作仅限于经销商拜访，对经销商下线市场的网络、库存、价格等一无所知，市场完全被经销商控制；厂家的各种终端、促销资源完全交给经销商，没有辅导、没有监控，导致促销策略不能有效落实，终端表现无法提升；经销商冲货、砸价等恶意操作不能有效制止，市场价格混乱。

2.2.2 销售人员与经销商的两种关系

1．利益关系

销售人员和经销商是典型的利益关系，这种利益关系涉及两个方面，一方面是经销商的利益，另一方面是销售人员的利益。

（1）提升经销商的利益。销售人员要成为经销商赚钱的参谋，你只要让经销商看到"钱"途，经销商就会与你密切合作。让经销商获得最大利益的9种方法：最大的返利；制度倾斜；增加赠品定额；解决积压品；及时核实账目；协助促销；帮助管理和培训业务员；紧俏产品分配；个性化促销。

（2）增加销售人员的利益。在帮助经销商获取"钱"途的同时，还可以增加销售人员的利益，这些利益包括销售奖金、工资提升、职位晋升、经销商的好评、领导的表彰等。

2．监督和控制关系

销售人员与经销商之间还有监督和控制的关系。

（1）监督。销售人员要监督经销商执行厂家的各项制度，如促销制度、品牌推广制度、市场开发制度、终端产品陈列规范与要求、价格制度等。销售人员还要监督经销商的经营行为是否符合厂家的规范，如有没有窜货行为、违反价格体系，报销费用的真实性，协助经销商的厂家特派员的工作情况等。

（2）控制。销售人员要将经销商的市场违规行为上报厂家并按照程序进行处理，对产品品种和发货进行控制，还可以解除与经销商的合作等。

梅明平对厂家销售总监说

我们来看看，刚刚大学毕业的销售员胡纯在处理与经销商的关系时思路是否正确。

胡纯是刚大学毕业的本科生，所学的专业是市场营销。作为优秀学生的他，在毕业之前就与武汉一家快速消费品厂家签订了合同，毕业后就直接到厂家上班了。

报到后，销售总监祝智君为了让胡纯熟悉业务，安排他跟着老销售员王支支一起跑市场。胡纯刚刚实习1个月，市场出现紧急情况，由于原来负责湖南常德市场的销售员离职，销售总监祝智君就将才实习1个月的胡纯调到湖南常德，接管常德市场。

常德市场有8个经销商，其中常德市的经销商属于大户，销售额占常德市场的50%，其他7个经销商总共占50%，平均每个经销商占7%左右。因此，胡纯要完成销售任务，就只有依赖这个大户经销商了。

为了讨好这个常德市的大户经销商，胡纯经常毫无原则地给这个经销商许多资源，生怕经销商不高兴。慢慢地，经销商的胃口越来越大，而且越来越瞧不起胡纯。

胡纯的上司祝智君不断给胡纯施加压力，要求他完成销售任务。如果胡纯完不成任务，他就没有销售奖金，而他每个月的底薪只有1200元，每个月房租就要500元，剩下的700元连吃饭都不够。

经销商大户越来越瞧不起胡纯，上司给他的销售压力也越来越大，他两面受压，几乎崩溃。胡纯该怎么办呢？

亲爱的读者，你们能否帮胡纯想想办法呢？

2.3 新型厂商关系的建立

新型厂商关系的建立是未来营销渠道发展的必然趋势。随着互联网的迅速发展，企业的实体渠道在受到冲击的同时，也在不断变革、深化，旧的厂商关系，厂家与经销商相互博弈、相互伤害，已不再适应市场的变化，如果不及时做出调整与改变，厂家将逐渐失去对渠道的掌控权，甚至渠道面临崩溃的风险。

2.3.1 厂商共赢关系

新型厂商关系是一种厂商共赢关系，这种关系的建立需要厂家认识到自身现有关系的阶段和利弊，找到营销渠道中出现的各种困难与问题并及时解决，彻底摒弃旧的对于厂商关系的错误认知，从战略到执行、从理念到方法做出全面的梳理，通过一套行之有效的系统去整体进行规划和运作，这涉及方方面面。在此之前，厂家需要弄清几个重点问题，这也是建立新型厂商关系需要解决的问题。

（1）厂家认为的理想的厂商关系如何？
（2）经销商对于厂家而言是什么？
（3）厂家的产品对于经销商而言是什么？
（4）厂家能对经销商做出什么保障？
（5）经销商的哪个方面对于厂家最重要？
（6）厂家希望经销商如何合作与经营？
（7）厂家对于优秀经销商的奖励是什么？
（8）厂家如何看待线上业务和利润？
（9）支持现有厂家合作的条件是什么？
（10）改善厂商关系的因素和方法是什么？

2.3.2 传统厂商关系与厂商共赢关系的比较

传统厂商关系与厂商共赢关系相比有很大差别，如表2-2所示。

表2-2 传统厂商关系与厂商共赢关系对比

项目	传统厂商关系	厂商共赢关系
渠道成员做法	威胁对方	建立信任关系
指导原则	追求私利	追求公平

续表

项目	传统厂商关系	厂商共赢关系
渠道成员谈判策略	使渠道内多个合作者之间相互斗争,坐收渔翁之利,借以避免依赖他人,自己保持灵活性,通过增加合作者转换成本将合作者锁定	选举有代表性的经销商,通过厂商共赢协议与厂家建立厂商共赢委员会做出长久合作承诺,通过利益保证和培训投入将对方锁定
成员间的交流	厂家对经销商双边	厂家与经销商、经销商与经销商通过厂商共赢关系实现多边沟通
成员影响力	通过强制力	通过专门技术
拟定的合同	封闭、正式、短期	协议性质,非正式、长期
渠道冲突管理	通过详细的合同减少冲突的可能性;多数通过法律手段解决渠道冲突	通过选择具有相似价值观和利益诉求的合作伙伴,增进相互理解来减少系统内成员冲突的可能性;通过系统内部调解和仲裁等程序来解决系统内部成员之间的冲突

2.4　厂家销售总监工具箱

如何处理厂家与经销商的关系,销售总监要掌握以下8大工具。

(1) 厂家对经销商的希望。
(2) 经销商对厂家的希望。
(3) 厂家7种伤害经销商的行为。
(4) 经销商6种伤害厂家的行为。
(5) 销售人员与经销商关系的两种误区。
(6) 提升经销商利益的9种方法。
(7) 销售人员监督和控制经销商的方法。
(8) 建立新型厂商关系需要解决的10大问题。

第 2 部分　销售总监篇

导读

第 3 章　分销渠道选择

第 4 章　返利设计

第 5 章　经销商激励

第 6 章　对经销商促销

第 7 章　应收账款管理

第 8 章　合同管理

第 9 章　渠道冲突

第 10 章　窜货管理

第 11 章　绩效评估

第 12 章　经销商培训

第 13 章　经销商年会

梅明平老师受邀为安吉尔经销商总裁班学员进行培训

梅明平老师受邀为大自然经销商进行培训

梅明平老师受邀为大伟嘉经销商进行培训

第3章 分销渠道选择

问题与痛点

1. 产品分销渠道的选择是厂家战略层面的问题，一旦确立就很难改变，如果必须改变现有渠道，厂家一般会伤筋动骨，付出高额成本。
2. 厂家盲目选择渠道，一味照搬照抄。例如，外企在市场上深度分销、精耕细作，民企也跟着深度分销、精耕细作，殊不知，精耕细作会导致高额渠道成本。销量提高了，但利润减少了，甚至出现亏损。
3. 厂家多渠道运作，导致渠道之间冲突加剧，经销商利益受损。例如，网上销售火热，厂家就匆匆忙忙地在网上低价销售，或者经销商在网上低价销售，导致网上渠道与实体渠道冲突，经销商销量下降，信心受损。
4. 分销渠道选择不仅与产品的特性有关，更重要的是与品牌知名度有关。同样是白酒，名牌产品如洋河集团推出的天之蓝白酒，只要上货架就能够自动产生销量，而一种不知名的白酒，即使上了货架也卖不出去。如果非要上货架，一个季度后就会被卖场清退出场，白白损失进场费、条码费、陈列费等。
5. 产品分销渠道的选择应该在确定产品价格之前，因为不同的渠道成本不一样，价格也就不一样。但是，现实情况是，厂家高层领导匆匆忙忙先把价格定下来，再让销售总监选择渠道，结果现有价格带来的利润不能支付所选择的分销渠道的费用，导致销售总监没有更多的合适渠道可以选择。

3.1 分销渠道的结构

分销渠道结构的分类有多种方法,目前主要分为直接渠道与间接渠道、长渠道与短渠道、宽渠道与窄渠道、单渠道与多渠道等。

3.1.1 直接渠道与间接渠道

直接渠道是指厂家不通过中间商,直接将产品销售给消费者。直接渠道是工业品分销的主要渠道,这些工业品包括大型设备、专用工具和技术复杂需要提供专门服务的产品等。有些消费品也采用直接销售的方式,如鲜活商品等。

间接渠道是指厂家通过中间商,间接将产品销售给消费者。间接渠道是消费品分销的主要类型。

顾客需求对厂家决定采用直接渠道销售还是间接渠道销售会产生较大的影响,如表3-1所示。

表3-1 顾客需求对分销渠道结构的影响

顾客需求	直接渠道销售条件	间接渠道销售条件
了解产品信息(技术含量、使用方法)	高	低
定做产品(通用化程度低)	高	低
质量保证(规格、花色、易腐、有效期)	高	低
订货量(单次需求)	大	小
产品型号齐全	强烈	不强烈
长期稳定供货	强烈	不强烈
售后服务(维修)	强烈	不强烈
后勤服务	复杂	简单

3.1.2 长渠道与短渠道

依据渠道中间商的数量多少,将渠道划分为长渠道与短渠道。长渠道与短渠道的优缺点比较如表3-2所示。

表3-2 长渠道与短渠道的优缺点比较

渠道类型	优点	缺点
长渠道	市场覆盖面大,降低厂家费用,减轻管理与风险压力	厂家对渠道的控制力弱,厂家对经销商协调的工作量加大,同时用户服务水平决定中间商服务的差异化影响,还会因经销商的忠诚度不够造成厂家市场发展与控制的被动

续表

渠道类型	优点	缺点
短渠道	厂家对渠道和终端的控制力强,市场管理与控制的基础好	厂家承担大部分的渠道费用,市场投入资源较多、费用较高,同时厂家市场覆盖面相对较小,风险较大

短渠道包括零级渠道和一级渠道。

零级渠道:制造商→消费者。

一级渠道:制造商→零售商→消费者。

长渠道包括二级渠道和三级渠道。

二级渠道:制造商→批发商→零售商→消费者;
　　　　　制造商→代理商→零售商→消费者。

三级渠道:制造商→代理商→批发商→零售商→消费者。

3.1.3 宽渠道与窄渠道

依据渠道同一层面的中间商的数量多少与市场覆盖面大小,将渠道划分为宽渠道与窄渠道。宽渠道与窄渠道的优缺点比较如表 3-3 所示。

表 3-3 宽渠道与窄渠道的优缺点比较

渠道类型	优点	缺点
宽渠道	同一层面的经销商数量多,市场覆盖面较大,市场销售力量较强,中间商之间的竞争较大	区域中间商的矛盾冲突较大,市场管理力度较大
窄渠道	厂家与中间商关系比较密切,合作程度较高	厂家容易被中间商左右,中间商有可能过分依赖厂家,市场覆盖面较小

宽渠道的经销商数量较多,能大量接触消费者,大批量地销售产品。窄渠道的经销商数量较少,一般适用于专业性强的产品,或者贵重、耐用消费品。

3.1.4 单渠道与多渠道

单渠道是指厂家只采用一种渠道进行产品分销,如仅仅采用专卖店分销,或者仅仅采用经销商分销,或者仅仅采用直销等。

多渠道是指厂家采用多种渠道实现产品的分销,如厂家除了采用经销商渠道进行产品分销,还对 KA 卖场直接供货实现产品的分销。

梅明平对厂家销售总监说

确定分销渠道结构是厂家选择分销渠道的核心问题，需要慎重对待。分销渠道结构包括直间接渠道、长短渠道、宽窄渠道、单多渠道，每种分销渠道结构都涉及渠道冲突、分销成本、市场覆盖面，从而最终影响厂家的销量和利润。以下就部分分销渠道进行论述。

直接渠道也是自营渠道，如柒牌男装的自营店，格力的自营分公司。对厂家而言，直接渠道能够很好地执行厂家的制度，但是厂家需要付出高额的固定成本，如店面租金、员工工资等。直接渠道的员工虽然能够严格执行厂家的制度，但员工的工作主动性弱，没有间接渠道成员如经销商的工作主动性强。直接渠道只适合以下两种情况。

（1）市场环境好，销量持续上升。一旦销量下降，固定成本高的弱势就会出现。例如，有些鞋服厂家，地级市经销商由于高额店面租金和员工成本，将原有店面直接转让给厂家直营，如红蜻蜓江西经销商，表面上看厂家能够直接控制店面的经营，但实际上弊大于利。一旦店面租金和员工成本持续上涨、销量下降，总有一天厂家也会承受不了。如果厂家承担了所有分销渠道的固定成本，一旦出现市场波动，有可能导致厂家破产。

（2）厂家管理水平高，总部能够远程控制分销渠道员工的工作表现，使员工的效率持续提升。如果厂家管理水平不高，员工的效率就会较低，分销渠道盈利就很困难。

所以，厂家一般采用的是双渠道战略，既有直接渠道又有间接渠道。厂家通过直接渠道了解市场信息，提升间接渠道成员的积极性；通过间接渠道降低渠道分销成本，转移销售风险，提高销售额。厂家在发展初期会快速发展直接渠道，通过直接渠道带动间接渠道的加盟。很多鞋服厂家如美特斯邦威、达芙妮就是通过自营店快速带动加盟店发展的。

> 长渠道能有效降低渠道分销成本，快速扩大销售区域，但市场控制能力弱、反应慢。

长渠道能有效降低渠道分销成本，快速扩大销售区域，但市场控制能力弱、反应慢。因此，长渠道特别适合价格低、品牌知名度高的快速消费品。短渠道能有效掌控市场、启动市场，但成本高、销售范围小。因此，短渠道适合新厂家、新品牌，或者需要强力推销的产品。

另外，渠道的长短对于厂家而言不是一成不变的。同一个厂家，在成熟区域市场渠道长，在新开发区域市场渠道短；在发展初期渠道长，在发展中期渠道短，等发展成熟后渠道又会变长。关于这一点，很多销售总监不知道其中的奥秘。

宽渠道是指在一个区域市场如一个地级市有多个经销商。虽然密集分销能提高产品覆盖率，但容易产生渠道冲突。既能实现宽渠道，又能控制渠道冲突的方法有没有呢？当然有。例如，按照产品不同分销渠道、不同销售区域、不同品类划分经销商，就能在一个地级市开发多个经销商，同时能够控制渠道冲突。

多渠道能够满足更多的客户，但渠道冲突是多渠道带来的最大难题。同时，不同渠道所形成的形象对厂家也有影响。例如，雅芳公司在中国曾经尝试"5条腿走路"的渠道模式，5条腿即批发市场渠道、百货商场渠道、专卖店渠道、零售小店渠道和店销员渠道，总共有5种渠道同时销售雅芳的产品。实践的结果，批发市场和零售小店主要经营雅芳的低值产品，且品类少，致使雅芳产品的平均单价降低，品牌形象受损（零售小店里雅芳的产品积满灰尘）；百货商场品牌形象好，但成本高；店销员经常打折销售产品，导致与专卖店冲突。最后发现，只有专卖店这个渠道最符合雅芳产品的特征。最终，雅芳从多渠道逐步转向了单渠道——专卖店。

现在，很多厂家除了实体渠道，还增加了网上渠道的销售。但是，这种情况如果控制不好，弊大于利。如果厂家一定要在网上销售，那么控制渠道冲突是厂家的重要工作。如何控制线上与线下的渠道冲突呢？主要有以下几点。

（1）由厂家控制网上分销渠道，绝对不允许经销商在网上销售。

（2）线上、线下销售的产品必须同价。

（3）线上、线下销售的产品品牌相同，但品类不同。

（4）厂家线上销售产品，该区域的经销商提供线下服务，并享受厂家提供的服务返利。例如空调，厂家线上销售产品，经销商负责售后，如空调安装、日常维修等。

（5）厂家线上销售产品，该产品的销售额划归该区域的经销商，经销商享受产品销售的返利。

（6）线上进行产品展示或厂家形象宣传，不直接销售产品。

3.2 影响分销渠道设计的因素

分销渠道设计需要考虑的因素很多，我们可以从产品因素、消费者因素、市场因素和厂家因素几个方面进行分析，确定分销渠道设计的原则，如表3-4所示。

表3-4 分销渠道设计考虑的各种因素

考虑因素	项目	原则
产品因素	价格	价格高渠道短，价格低渠道长
	体积与重量	大而重时渠道短
	款式、花样	要求高时渠道短，以免过时
	时间性	要求高时渠道短，以免过期
	易毁易腐	容易时渠道短
	技术复杂程度	高时渠道短
	产品季节性	要求高时渠道短，以便迅速分销
	热卖程度	高时渠道长
消费者因素	售前、售后服务	要求高时渠道短
	每次购买数量	大时渠道短
市场因素	市场区域范围	小时渠道短
	产品市场容量	大时渠道短
	客户集中程度	高时渠道短
厂家因素	厂家成立时间	成立初期渠道长
	人财物等厂家实力	强时渠道短
	管理能力	强时渠道短
	控制渠道的愿望	强时渠道短

梅明平对厂家销售总监说

分销渠道的设计必须与产品、消费者、市场、经销商和厂家高度匹配。一般情况下，厂家最初选择的渠道基本符合上述要求，问题往往出现在厂家开发的新产品上。如果新产品和原有老产品在价格上有比较大的区别，或者新产品不适合原有渠道集聚的客户，则现有分销渠道（经销商）不一定合适。

例如，由广州某公司生产的六日香护肤品，零售价格为7元左右，几十年来，一直是该公司的主打产品，经销商的销量也不错。后来，该公司推出了零售价格120元左右的新护肤品，利用原有经销商的渠道进行销售，结果导致大量退货，该新产品最终退出市场，以失败而告终。

这是什么原因呢？问题出在分销渠道上，即新产品与现有分销渠道不匹配。

（1）零售渠道不一样。原有零售价格在7元左右的产品，大部分通过零售小店进行销售，零售小店基本都在批发市场进货，经销商都在批发市场设有档口，渠道匹配。但是，价格在120元左右的护肤品，一般都会在百货商场化妆品柜台进行销售，或者在比较上档次的化妆品专卖店进行销售，而这些店铺均由厂家直接供货，设立专柜。而现有的经销商大都是夫妻店，既没有员工去百货商场、专卖店推销，也缺乏管理相应店铺的能力。

（2）经销商能力不一样。六日香护肤品是名牌产品，流通性强，不需要经销商推销，自然销售，等客上门。而价格120元左右的护肤品属于新产品，需要强大的推销能力才能销售出去，而现有经销商缺乏推销能力。

（3）消费者不一样。价格7元左右的护肤品，面向的是底层的消费者，如农村消费者、年龄较大的消费者。而能够消费得起120元左右的护肤品的消费者，一般都是较年轻的消费者，或者有一定经济收入的消费者。同时，不同消费者选择的零售渠道也不一样。

以上3点就决定了新产品与现有渠道不匹配，失败是必然的。所以，厂家在新产品营销时，一定要考虑以下3大因素。

（1）新产品的消费者是否与现有产品的消费者一致。

（2）新产品的零售渠道是否与现有产品的零售渠道一致。

（3）新产品所需要经销商的功能（资金量、促销能力、谈判能力、仓储能力等）是否和现有产品一致。例如，经营名牌产品的经销商不需要很强的促销能力，所以名牌产品厂家推出新产品后就需要对新产品进行大量的广告宣传，以提升新产品的流通性。否则，即使新产品是名牌，经销商也很难销售出去。

如果不符合以上3点，厂家就需要开发新的分销渠道。如果厂家强制要求现有分销渠道的经销商销售新产品，则不仅会导致厂家与经销商之间的矛盾，甚至分道扬镳，还会导致厂家内部各部门之间的矛盾，如新产品开发部和销售部之间的矛盾，老板和销售人员之间的矛盾等。

3.3 典型的分销渠道模式

典型的分销渠道模式有以下5种。

3.3.1 消费品渠道模式

图3-1所示为消费品渠道模式。

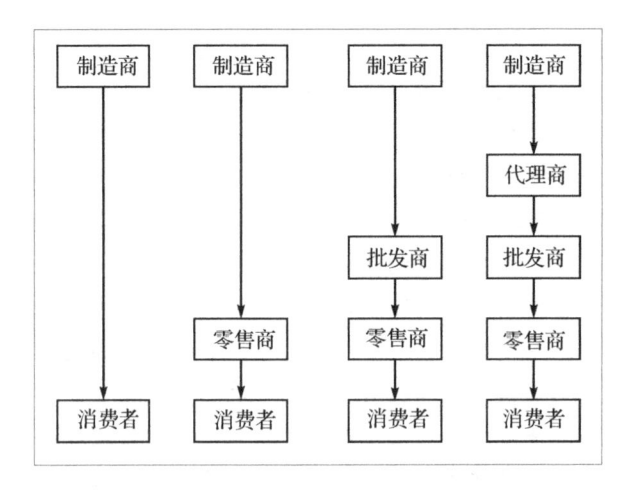

图 3-1 消费品渠道模式

3.3.2 玩具产品渠道模式

图 3-2 所示为玩具产品渠道模式。

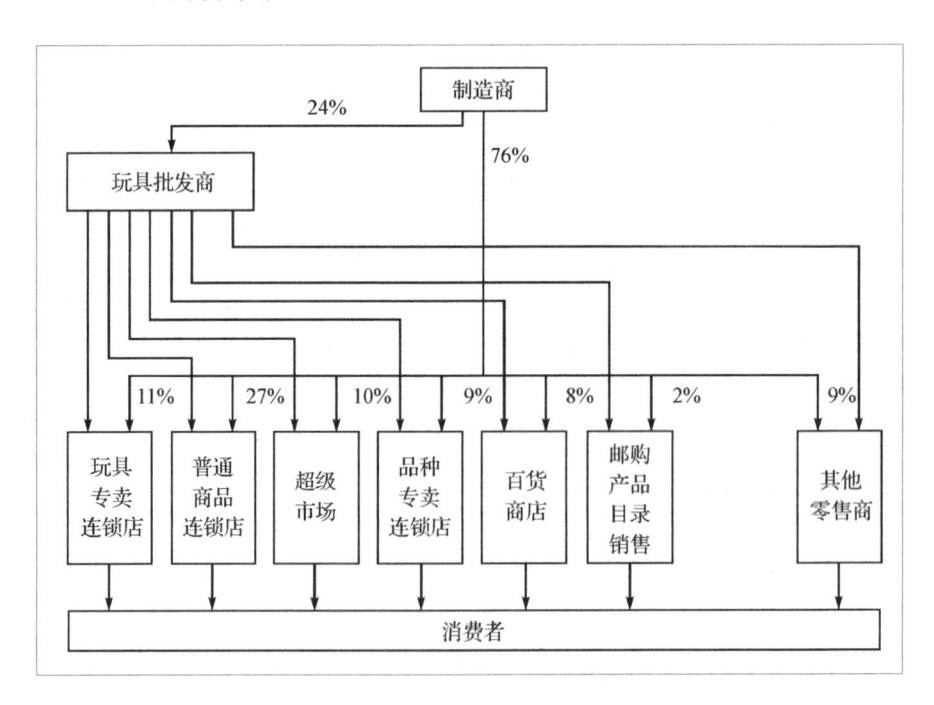

图 3-2 玩具产品渠道模式

3.3.3 服务渠道模式

图 3-3 所示为服务渠道模式。

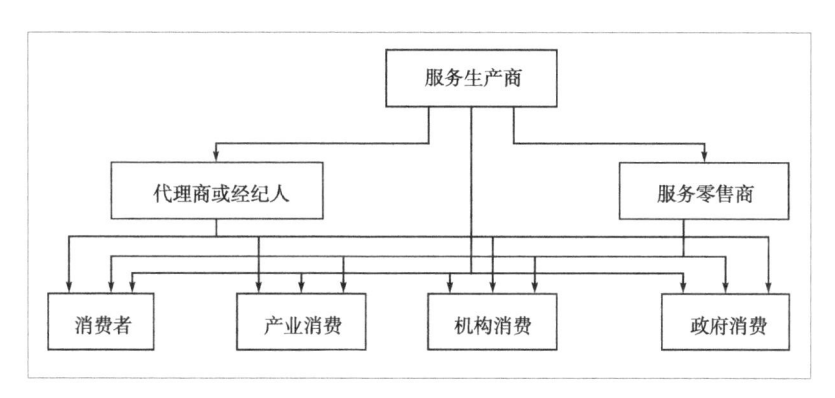

图 3-3 服务渠道模式

3.3.4 消费类电子产品渠道模式

图 3-4 所示为消费类电子产品渠道模式。

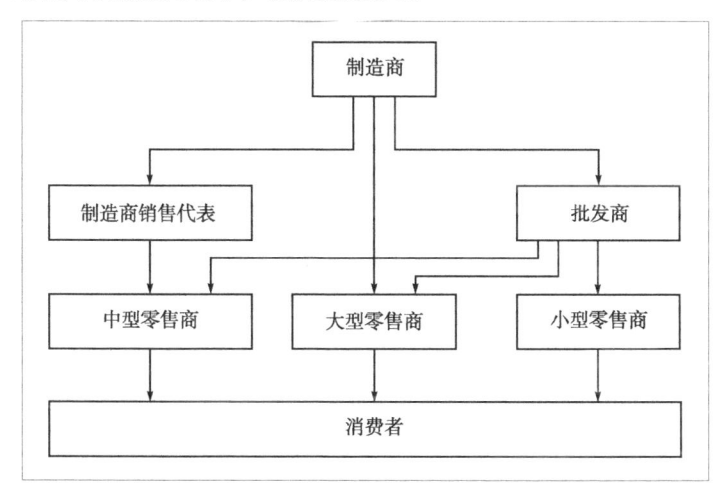

图 3-4 消费类电子产品渠道模式

3.3.5 地板产品渠道模式

图 3-5 所示为地板产品渠道模式。

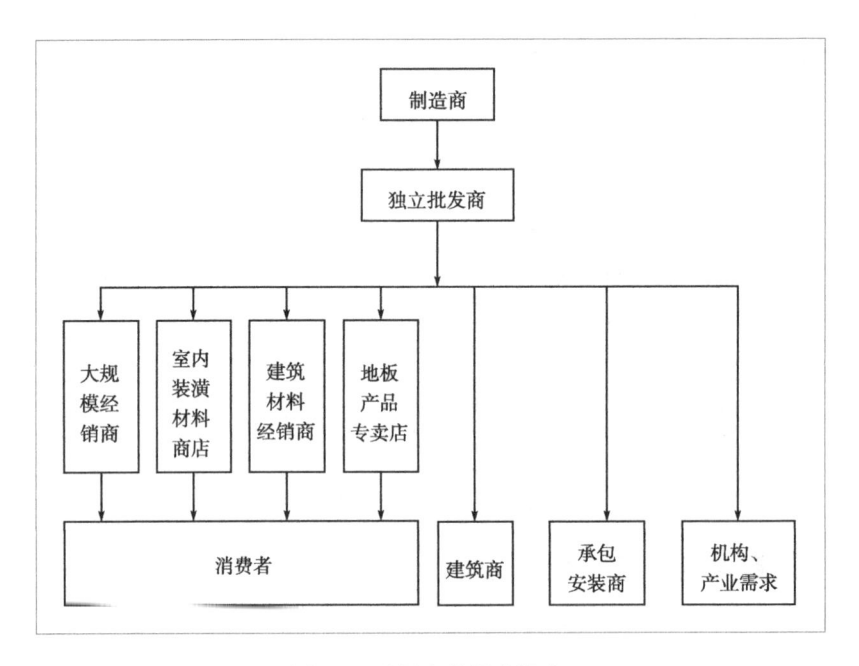

图 3-5　地板产品渠道模式

梅明平对厂家销售总监说

厂家的销售总监要做的一项重要工作就是选择分销渠道。销售总监选择分销渠道的工作包括划分市场类型、确定经销商规模、配备销售人员、分解销售计划等。下面通过一个案例详细介绍销售总监是如何选择分销渠道的。

一、划分市场类型

1. 分析行政区划

将全国（不包含港澳台）市场划分为 3 类市场，即 A、B、C 类市场，以便厂家有重点地进行资源投入。其中，在 A 类市场中确定试点市场，主要目的是选择试点市场进行重点投入，以便将试点市场开发成厂家的根据地。也就是说，试点市场为根据地市场，A 类市场为重点市场，B 类市场为一般市场，C 类市场为鸡肋市场，如表 3-5 所示。

表3-5　区域类型划分标准

区域类型	划分标准	省（直辖市、自治区）	数量（个）
A	人口在6 000万人以上，历年销售占比5%以上	河北、河南、湖北、山东、浙江、江苏、湖南、广东、四川、重庆	10
B	人口在4 000万人左右，历年销售占比2.7%左右	黑龙江、吉林、辽宁、陕西、山西、江西、安徽、福建、贵州、云南、广西	11
C	边远地区	甘肃、宁夏、西藏、青海、内蒙古、新疆	6
试　点	与A区相同	从A区的10个省中，选择4个省作为第一批试点	—

说明：北京、天津市场划归河北市场；上海市场划归江苏市场；海南市场划归广东市场。

2. 划分销售区域

将全国市场划分为6个销售区域，每个区域包括的省（直辖市、自治区）如表3-6所示。

表3-6　全国销售区域划分

区域类型	销售区域	省（直辖市、自治区）	数量（个）
A	1区	河北、河南、湖北	3
A	2区	山东、浙江、江苏	3
A	3区	湖南、广东、四川、重庆	4
B	4区	黑龙江、吉林、辽宁、陕西、山西	5
B	5区	江西、安徽、福建、贵州、云南、广西	6
C	6区	甘肃、宁夏、西藏、青海、内蒙古、新疆	6
合　计	共6个区	包括以上省份	27

3. 规划未来3年销售网点数量

销售网点包括经销商配置和销售人员配置，其数量要求如表3-7所示。

表3-7　未来3年销售网点数量要求

项目	时间 区域	试点 县	试点 市	A区 县	A区 市	B区 县	B区 市	C区 县	C区 市
网点数量要求	第1年	40%	100%	20%	80%	—	50%	—	30%
网点数量要求	第2年	50%	100%	30%	100%	—	80%	—	50%
网点数量要求	第3年	60%	100%	40%	100%	—	100%	—	—

续表

项目	时间	试点		A区		B区		C区	
		省区经理	城市经理	省区经理	城市经理	省区经理	城市经理	省区经理	城市经理
销售人员配置（位）	第1年	1	3	1	—	—	1	—	—
	第2年	1	3	1	3	—	1	—	—
	第3年	1	3	1	3	—	1	—	—

网点数量要求是指在未来3年的时间内，要在县城（市）市场开发的经销商数量。例如，在试点区域，第1年要完成40%的县城经销商的配置，即40%的县城应该配置厂家的经销商。

销售人员配置是指在每个市场应该配置的销售人员的数量。例如，在第1年的试点区域，要配置1位省区经理，3位城市经理。

4. 销售网点布局标准

为科学合理地进行渠道布局，合理配置经销商，厂家要制定以下销售网点的布局标准。

（1）按渠道划分经销商。按照终端渠道和流通渠道划分经销商，分为终端经销商和流通经销商。每个区域不仅要有终端产品经销商，还要有流通产品经销商。

（2）不再设立省总代理、地区总代理。由于省、地区总代理的区域包括整个省城和地区，区域过大，不利于渠道下沉，所以取消省总代理、地区总代理，只设立省城经销商、地级市经销商、县级市经销商、县城经销商。

（3）终端产品经销商的要求。在成为终端产品经销商前，必须拥有当地终端网络。

（4）流通产品经销商的要求。在成为流通产品经销商前，必须拥有当地流通网络。

（5）原则上，终端渠道和流通渠道由1个经销商负责，特殊区域可分设经销商。

（6）同一渠道不得设2个经销商。

（7）不得招聘覆盖区域大大超过合同区域的经销商。

（8）尽量招聘高素质的、年轻的、以终端为主的经销商。

二、确定经销商规模

初期，6个区域的经销商合计121个，第1年要新增337个经销商，使第1年经销商的总数量增加到458个，如表3-8所示。通过各区域期初与第1年的销售占比可以看出，区域的销量变化并不大。

表 3-8 第 1 年经销商配置情况

区域	经销商数量（个）			销售占比（%）		
	初期已有	第 1 年计划	第 1 年新增	初期	第 1 年	增　减
1 区	19	136	117	23.23	25.55	2.32
2 区	29	95	66	17.49	17.64	0.15
3 区	26	142	116	17.30	18.67	1.37
4 区	18	29	11	16.03	14.63	−1.40
5 区	19	38	19	15.92	14.46	−1.46
6 区	10	18	8	10.03	9.05	−0.98
合计	121	458	337	100	100	0

三、配备销售人员

按照各区域销售人员的配备标准，厂家可计算出每个区域要配备的人数。例如，1 区配备大区销售经理 1 位、省区销售经理 3 位、城市销售经理 6 位，合计 10 位，如表 3-9 所示。厂家妥善配备各区域销售人员有利于制订招聘计划，同时有利于销售费用（工资、奖金、差旅费等）的预算。

表 3-9 第 1 年全国销售人员配置

区域	大区销售经理配备（位）	省区销售经理配备（位）	城市销售经理配备（位）	数量（位）
1 区	1	3	6	10
2 区	1	3	3	7
3 区	1	4	3	8
4 区	1	—	5	6
5 区	1	—	6	7
6 区	—	1	2	3
合计（位）	5	11	25	41

四、分解销售计划

为科学合理地分配销售计划，厂家需要对每个区域的经销商数量、第 1 年销售计划占比进行统计，以便分解第 1 年 16 500 万元的销售计划。同时，可计算出平均每个经销商的月销售额，便于确定返利依据，制订经销商的月度销售计划等，如表 3-10 所示。

表 3-10　第 1 年销售计划区域分解

区域	经销商（个）	第 1 年销售计划占比（%）	销售计划分解（万元）	平均经销商月销售额（万元）
1 区	136	25.55	4 215	2.58
2 区	95	17.64	2 910	2.55
3 区	142	18.67	3 080	1.81
4 区	29	14.63	2 415	6.94
5 区	38	14.46	2 385	5.23
6 区	18	9.05	1 495	6.92
合计	458	100	16 500	3

3.4　厂家销售总监工具箱

在设计产品分销渠道时，销售总监要掌握以下 8 大工具。

（1）分销渠道的 4 种结构。

（2）直接渠道与间接渠道的区别。

（3）8 种顾客需求对分销渠道结构的影响。

（4）长渠道与短渠道的区别。

（5）宽渠道与窄渠道的区别。

（6）分销渠道设计要考虑的 4 种因素。

（7）厂家在新产品营销时应考虑的 3 大因素。

（8）厂家选择分销渠道的步骤。

第4章　返利设计

问题与痛点

1. 有的经销商没有月度返利，只有年度返利。但厂家考核销售人员按照月度考核，导致销售人员考核与经销商考核的周期不匹配，销售人员无法按月度对经销商施加销售压力，大大降低了销售人员管理经销商的效率。
2. 有的经销商没有任何返利，厂家与经销商只是简单的买卖关系，就像零售商和顾客的关系那么简单。请问，零售商能够管理顾客吗？
3. 在返利设计中，大部分厂家都研究过竞争对手的返利水平，但很少有厂家研究经销商的整体收入来源，导致厂家给经销商的返利过小，经销商不重视厂家的返利，导致返利失去了控制和激励经销商的作用。例如，经销商的收益来自两个部分：批零差+返利。如果经销商的批零差为15%，而厂家的返利只有1%，1%相对于15%而言，经销商感兴趣吗？
4. 几十年来，大部分厂家只采用一种返利方式——按经销商销量多少进行返利，即销量越多返利越多。这种返利方式一定会导致大经销商逐渐"吃掉"小经销商，最终厂家被极个别的大经销商所控制，而这就是分销渠道崩溃的前兆。
5. 返利应该在产品价格设计时就考虑进去，但大部分厂家在确定产品价格时没有考虑经销商的返利，导致销售总监无法制定有吸引力的返利制度。
6. 返利只起到激励作用，而没有起到控制经销商经营行为的作用。例如，厂家创业初期，经销商大都只经销厂家一个品牌，促使厂家快速发展。

但是，随着经销商逐渐经销多个品牌，忠诚度越来越低，而返利却没有对经销商区别对待，全心全意只做厂家一个品牌的经销商与做多个品牌的经销商返利水平是一样的，导致一心一意的经销商越来越少，厂家后继乏力。

4.1 返利概述

4.1.1 返利的定义

对厂家来说，返利是希望最大限度地刺激经销商销售自己产品的积极性，通过经销商的资金、网络加速产品的销售，以期在品牌、渠道、利润等诸多方面取得更高的回报。对经销商来说，返利则是厂家对自己努力经销其产品给予的奖励。

→ **名词解释：返利**
返利是指厂家或供货商为了刺激销售、提高经销商的销售积极性而采取的一种正常商业操作模式，一般是在要求经销商在一定市场、一定时间内达到指定的销售额的基础上给予多少个百分点的奖励，常常以现金或实物的形式给予。

对厂家来说，返利是把双刃剑，如果运用得当可以起到激励经销商的作用，有不少厂家正是借此在市场上获得了巨大的成功。可一旦运用不好，返利就会成为经销商窜货、乱价等短期行为的诱发剂。

4.1.2 返利的功能

返利具有两种特殊功能，即激励和控制。这两种功能是相辅相成的，两者之间是一种互动关系。

1. 激励

激励能使经销商按时或提前完成销售目标。由于返利对经销商而言是一种额外收入，而且门槛不高，只要实现了销售目标就会有相应的返利，所以能够起到激励经销商的作用。

2. 控制

为了让经销商在获得高额返利的同时，遵守厂家的各项制度，维护市场秩序，厂家除了对经销商有销量方面的要求，还会要求经销商不能出现市场违规行为，否则将受到扣减返利甚至取消返利的处罚，以达到控制经销商行为的目的。

4.1.3 返利的目的

厂家常常通过给予物质或现金奖励来肯定经销商在销量和市场规范操作方面的成绩。实践中，厂家多采用返利形式奖励经销商。对经销商来说，自身的利润肯定是第一位的。在厂家高返利的诱导下，经销商会尽一切努力提高销量，争取拿到高额返利。

为了让厂家的返利发挥更大作用，在不同时期，厂家应根据自身的市场工作重点，明确不同的返利目的。不同厂家在不同时期，其返利目的应不一样。

1．以提高整体销量为目的

促使经销商提高整体销量是厂家返利的主要目的，因此返利常常与销量挂钩，经销商随着销量的提升而享受更高比例的返利。在厂家发展初期，或者针对新产品时，常常以此为目的。

2．以完善市场为目的

实际上，这是返利发挥控制功能的一种形式。除了与销量挂钩，返利还将与提高市场占有率、完善网络建设、改善销售管理等市场目标相结合，这往往作为厂家给予经销商返利的前提。

3．以加速回款为目的

这种返利方式将返利直接与回款总额挂钩。回款越早，返利越高。超过某一时间，则不再享受返利。

4．以扩大单次提货量为目的

这种返利往往采取现返的方式，类似于价格补贴。大多数时候，这类返利分为两部分，一部分采用现返方式兑现，另一部分则是一段时期之后根据经销商这段时间总的销量进行返利。

5．以品牌形象推广为目的

这种返利有时候也被称为广告补贴，与销量挂钩，并参照补贴市场的实际广告需求确定返利比率。需要说明的是，这类返利与销量返利并存，不同市场的两部分返利的比例关系是不一致的。在兑现这类返利时，经销商应出具各种用于广告费用的支出凭证。

6．以达成阶段性目标为目的

这种返利是让经销商配合厂家完成阶段性销售目标特别制定的阶段性返利。

例如，厂家为促使经销商进货、增加库存，可采取阶段性返利制度。经销商若超过此期限进货，则不再享受这项返利制度。

4.1.4 返利引起窜货

返利在产生激励的同时，常常会成为经销商窜货、乱价等短期行为的诱发剂。当厂家的产品有一定的市场占有率后，厂家销售工作的重点就应转向稳定市场。

销量越大，返利越高，这可能导致经销商不择手段地去增加销量。各经销商在限定的区域内无法在限定的时间完成销售目标时，往往通过跨区窜货的销售方式提高销量。有时，为了进一步提高销量，经销商往往会提前透支返利，不惜以低价将产品销售出去，平进平出，甚至低于进价批发。结果，你窜货到我的区域，我窜货到你的区域，最后导致价格体系混乱甚至崩盘。

事实上，只要厂家善于利用返利控制经销商，窜货问题就很容易解决。

> ☑ 关键点
> 经销商窜货的根源在于，厂家忽视了返利的控制功能，太专注于激励功能。

梅明平对厂家销售总监说

返利是厂家管理经销商非常重要的工具。例如，曾任格力经营部副经理的董明珠将返利作为"新官上任三把火"之一，取得了显著的效果，销量立即上升了145%。董明珠的销售管理能力让格力的同事和领导刮目相看，董明珠采用的是什么策略呢？这就是著名的"淡季贴息，年终返利"策略，大大激发了经销商的销售积极性，当年销售额飞速上升，从11亿元上升到27亿元。

返利究竟对什么样的厂家最有效呢？不能一概而论，关键不在于厂家，而在于返利的大小。

例如，经销商的经营利润或批零差为3%，即100万元的销售额带来3万元的利润。针对这位经销商，如果厂家给他的返利是4%，即100万元返利4万元，请问这位经销商在乎厂家的返利吗？当然很在乎。这时经销商就会与厂家配合，服从厂家的管理，厂家就有话语权。但是，如果厂家给经销商的返利只有0.1%呢？即100万元的销售额，厂家给经销商1000元的返利，经销商在乎厂家的返利吗？厂家有话语权吗？当然没有。

4.2 返利的种类

4.2.1 按返利兑现时间分类

1. 月返利

月返利是指厂家根据经销商月度完成的销售情况，每个月给经销商的返利。月返利有利于厂家对经销商进行及时激励，让经销商随时可以看到返利的诱惑，相当于给销售人员配备了一把有力的武器，而且厂家比较容易根据市场的实际情况、淡旺季等制定合理的销售任务和返利目标，操作起来非常灵活。

月返利也有一些不利因素。例如，对公司财务核算有比较高的要求；如果月返利金额较小，则对经销商的诱惑不会很大；有时还会导致市场大起大落、销售不稳定的情况，比如经销商为了追求本月的高返利而拼命压货，导致下月的销量严重萎缩。

> ☑ **关键点**
> 厂家为了减少月返利的不利因素，可以采取月结季返制，即厂家每个月给经销商结算一次返利，但不立即兑现返利，而是在一个季度结束时，将累计的返利一次性兑现给经销商。

2. 季返利

季返利是指厂家根据经销商季度完成的销售情况，每个季度给经销商的返利。季返利一般在每季度结束后的两个月内，由厂家选择一定的奖励形式予以兑现。

3. 年返利

年返利是指厂家根据经销商年度完成的销售情况，每年给经销商的返利。这种返利方式是对经销商完成当年销售任务的肯定和奖励，其兑现时间一般在次年的第一季度，由厂家选择一定的奖励形式予以兑现。年返利便于厂家和经销商进行财务核算，容易计算营销成本，便于参照考虑退换货等因素，以及制定明确的销售任务，而且年返利金额往往比较大，对经销商有一定的诱惑。年返利能够有效缓解分期付款和按揭贷款给厂家结算造成的压力，同时有利于厂家资金周转。

但是，对经销商来说，年返利周期比较长，对其及时激励性不够，厂家制定的销售任务难以及时进行调整。而且，如果经销商在经营的前几个月中经营不善，发现返利无望后，就可能对返利失去兴趣。

4．及时返利

及时返利是指厂家根据经销商单次的提货金额，现场给经销商的返利，其优点是计算方便，缺点是影响市场价格。

> ☑ 关键点
>
> 厂家为了充分发挥返利的激励作用，在实现月返利的同时配合年返利，将月返利和年返利相结合。这样，既保证了给予经销商及时激励，又保证了对于全年销售任务的激励效果。

4.2.2 按返利兑现方式分类

案例 百事可乐公司的返利方式

百事可乐公司为提高经销商的积极性，巧妙运用返利制度，规定返利分为5个部分：年扣、季度奖励、年度奖励、专卖奖励和下年度支持奖励。除了年扣为明返利（在合同上明确规定为1%），其余4项奖励为暗返利，即事前没有约定执行标准，事后才告知经销商。

1．明返利

明返利是指厂家明确告诉经销商在某个时间段内累计提货量对应的返点数量，是厂家按照与经销商签订的合同条款对经销商的回款给予的定额奖励。明确的按量返利对调动经销商的积极性有较大的作用。

明返利的最大缺点在于，由于各经销商事前知道返利的额度，如果厂家稍微控制不力的话，原来制定的价格体系很可能就会瓦解。为抢夺市场、得到奖励，经销商不惜降价抛售、恶性竞争。最终，厂家的返利不但没起到调节通路、增加利润的作用，反而造成了市场上到处都是乱价、窜货的现象。

2．暗返利

暗返利是指不明确告知经销商，而是厂家按照与经销商签订的合同条款对经销商的回款给予的不定额奖励。暗返利不公开、不透明，就像常见的年终分红一样，在一定程度上消除了明返利的一些负面影响，而且在实施过程中可以充分地向那些诚信优秀的经销商倾斜和侧重，比较公平。

但是，暗返利在实施过程中是模糊、不透明的，在实施的那一瞬间，模糊奖励就变得透明了。经销商会根据上年自己和其他经销商的模糊奖励的额度,估计自己下一个销售年度的返利额度。

> ☑ **关键点**
> 　　暗返利只能与明返利交叉使用,而不能连续使用,否则暗返利就会失去其模糊的意义。

4.2.3　按返利奖励目的分类

1. 过程返利

为科学地设计返利系统,厂家应根据过程管理的需要综合考虑返利标准。既要重视销量激励,又要重视过程管理。这样既可以帮助经销商提高销量,又可以防止经销商的不规范运作。奖励范围可以涉及铺货率、售点生动化、全品项进货、安全库存、遵守区域销售、专销、积极配送和守约付款等。以下介绍几种常用的奖励。

（1）铺市陈列奖。在产品刚进入目标市场时,为了迅速将产品送达终端,厂家给予经销商铺货奖励作为适当的人力、运力补贴,并对经销商将产品陈列于最佳位置给予奖励。例如,可以根据经销商在区域内网点铺市的不同数量,如400家、600家等给予不同的奖励,还可以根据经销商在区域内网点铺市不同的市场占有率,如铺市率60%、80%等给予不同的奖励。

（2）渠道维护奖。为避免经销商的货物滞留和基础工作滞后导致产品销量萎缩,厂家以渠道维护奖的形式激励经销商维护一个适合产品的有效、规模适当的渠道网络。

（3）价格信誉奖。为了防止窜货、乱价等不良行为的产生,导致最终丧失获利空间,厂家设立价格信誉奖,加强对经销商的管控。例如,针对区域市场价格的稳定情况,厂家给予2%的返利作为奖励。

（4）合理库存奖。厂家考虑到当地市场容量、运货周期、货物周转率和意外安全储量等因素,设立合理库存奖,鼓励经销商保持适当库存。这种奖励的前提是厂家对经销商的库存数据有明确的记录和充足的了解,这样奖励才有意义。

（5）竞争协作奖。厂家为经销商的制度执行情况、广告与促销配合情况、信息反馈情况等设立协作奖,这样既能强化经销商与厂家的关系,又能淡化经销商之间的利益冲突。例如,对与厂家合作良好的经销商,厂家给予年终2%的返利作为奖励。

2. 销量返利

经销商在销售时段内（月、季或年）完成厂家规定的销售任务，按规定比例及时享受厂家支付的返利。

4.2.4 按返利内容分类

1. 产品返利

产品返利应包含主销产品、辅销产品、新产品等不同的产品系列返利。厂家对不同的产品线实行不同的返利标准。例如，流通慢的产品比流通快的产品返利高，以刺激流通慢的产品的销量；品牌知名度低的产品比品牌知名度高的产品返利高，以刺激品牌知名度低的产品的销量；新产品比老产品返利高，以刺激新产品的销量；库存积压大的产品比库存量合理的产品返利高，以消化库存积压的产品；利润率高的产品比利润率低的产品返利高，以刺激利润率高的产品的销量。厂家通过这些不同的返利方式实现产品的均衡发展，鼓励经销商积极销售非畅销产品。例如，某厂家设置的产品返利标准如下：珍品返利为 2%，精品返利为 1.5%，佳品返利为 1%。

2. 物流配送补助

对于物流配送型的经销商来说，产品的运输费用成为经销商的主要费用开支，这些开支包括车辆折旧费、汽油费、过桥费、司机工资等。如果这些费用不能从产品的返利中得到补偿，将会影响经销商销售这些产品的积极性，产品的销量将会下降。所以，在返利系统中，厂家设置物流配送补助项目，将有利于经销商积极开展产品的铺市和分销工作。在设置物流配送补助项目时，厂家要根据产品的销售特性确定。例如，"特效中药牙膏"属于流通性产品，分销网点多，需要做好配送工作，则该产品可以设置物流配送补助，厂家根据产品的销量给予经销商一定百分比的物流配送补助，如 2%；而"160g 全效牙膏"属于终端产品，各超市、商场是其主要销售场所，对于这类产品厂家可以不设置物流配送补助，因为其销售区域大多集中在经销商所在地的城镇，所花费的运输费用很少。

3. 终端销售补助

终端销售补助主要是对适合终端销售的产品的补助。终端主要是指需要进场费、陈列费、堆头费、DM 费等各种名目的费用的连锁超市、商场等 KA 卖场。由于这些费用名目繁多、手续复杂，厂家审核的工作量大，其真假难辨。同时，这些费用的多少没有绝对标准。对于同一个项目的费用，不同的人谈判可能有截然不同的结果。因此，厂家应设置终端销售补助，将这些费用折合成比率，返利给经销商，以补偿其需要支付的费用。适合终端销售的产品，应与适合流通销售的产品分开。

4．人员支持

为支持经销商在当地开展工作，有些厂家会为经销商在当地聘请销售人员。然而，厂家要对这些销售人员进行管理和监控是很困难的。为了充分发挥厂家对经销商销售人员支持的效率，经过经销商的申请、厂家审核，厂家每月给予经销商所核定的人员编制的工资作为人员支持的费用。

为了提升销售人员的工作效率，厂家最好能为这些在当地聘请的销售人员制定销售目标，并对其开展培训工作，加深这些员工对厂家的认知，同时加大厂家对这些员工的掌控力度。

5．地区差别补偿

由于产品在不同区域的市场基础不一样，产品知名度、美誉度也就不一样。有的区域市场基础好，产品销量自然就高；有的区域市场基础差，产品销量自然就低。同样的返利标准，显然对市场基础差的经销商是不公平的。为公平起见，厂家应设置地区差别补偿项目，以提高市场基础差的经销商的积极性，并通过经销商的积极推荐，尽快使市场基础差的区域成为市场基础好的区域。例如，对于新开发的湖南省销售区域，厂家给予经销商"月度额外返利 3%"的销售补贴，以提高产品在新区域的销量。

> ☑ **关键点**
>
> 地区差别补偿的关键点在于，厂家控制产品在新区域的销售，避免新区域的经销商将产品流入老区域进行销售，以骗取地区差别补偿。常用的方法就是限量供货，即厂家与经销商根据市场目前的销售容量设置一定的销售额度，厂家按照额度发货，如需提升额度，则需要双方重新确认。

6．经销商团队福利

为把一定区域内一盘散沙的经销商组织起来，厂家应组织经销商成立经销商行会、团队或互利会，并给予会员一定的返利作为福利，如给予经销商销量的 1%作为加入行会的福利。在成立时，可以以地区、省为单位，由经销商选择自己的会长、团长等，由会长、团长定期如每个季度组织自己区域内的经销商到某个风景名胜地聚会，讨论本区域内的事项，如价格、窜货、渠道发展、广告宣传、厂家制度反馈等，达成共识，联络感情，为形成大网络打下良好的基础。

7. 专销或专营奖励

专销奖励是经销商在合同期内专门销售某厂家的产品，不销售其他厂家的产品，在合同结束后，厂家根据经销商销量、市场占有情况及与厂家合作情况给予的奖励。

专营奖励是经销商在合同期内专门销售某厂家的产品，不销售与厂家相竞争的产品，在合同结束后，厂家根据经销商销量、市场占有情况及与厂家合作情况给予的奖励。

在合同执行过程中，厂家将检查经销商是否执行专销或专营约定。专销或专营约定由经销商自愿确定，并以文字形式填写到合同上。

梅明平对厂家销售总监说

返利就像国家的税收政策，能够调整产业结构，改变人的经营行为。厂家要充分运用返利这个管理工具，实现提高产品销量的目的。具体来讲，可以实现以下目的。

（1）调整产品结构。厂家通过制定不同产品不同返利的策略，引导经销商销售积压产品、高利润产品、淘汰产品和新产品。

（2）控制违规行为。低价和窜货是厂家很难解决的两大经营问题，厂家通过设立返利条件——无窜货或无低价才能获得返利，有助于维护经营秩序。

（3）控制并单。厂家设置能够让经销商足够重视的年返利，可有效防止经销商之间的并单行为。

（4）控制"公一个月、母一个月"的行为。"公一个月、母一个月"是指这个月销量好完成了任务，下个月销量差没有完成任务。厂家通过设置获取年返利的条件控制经销商的这种行为，如获取年返利的前提条件是，每个月完成任务不得低于80%。

（5）控制选择多个品牌，尤其是销售竞品的行为。在设置返利前，厂家要对经销商进行分类：专销商、专营商和多品牌经销商。厂家返利时要区别对待，鼓励专销商，打击多品牌经销商。例如，在完成同样销量或任务的情况下，专销商返利7%，专营商返利5%，而多品牌经销商只返利3%，只有这样才能防止经销商经销其他品牌。

4.3 选择返利的兑现形式

> 返利不仅是一种激励手段，还是一种控制工具，因为返利奖励常常不是当场兑现，而是滞后兑现。

返利不仅是一种激励手段，还是一种控制工具，因为返利奖励常常不是当场兑现，而是滞后兑现。换言之，经销商的部分利润是掌握在厂家手中的。如果厂家返利运用得好，就可使返利成为一种管理、控制经销商的工具。

返利兑现的常用形式包括现金、产品和折扣。厂家在选择兑现形式时，可根据自身情况进行选择，以起到激励和控制经销商的作用。

1．现金

返利可以根据经销商的要求，以现金、支票或冲抵货款等形式兑现。比如现金金额比较大，厂家可要求用支票形式兑现。现金返利兑现前，厂家可根据事先约定扣除相应的税款。

厂家使用现金兑现，无论是为了激励经销商，还是为了控制经销商，都能取得非常好的效果。

2．产品

以产品形式返利，就是厂家将经销商所销售的同一产品或其他适合经销商销售的畅销产品作为返利。需要注意的是，产品必须畅销，否则返利的作用就难以发挥。

3．折扣

折扣也是产品返利很常见的一种形式，其特点是返利不以现金的形式兑现，而是让经销商在下次提货时享受一个折扣。厂家主要通过这种形式减轻自身的现金压力。例如，某经销商上次的返利金额为 2 万元，本次货款为 10 万元，则厂家按照 8 折的优惠给经销商，实收 8 万元，发 10 万元的货，则 2 万元就作为折扣奖励给了经销商。

> ☑ 关键点
> 用折扣方式兑现经销商的返利时，要注意折扣不能太大，如4折、5折这样大的折扣容易引起相关部门的注意。最好的折扣是在该产品合理的范围内，如8折、9折等。

梅明平对厂家销售总监说

厂家返利的兑现是经销商非常关注的一件事情，需要慎重对待。

（1）如果用产品返利，经销商最关心以下4个问题。

① 厂家是用畅销产品还是用积压产品？
② 厂家是通过赠品形式还是通过折扣形式？
③ 产品算不算经销商的销量？
④ 厂家如何合理避税？

（2）如果用现金返利，经销商最关心以下4个问题。

① 厂家使用人民币、港币或美元？
② 厂家是抵消货款还是直接打入经销商账户？
③ 返利属于经销商个人的收入还是经销公司的收入？
④ 厂家如何合理避税？

（3）关于何时兑现，经销商最关心以下4个问题。

① 如果是月返利，何时兑现？
② 如果是季返利，何时兑现？
③ 如果是年返利，何时兑现？
④ 如果月返利太少，能不能集中在季度一次性返利，月结季返？

4.4 确定返利水平

返利作为额外的奖励，必须具有一定的诱惑力。厂家返利的力度必须能刺激经销商努力提高销量，以获取尽量多的利益。但是，返利必须在严格财务核算的基础上确定点数的范围。不同行业的利润率是不同的，所以点数的选择需科学、谨慎，厂家在确定前要充分考虑不同行业返利水平、产品利润率水平、产品类别和竞争对手的返利水平。

4.4.1 不同行业的返利水平

不同行业的返利标准是不同的，像建材、家电、汽车等整体规模较大的行业，其返利标准一般比服装、食品等品类的返利标准要低。

例如，日本夏普音响的返利制度（针对专卖加盟商）：经销商首次拿货10万元，立即返利5%作为广告、促销费用；以后每满10万元，返利5%；年度拿货达到100万元，则再返利8%。这个返利水平相对而言是比较高的，因为音响行业整体利润率是比较高的。

飞利浦彩电在某一年针对国内经销商的返利制度：月度返利，经销商月拿货100万元以上，返利1%；季度返利，经销商季度拿货500万元以上，返利0.5%；年度返利，经销商年度拿货达到1 500万元，再返利0.5%。

4.4.2 产品利润率水平

不同产品的利润率不同，如化妆品的利润率就明显要比牙膏的利润率高。

4.4.3 产品类别

产品返利高低在一定程度上要根据产品的类别确定。

1．主销产品返利比率

主销产品的销量大，产品流通速度快，产品知名度高，厂家在设置返利比率时，应处于较低水平。

2．辅销产品返利比率

辅销产品的销量小，产品流通速度慢，产品知名度低，需要经销商或销售人员大力推荐，为提高经销商销售辅销产品的积极性，厂家在设置返利比率时，应处于较高水平。

3．新产品返利比率

对于刚刚上市的新产品，经销商的大力推荐对产品成功上市有着重要的作用。厂家提高新产品的返利比率，是提高经销商积极性的重要手段。一般情况下，新产品上市的6~12个月为新产品推广期，厂家应采用新产品返利标准刺激销售。新产品又可分为主销新产品和辅销新产品，厂家在设置产品返利比率时，辅销新产品的返利比率应高于主销新产品的返利比率。

某厂家的产品返利比率如表4-1所示。

表4-1 某厂家的产品返利比率

产品名称	产品规格（g）	产品分类	返利比率（%）
特效中药牙膏	105	主销产品	3
全效牙膏	180	辅销产品	5
香薰沐浴露	110	主销新产品	6
含氟牙膏	105	辅销新产品	10

4.4.4 竞争对手的返利水平

营销战略讲究知己知彼。厂家所制定的返利制度必须和主要竞争对手相比有一定的优势，厂家才能拥有更多的主动权，发挥返利的推动力。

例如，厂家在设计返利时，应研究竞争对手的返利情况，比如某类同行业的竞争产品，如果竞争对手返利为6%，厂家就应该高于6%，如7%、8%等，这样才可以让经销商安心经营，不要"身在曹营心在汉"。

梅明平对厂家销售总监说

经销商返利高低直接关系到厂家产品的经营成本，关系到经销商的积极性，关系到与竞争对手的竞争情况，关系到其他营销费用的分配，如促销费。

经销商返利高低能够反映出销售总监的管理水平、市场部与销售部的配合默契程度、厂家老板的经营思路。厂家确定返利水平需要参考以下因素。

（1）不同产品的利润空间，它是厂家调整产品结构的关键。

（2）行业的返利水平，它是厂家是否达到行业标准的关键。

（3）主要竞争对手的返利水平，它是厂家提高竞争力的关键。

（4）经销商所经营的其他竞品的返利水平，它是厂家产品能否成为经销商首推产品的关键。

（5）厂家历年的返利水平，它是影响经销商不满情绪的关键。

（6）返利占经销商所获整体收入的比例，它是影响经销商积极性的关键。

（7）返利水平，它是影响厂家利润的关键。

4.5 建设返利系统的关键点

经销商经销产品的最终目的是最大化地获取利润，而厂家的返利的确可以成为其控制经销商、争取渠道畅通的一种直接且有效的手段。那么，厂家如何才能很好地利用返利这种方式，同时将其负面作用降至最低呢？为此，厂家必须建设一个科学的返利系统，在建设时应特别注意产品生命周期、经销商队伍稳定情况、销售淡旺季和市场掌控度等方面。

4.5.1 产品生命周期

在产品生命周期的不同阶段，返利的侧重点不同，如图 4-1 所示。在产品导入期，消费末端拉力不足，产品需倚仗经销商的努力方可进入市场。此时，厂家应该提高返利比率，鼓励经销商铺货率、占有率、售点生动化等指标的完善和提货量的完成。在产品成长期，重在打击竞品，厂家要加大专销、市情反馈、配送力度、促销执行效果等项目的奖励比例，同时辅以一定的销量奖励。到了产品成熟期，销售末端拉力强劲，销量较为稳定，厂家应重视通路秩序的维护，返利应以守区销售、严格遵循价格体系规定出货为主，销量奖励起辅助作用。此时，厂家的精力应放在培养自己的销售队伍去提高铺货率、售点生动化、渗透率及开发边远地区空白市场等工作上。

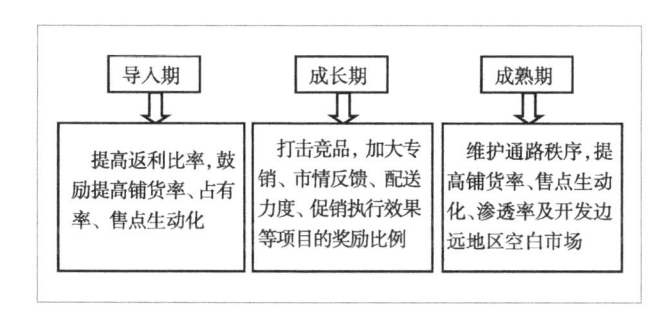

图 4-1 产品生命周期的不同阶段返利重点

4.5.2 经销商队伍稳定情况

对市场变数较多、经销商队伍不稳定的行业来说，厂家采用周期较短的返利方式比较合适，这样有利于迅速刺激经销商加大对厂家产品的资金和精力投入，既有利于市场的迅速壮大，又有利于厂家及时调整销售策略。而在经销商队伍稳定或双方合作长久、默契、相互信任的情况下，厂家可以采用周期较长的返利方式。

4.5.3 销售淡旺季

对于淡季、旺季比较明显的行业，厂家适宜采用周期较短的返利方式，以刺激淡季经销商业绩的提升。

4.5.4 市场掌控度

掌控市场能力比较强的厂家会采用年度返利和月度返利相结合的方式，这种方式既有短期的业绩奖励，又有长期的目标促进，更能有效地达到激励效果。不过，这种方式对厂家的营销管理和财务管理有比较高的要求。

梅明平对厂家销售总监说

厂家的返利方式不是一成不变的，厂家要根据不同的市场情况设置不同的返利方式。

（1）市场不同，返利的侧重点不一样。

① 发达市场。返利侧重于控制市场价格，防止窜货。

② 发展中市场。返利侧重于打击竞品，提高铺货率。

③ 新开发市场。返利侧重于引导经销商主动压货。

（2）同一厂家在不同的发展时期返利不一样。

① 新厂家。返利重点在于鼓励经销商进货，以销量返利。

② 成熟厂家。返利重点在于培养中小经销商，以任务返利。

（3）经销商不同，返利重点不一样。

① 厂家大部分经销商是新加盟的经销商。返利以月度返利为主，短期奖励。

② 厂家大部分经销商同时在经营竞品。返利以打击竞品为主。

③ 厂家销量主要来自几个大经销商。返利以鼓励中小经销商发展、抑制大经销商为主。

（4）产品销售的季节性不同，返利重点不一样。

① 销量均衡且稳定的产品。返利重点是鼓励经销商均衡销售，以月度返利为主，以年度返利为辅。

② 季节性明显的产品。返利重点是鼓励经销商提前进货，进货越早返利越多。

4.6 设计返利系统

4.6.1 确定返利项目、返利水平和返利时间

用来确定返利项目、返利水平和返利时间的返利系统设计表如表4-2所示。

表 4-2 返利系统设计表

	返利项目	现返利	月度返利	季度返利	年度返利	返利合计
产品类	畅销产品					
	非畅销产品					
	新产品					
市场类	铺货率					
	售点生动化					
	全品项进货					
	专卖或专销					
	无窜货					
	无低价销售					
销售支持类	安全库存					
	守约付款					
	物流配送					
	终端销售					
	人员支持					
	地区差别					
	经销商团队福利					
合计						

厂家在制定返利制度时要特别注意，在不同的市场阶段，返利的侧重点应该不同。

用返利来激励和控制经销商，厂家必须清楚现阶段激励和控制经销商要达到的具体目标是什么。只有具体目标清楚才能有的放矢，才能根据目标制定有针对性的返利方案，才能通过返利奖励得到厂家真正想要的东西。在不同的市场阶段，厂家的目标是不同的，所以不同阶段返利的侧重点也应不同，如此才能做到激励目标与厂家目标的统一。

4.6.2　确定返利兑现方式

厂家如何确定返利兑现方式？结合前面所介绍的内容，再判断性地回答以下几个问题，厂家就很容易做出决定。

- 厂家现金流是否允许？
- 经销商窜货现象是否严重？

- 经销商的积极性高不高？
- 产品是否为畅销产品？
- 厂家与经销商的关系是否稳定？
- 厂家是否有新产品推广？

案例 百事可乐公司的返利制度

不仅国内的厂家运用返利制度激励经销商，外企同样运用返利制度提高经销商的积极性。外企在制定和运用返利制度时，相对来说比国内的大多数厂家更严谨、更科学。

百事可乐公司对返利制度的规定分为 5 个部分：年扣、季度奖励、年度奖励、专卖奖励和下年度支持奖励。除了年扣为明返利（在合同上明确规定为 1%），其余 4 项奖励为暗返利，事前无约定的执行标准，事后才告知经销商。

（1）季度奖励。季度奖励既是百事可乐公司对经销商前 3 个月销售情况的肯定，也是对经销商后 3 个月销售活动的支持。这样就促使公司和经销商在每个季度合作完后，对前 3 个月合作的情况进行反省和总结，相互沟通，共同研究市场情况。百事可乐公司还在每个季度末派销售主管对经销商业务代表进行培训指导，帮助落实下一季度销售任务及实施办法，增强相互之间的信任，兑现相互之间下一季度的承诺。季度奖励在每个季度结束后的 2 个月内，百事可乐公司按进货数的一定比例以产品形式兑现。

> ☑ 点评
> - 兑现相互之间下一季度的承诺，确保下一季度任务的完成。
> - 以季度考核减少返利计算工作量。
> - 每个季度结束后的 2 个月内，百事可乐公司按进货数的一定比例以产品形式兑现，通过推迟返利时间、产品折扣、要求继续合作等方式减少公司流动资金压力。

（2）年扣和年度奖励。年扣和年度奖励是百事可乐公司对经销商当年完成销售情况的肯定和奖励。年扣和年度奖励在次年的第一季度，百事可乐公司按进货数的一定比例以产品形式兑现。

（3）专卖奖励。专卖奖励是指经销商在合同期内，在碳酸饮料中专卖百事可乐系列产品。在合同结束后，百事可乐公司根据经销商的销量、市场占有情况及与公司合作情况给予奖励。在合同执行过程中，百事可乐公司将检查经销商是否执行专卖约定。专卖约定由经销商自愿确定，并以文字形式填写到合同上。

> ☑ **点评**
> - 百事可乐公司将检查经销商是否执行专卖约定作为返利的前提，增加返利壁垒。
> - 专卖约定由经销商自愿确定，作为经销商自律的前提。
> - 专卖奖励鼓励经销商专卖，增加公司的渠道话语权。

（4）下年度支持奖励。下年度支持奖励是对当年完成销售任务，继续和百事可乐公司合作，且已续签销售合同的经销商的次年销售活动的支持。此奖励在经销商完成次年第一季度销售任务的前提下，在第二季度的第一个月以产品形式兑现。

因为以上奖励制度事前的"杀价"空间太小，经销商如果低价抛售造成了损失和风险，百事可乐公司是不会承担责任的。此外，百事可乐公司在合同上还规定每个季度对经销商进行如下项目的考评。

- 考评期经销商实际销量。
- 经销商销售区域的市场占有率情况。
- 经销商是否维护百事产品销售市场及销售价格的稳定。
- 经销商是否在碳酸饮料中专卖百事可乐系列产品。
- 经销商是否执行公司的销售策略。
- 季度奖励发放之前，经销商必须落实下一季度销售任务及实施办法。

为防止销售部门弄虚作假，百事可乐公司规定考评由市场部、计划部抽调人员组成联合小组不定期进行检查，以确保评分结果的准确性、真实性，做到真正奖励与公司共同维护、拓展市场的经销商。

4.6.3 返利累计定位

从根本上来讲，返利制度就是厂家针对经销商一定期限内的累计销量或销售额而制定的。随着市场竞争进一步加剧，经销商要求缩短返利期限的呼声越来越强烈，同时它们想通过更长时间累计销量或销售额来获得更高比例的返利。为此，一些厂家采取了"现返+季度返+年返"或"季度返+年返"的方式，满足了经销商多方面的要求，并有效提高了产品销量。

案例　醉糊涂系列酒返利制度

醉糊涂系列酒区域市场经销商无论级别，严格按照公司统一制定的返利制度执行返利。

（1）季度折扣返利制度。所有醉糊涂经销商每个季度达到年度销售总量的25%均享受该项制度。按照不同品种，珍品的季度返利为2%，精品的季度返利为1.5%，佳品的季度返利为1%，其他季节性或细分产品不在季度返利之列。季度返利在第二季度的第一个月兑现，返利采用实物的形式兑现。

（2）年度折扣返利制度。经销商完成全年销售总量后，珍品按照3%返利，精品按照2%返利，佳品按照1.5%返利，其他低端产品按照1%返利，其他细分产品按照2%返利。所有返利在第二个销售年度的第一个月以现金的形式兑现。

（3）及时回款返利制度。公司保持区域市场仓储中心150%的产品库存率，超出部分区域市场经销商以现金结算。当月及时结清货款的区域市场经销商享受月销售总量1%的回款返利，连续180天无应收账款的区域市场经销商享受180天销售总量0.5%的回款返利，全年无应收账款的区域市场经销商享受额外销售总量0.5%的回款返利。以上返利为累计返利，经销商可以重复享受。经销商出现一次拖欠货款行为就取消回款返利优惠。

（4）专卖奖励返利制度。如果经销商自愿只销售本公司产品醉糊涂系列酒，并在全年的销售中贯彻实施，即享受该项返利，并在第二个销售年度初以现金形式兑现。经销商中途经销其他产品，该项返利自动取消。珍品专卖返利为3%，精品专卖返利为2%，其他产品专卖返利为1%。

（5）新产品推广返利制度。在公司推广醉糊涂新产品时，经销商积极配合的，除了享受常规返利，额外享受新产品推广3%的返利。新产品推广返利在年终结算，在第二个销售年度初以新产品的形式兑现。

返利执行说明：以上返利制度为累计返利，达到各项的标准即可享受。

季度折扣返利、年度折扣返利、及时回款返利、专卖奖励返利、新产品推广返利从不同的角度对经销商的全年销售产生驱动力。季度折扣返利注重对经销商短期销售能力的提升，有利于前期的铺货和分销网络的建设。年度折扣返利是在季度折扣返利的基础上，对经销商一年销售工作的肯定和奖赏。及时回款返利是保证公司资金快速回笼、资金安全的有效手段，防止资金被经销商占用。专卖奖励返利具有攻击性。一般来说，区域市场的经销商常常经销两个或两个以上的白酒品牌。对于这种情况，公司是无法控制的——虽然在合作前期公司会一再强调让经销商只经销自己的品牌，但是在实际执行中排挤竞品，只经销你的品牌对于经销商来说是不现实的。公司解决这个问题的较好办法就是给经销商以正面的引导，让经销商在经销一个品牌中赚取两个或者多个品牌的利润。专卖奖励返利就是引导经销商排挤竞品的诱饵。如果一个品牌具备良好的市场潜力，拥有强大的品牌支持和销售支持，还不定期地给予经销商各种优惠，经销商肯定会认同这个品牌，更加卖力地销售这个品牌。新产品推广返利主要为未来考虑，让公司的新产品在推广的时候就得到经销商的大力支持。

一个品牌在进入市场的前期表现是否活跃，除了品牌魅力的表现、营销技术的运用，能否得到区域市场经销商的大力协助、大力推广是成功的关键。很多品牌在市场上总是"叫好不叫座"，这是为什么呢？因为渠道不认可，经销商、零售商不愿意推广！鉴于此，返利系统不仅要规划周密，还要在市场发展的每个阶段都能够对经销商产生驱动作用，从而让经销商产生销售的动力。

4.6.4 成熟产品返利制度

当产品处于成长期时，厂家可以鼓励经销商窜货；当产品处于成熟期时，厂家要坚决制止经销商窜货行为。同样，在不同阶段，厂家的返利制度也应该不同，这样才有利于激励并控制经销商。

当产品处于成熟期时，厂家仍然沿用成长期时的返利制度，就好像放一颗糖在小朋友的手中，却禁止他吃一样。在这个阶段，厂家要防止经销商窜货，就得变换方式让经销商自我约束。

厂家在这个阶段制定返利制度时，可以多用过程返利，少用销量返利。厂家对经销商要重视销量激励，更要重视过程控制管理。厂家在返利制度的制定上，不能将销量作为唯一的返利标准，而应根据过程管理的需要综合评定返利标准。

厂家可以针对营销过程的种种细节设立返利奖励，如奖励范围可以包括经销商铺货率、售点生动化陈列、全品项进货、合理库存、遵守区域销售规则、专销积极配送和守约付款等。过程返利既可以提高经销商的利润，提高销量，又可以促使经销商规范运作，还可以培育一个健康的市场，保证实现未来的利润目标。

梅明平对厂家销售总监说

销售总监如何利用返利制度提高管理效率，提高经销商的销量呢？下面提供

7种方法。

（1）增强产品竞争力的返利方法。

返利设置方法：使比率高于竞争对手。例如，某竞品的返利比率为5%，你设置的返利比率为8%。

销售总监要提升返利比率，需要与总经理、市场部总监等人商量。若要提升返利比率，就需要减少其他销售费用，如促销费用、广告费用等，使整体销售费用处于原有水平，而不是提高返利比率导致销售费用增加。

（2）提升销量的返利方法。

返利设置方法：依据销量的多少返利，销量越多返利越高。例如，经销商完成50万元以下，奖励3%；完成50万~100万元，奖励5%；完成100万元以上，奖励9%。

这种方法主要促使经销商追求高的销售额，在产品知名度不高、新厂家、新产品、经销商分布的密度不大时采用，但容易制造大经销商，也容易产生窜货行为，导致"大吃小"的情况。所以，最好是在厂家发展的前3~5年，采用此返利方法，接下来就按照经销商完成销售目标的比例进行返利。

（3）促进任务完成的返利方法。

返利设置方法：依据经销商完成销售任务的比例进行返利。例如，某厂家的返利如下：经销商完成80%以下，无返利；完成80%~100%，返利5%；完成100%以上，返利7%。

为使经销商每个月都有销售压力和动力，销售总监可以给经销商制定月度销售目标，以便确定月度返利水平。很多厂家没有给经销商制定月度销售目标，这对于提升经销商的销量没有好处。在月底到来时，经销商不会感觉到任何销售压力，也不便于销售人员管理和月底要求经销商压货以便实现销售目标。

如果经销商月度销量很低的话，厂家同样可以制定月度销售目标，只是销量没有那么高。

如果是新的经销商，厂家的月度销售目标可以参考当地的人口数量，或者参考同类型市场的原经销商初期的销量。

（4）助推新产品上市的返利方法。

返利设置方法：提高新产品的返利额度。例如，某厂家返利制度如下：正常产品返利为5%，新产品返利为10%（新产品是指从上市当月起6个月以内的产品）。

另外，如果厂家有一些利润高但销量低的产品，以及库存积压产品，也可以采用提高返利比率的方式。

（5）加速回款的返利方法。

返利设置方法：主要鼓励经销商现款现货。例如，现款现货，返利5%；10天内付款，返利3%；11~15天付款，返利1%；超过15天付款，无返利。

（6）控制多品牌经营的返利方法。

返利设置方法：鼓励经销商全心全意做厂家的专销商。例如，一般经销商返利3%，专营商返利5%，专销商返利7%。

注意：为尊重经销商的选择，销售总监要在合同上给予经销商选择类型的机会，由经销商决定是专销还是专营。

（7）控制市场秩序的返利方法。

返利设置方法：将经销商的返利与经销商的违规结合起来。例如，某厂家的返利规定是，所有获得返利的前提是经销商没有违规行为。再如，某厂家的返利比率设置是，销售返利1%，无窜货记录2%，无低价销售记录3%。

4.7 实战演练

下面是作者帮助金科公司设计的经销商返利系统。

1. 返利销售额要求

由于不同市场的规模不一样，所以在确定返利销售额要求时，公司对市场进行了分类，分为县、县级市、地级市和省会城市4类市场，并对不同的市场提出了返利销售额要求，如表4-3所示。表4-3中返利销售额要求是最低的销售目标，一般的经销商都能完成这个目标。

表4-3 不同市场的返利销售额要求

区域	县	县级市	地级市	省会城市
返利销售额要求	5 000元/月	7 000元/月	10 000元/月	30 000元/月

说明：所有达到销售额要求的经销商都可获得返利。低于以上标准，经销商没有返利。

2. 返利时间设置

返利时间与销售目标要匹配，为了让经销商实现月度销售目标，必须给予经销商实现目标的动力或压力。所以要设置月度返利，以便让经销商为了返利而努力实现月度销售目标，如表4-4所示。

表4-4 返利时间设置

返利形式	月返利	季返利	年返利
经销商	√	×	√

说明：设计月返利和年返利，以月返利为主，引导经销商关注每月的销售目标完成情况。

3．返利形式

返利内容：佣金。

返利方式：将每月佣金转入每位经销商的银行账户。

4．返利标准

返利标准要根据公司的产品来设计，因为不同的产品，公司获得的利润不一样。利润高的产品返利要高些，利润低的产品返利要低些。

另外，公司为了鼓励经销商一心一意销售产品，还要设计专销奖励；为了便于经销商团队开展活动，还可以设置行会费用，如表4-5所示。

表4-5 返利标准

项目	产品类型	流通产品		终端产品
	产品品类	2系	其他产品	终端牙刷
月返利	销量返利	2.0%	1.0%	3.0%
	专销奖励	—	1.0%	1.0%
	人员支持	—	1.0%	1.0%
	行会费用	—	1.5%	1.5%
	月返利合计	—	4.5%	6.5%
年返利	年返利合计	—	0.5%	0.5%
总返利合计		2.0%	5.0%	7.0%

5．返利说明

（1）本返利标准参考了行业竞品的返利标准。

（2）连续两年保持总返利水平不变。

（3）专销奖励是对只经销本公司产品而不经销其他公司产品的经销商额外给予的奖励。

（4）人员支持指公司给予一定的费用，用于经销商在当地招聘销售人员，以帮助经销商完成销售任务。

（5）行会费用指按照区域（如以省会为单位）组成经销商团队或行会，自选行会会长,这部分费用交给行会会长使用,用于组织活动、开会、旅游、处理经销商之间的窜货问题等。

4.8 厂家销售总监工具箱

在设计返利时,销售总监要掌握以下8大工具。

(1)返利的两种功能。

(2)返利的6大目的。

(3)按返利兑现时间、兑现方式、奖励目的和内容确定返利种类。

(4)3种返利兑现形式。

(5)参考4大因素确定返利水平。

(6)建设返利系统的4大关键点。

(7)设计返利系统。

(8)利用返利制度提高经销商销量的7种方法。

第 5 章 经销商激励

问题与痛点

1. 厂家和经销商的关系大多数只是简单的买卖关系,根本谈不上厂家对经销商的激励,导致大多数厂家的经销商没有积极性。
2. 厂家发现经销商的积极性下降,经销商热情不再、小富即安,又苦于没有方法改变,导致销量下降。
3. 厂家从来没有打算了解经销商的需求,也没有打算满足经销商的需求,而是一味要求经销商销售、销售、再销售,导致经销商反感、反抗,甚至双方分道扬镳。
4. 经销商年会是厂家激励经销商很好的机会,但是大部分厂家只是在年会上分配下一年度的任务,宣讲下一年度的销售策略,签订下一年度的合作协议,仅此而已,导致愿意参加年会的经销商越来越少。
5. 有的经销商年会将重点放在了奖励上一年度优秀的经销商身上,但忽视了下一年度的奖励,本末倒置,不能激励经销商未来的行为。
6. 经销商的奖品设置存在很大问题。例如,有的厂家奖励奔驰、宝马、法拉利,这样的车经销商能作为日常的交通工具吗?维修费经销商愿意出吗?有的厂家奖励计算机、手机、iPad,这些奖品经销商自己都能买,有什么稀罕的?能激励经销商吗?
7. 新产品研发为什么失败?厂家制定的销售策略为什么受到抵制?这些都源于厂家没有倾听经销商的声音。几个研发人员坐在办公室里"拍脑袋",或者出去进行简单的消费者调研,一个新产品就出来了,就这么简单。

销售总监管理经销商时最基本且最重要的一项工作就是激励经销商。销售总监激励经销商包括以下3个方面，也就是激励经销商的3个维度。

（1）发现经销商的需求与问题。

（2）根据经销商的需求与问题提供相应的支持（为经销商提供支持）。

（3）通过有效使用厂家的权力提供领导支持（确保厂家的领导权）。

另外，本章还将对"经销商销售竞赛"进行详细介绍，以便读者能够运用这种重要的激励方法对经销商进行激励。

最后，本章还将激励经销商的常用方法进行汇总，以便读者根据需求进行选择。

> **名词解释：经销商激励**
> 经销商激励是指厂家为使经销商在实现其分销目标时相互协作而采取的行动。

5.1 激励经销商的3个维度

5.1.1 发现经销商的需求与问题

1．麦克威的传统观点

销售总监在激励经销商之前，必须尽可能了解经销商的需求。经销商的需求与所面临的问题可能与销售总监所想的完全不同。根据麦克威的传统观点，这些不同可以概括为以下4点。

（1）经销商并不认为它们是"制造商铸造的链条上雇用的链节"。

（2）经销商首先是其顾客的代理购买，其次才是厂家的销售代理，其希望顾客从它们那儿购买产品。

（3）经销商认为它们提供的所有产品是其作为整体销售给个体消费者的大的产品家族。它们尽力销售产品并不是为得到单个产品的订单，而是为获得整体产品的订单。

（4）除非得到足够的激励，否则经销商一般不会保留按照产品所做的销售记录。那些对制造商的产品开发、定价、组合或促销计划有用的信息通常"埋葬"在经销商自己的记录里，有时甚至故意不提供给制造商。

2．了解经销商需求与问题的方法

销售总监应采取以下4种方法中的一种或几种来获取有关经销商需求与问题

的信息。

（1）对经销商进行研究。尽管厂家对顾客的研究已经非常普遍——了解顾客希望得到的产品、品牌偏好、购物行为及其他信息，但对经销商的需求及问题的研究非常少见。事实上，大部分厂家，即使那些很大且机构复杂的厂家，也从来没有进行过这样的研究。根据估算，厂家对经销商的研究支出不足研究预算的1%。

然而，厂家对经销商进行研究，有时候是了解经销商需求与问题的唯一方法，所以厂家必须在这方面增加投入。

案例　实现带上样本销售

某厂家是一家生产多种黏结剂及密封剂的知名厂家，其产品在工业领域有广泛应用。该厂家主要通过经销商将产品批发给零售商及厂家客户。该厂家在产品的销售方面与经销商有着很大的分歧。一方面，厂家认为经销商不关心产品的销售情况，因为在拜访客户的时候，经销商的销售人员几乎从来不带产品样本。另一方面，经销商认为厂家不关注其销售支持，因为它们认为厂家的产品样本不适合销售人员使用。而厂家相信其产品样品对促进销售很有帮助，因此对经销商的做法很不理解。最后，当厂家决定就这种情况对经销商的需求及问题进行研究时，这个难题才得以解决。

研究发现，经销商的销售人员不愿意带产品样本的原因很简单。原来，厂家的产品样品设计用公文包携带，而经销商的销售人员大多数不带公文包！知道这个消息后，厂家重新设计了产品样本，使它足够小，以便经销商的销售人员能够用口袋携带，问题迅速得到解决。

从这个案例中可以看出，经销商的有些需求及问题尽管非常简单，却不是显而易见的。在这种情况下，厂家发起的对经销商的研究非常有帮助。

（2）由外部机构对经销商进行研究。厂家为了获取相对客观的关于经销商需求与问题的信息，由不属于渠道成员的第三方机构进行研究有时候非常必要。

案例　外部机构的研究使问题得以改善

一家市场广阔的制衣公司在付出昂贵的代价之后才发现问题所在。该公司发现，零售店尽头的展台太大了。商店经理说："这些在展台上经过展览的商品只得积压在仓库里，最后不得不废弃。"遗憾的是，在犯了这个昂贵而令人尴尬的错误之后，制造商才开始采用外部的研究机构对零售空间布置进行研究，为将来的商店布置提供客观依据。

一家高档酒类生产厂家过去依靠自己的销售人员研究经销商的效率，但他们的研究结果总是与销售数据及零售反馈不一致。采用第三方研究机构后，通过与零售商的深入交流，了解它们对经销商的观点，生产厂家对经销商的表现有了更真实的认识，这一结果使得该酒类生产厂家能够对其营销渠道进行重组。

一家光纤制造商通过设在高档及大众商品零售点的商务广告促进其初级光纤产品的销售。尽管花费巨大，但广告的效果不能令人满意。最后，制造商不得不求助于独立的市场调查机构。该机构通过对 75 家使用光纤产品的连锁店及生产厂家的采购员的采访，不仅找到了使广告信息对购买者更有吸引力的方法，还发现了广告的目标定位有很多值得改进的地方。

从上述案例中可以看出，厂家采用外部机构对经销商的需求与问题进行研究能够保证很好的客观性。而且，对于那些没有市场研究部门或市场研究能力有限的厂家来讲，依靠外部研究机构可以获得从其组织内部无法得到的专家技能。

（3）厂家与经销商关系调查。厂家与经销商关系调查的主要目的是收集一些信息：经销商如何看待厂家的营销项目及其组成部分，关系良好及不佳的地方；为使厂家与经销商关系更加优化可行，厂家应该如何改进。厂家通过厂家与经销商关系调查了解以下需求与信息。

- 定价策略、利润及补贴。
- 产品的范围及特征。
- 新产品及其采取促销方式的市场开发情况。
- 服务策略和程序，如票据、订货、转运、仓储及其他。
- 销售人员的表现。

（4）经销商顾问委员会。另一种了解经销商需求与问题的有效方法是设立经销商顾问委员会。

→ **名词解释：经销商顾问委员会**
经销商顾问委员会应当由以下两方面人员组成：厂家方面的主要成员（应当包括主管销售的营销副总经理、销售总经理及销售管理部门的其他高层管理人员）和经销商方面的主要成员（应当包括所有经销商中 5%～10%的代表）。该委员会的总人数限制在能够使所有成员同时参加会议。在设立经销商顾问委员会的时候，正常的程序是确定两位执行主席———位由经销商选举产生，另一位由厂家销售部门的高层管理人员担任。

经销商顾问委员会有以下 3 个好处。

一是提供了对经销商的认同。和其他大多数人一样，经销商希望在影响其利益的计划中能够发表自己的意见。因此，当经销商认为自己参与了计划的制订时，他们更能理解和支持厂家的行动项目。这种方式给经销商一种"始终了解"的感觉，增加了他们的安全感，从而有可能使他们对厂家的利益产生更大的认同感。

二是为厂家与经销商提供了一种确定和讨论相互间需求与问题的媒介。

三是能够促进整个渠道的交流。经销商顾问委员会不仅有助于厂家对经销商的需求与问题有更好的了解，也有助于经销商对厂家的理解。

案例　Anheuser-Busch 公司的经销商顾问委员会

Anheuser-Busch 公司是世界上最大的啤酒生产商之一，它采用了一种有争议的渠道策略，并通过经销商顾问委员会获取经销商对这种新策略的看法。Anheuser-Busch 公司的新策略"100%精神共享"的主要目的是，使经销商完全放弃其他啤酒生产商的产品，仅仅专注于 Anheuser-Busch 公司的产品，成为公司的专销商。通过经销商顾问委员会，公司发现经销商对新策略的理解有很大偏差，有很多经销商担心该策略会阻止他们售卖有利可图的竞争对手的"工艺啤酒"。通过经销商顾问委员会，经销商了解到"100%精神共享"建立在自愿的基础上，而非强制执行，其顾虑有所缓解。当经销商了解到参与该策略将会得到激励而非胁迫，他们中的很多人对此显示出合作的态度。

案例　卡特皮勒公司的经销商顾问委员会

卡特皮勒公司是挖掘设备行业的巨人，该公司在通过经销商顾问委员会了解经销商的需求与问题方面做得非常成功。

例如，在一次经销商顾问委员会会议中，经销商汇报了一批推土机设计上的缺陷。这种推土机的一个盖罩安装得太低，导致顾客在操作中很容易因碰到头部而受伤，这将给经销商带来很大的麻烦。

经销商顾问委员会的讨论还表明，只要卡特皮勒公司稍微改变一下其存货管理方式，就能够为经销商提供更加快捷、高质量的服务，而这一点是卡特皮勒公司的特色。

还有，以前经销商只有在需要时才订购某种常用的零件。在这种方式下，不管卡特皮勒公司的反应多么迅速，都会造成一定程度的延迟。现在，卡特皮勒公司与经销商达成协议，经销商总是存储一定量的常用零件，这些零件包括成本相对较低的电池与风扇皮带。

因此，不管是啤酒行业还是挖掘设备行业，厂家与经销商通过经销商顾问委员会进行面对面交流，是一种了解经销商需求与问题的好方法。

5.1.2 为经销商提供支持

遗憾的是，厂家对经销商的支持通常是没有组织或混乱的。当经销商缺乏动机时，厂家通常通过额外的价格激励、广告补贴、经销商竞赛或鼓舞士气的谈话给它们打气。或者当经销商在某个方面出现问题时，厂家通常试图去"修补"这些问题，并希望它们不再出现。

有渠道专家对这种激励经销商的方式做了一针见血的评价：厂家开发的很多项目，如仓促达成的商业交易、缺乏创意的经销商竞赛、未经检验的价格策略……这种关于经销商项目所带来的负担令人难以承受。

因此，厂家要在其与经销商之间建立具有高度主动性的团队，仔细设计"经销商支持项目"。这些项目包括以下 3 类：合作性计划、战略联盟和分销计划设计。

> **➡ 名词解释：为经销商提供支持**
> 为经销商提供支持是指厂家为满足经销商的需要并帮助其解决问题所做的努力。如果厂家能正确地使用这种支持，可创造出更为主动的经销商。

1. 合作性计划

合作性计划的种类有很多，往往厂家的想象力有多丰富，它就有多少种。下面介绍了 18 种典型的合作项目。然而，不同的行业采用的合作项目及如何实施计划大不相同。例如，对于以销售快速消费品为主的超市、杂货店、大众商品经销商等零售商，厂家提供的是大量的合作性广告补贴、有偿内部展示赠券处理补贴；而对于批发层面的经销商，特别是那些经销工业产品的经销商，厂家通常提供销售人员竞赛及培训项目。

> ☑ **厂家为经销商提供的常用合作项目**
> （1）合作广告津贴。
> （2）为各种仓储功能所支付的津贴。

（3）为橱窗展示、陈列空间和产品安装而支付的费用。
（4）库存服务。
（5）免费商品。
（6）店内和橱窗展示材料。
（7）实地调研工作。
（8）自动记录系统。
（9）零售商或批发商各门店的营运成本。
（10）特别周年纪念日的捐赠。
（11）客户参观展示室时的奖品。
（12）培训经销商人员。
（13）新商店成本或改进费用。
（14）各种促销津贴。
（15）独家经销的特殊津贴。
（16）支付经销商人员的特殊工资。
（17）库存价格的调整。
（18）厂家广告中对商店、分销商或经销商的提及。

从厂家的角度来看，这些合作项目的基本原理都涉及为经销商提供激励，以使其加倍努力销售厂家的产品。

案例 开展"Sweep"销售竞赛

Warner Sweep 的含义是 Sell Warner-Earn Extra Profit，即销售 Warner 产品获取额外利润。在经济萧条时期，为分散经销商对经济萧条的关注，集中精力进行产品销售，以销售工业品为主的 Warner 公司向经销商推出了一项名为"Sweep"的销售竞赛，主要目的是使 Warner 公司的经销商将产品销售给公司竞争对手的客户。

如果经销商的销售人员能够使竞争对手的客户购买 Warner 产品，每次他们将得到 10~50 美元的奖金。如果销售人员能够将 1000 美元以上的产品销售给新客户，Warner 公司还将给他们提供 5% 的奖金提成。对于经销商来说，Warner 公司以免费产品的方式提供了一种"Sweep"奖励，这种奖励的机会与经销商吸引的新客户及其销售人员完成的销售额成正比。最高奖励获得者将得到价值 25 000 美元的 Warner 公司产品，第二名的奖品价值为 10 000 美元。

该项目的期限从 6 月中旬到 12 月中旬，它得到了 Warner 公司所有经销商的认可和参与。它增加了 757 个新客户，为公司带来了 500 万美元的市场潜力。

2. 战略联盟

为了建立更加主动的渠道成员系统，战略联盟的方法被越来越多的工业企业所采用。在零售方面，宝洁公司和沃尔玛所建立的战略联盟是消费品行业中非常成功的。为了维持两者之间的亲密关系，宝洁公司专门派了一位经理常驻阿肯色州的沃尔玛总部，以保证与该公司的最高领导层保持紧密联系。

> ➡ 名词解释：战略联盟
> 战略联盟是厂家与经销商之间的持续和相互支持的关系，其目的是建立更加主动的团队、网络或渠道伙伴的联盟。在这种关系中，传统的"我们—他们"的观念被"我们"所取代。

（1）建立战略联盟的 3 个阶段。

第一阶段：明确厂家与经销商的角色。厂家在可能提供的产品、技术支持、定价及其他相关的领域公布明确的条款。厂家明确了条款后，经销商的角色将更加明确，它们将更有可能获得经济回报并承担一定的责任。

第二阶段：厂家为经销商提供所需要的服务。厂家对现有经销商完成任务的能力进行评估，并特别注意为经销商提供一定的项目支持，以弥补其在某些领域的不足。例如，某经销商的销售人员能力不足，厂家可以为其提供培训项目，以增强其销售人员的技能；若经销商在控制库存上存在问题，厂家可以在这个领域为其提供专业咨询。总之，厂家的支持项目应当准确地集中在经销商所需要的方面。

第三阶段：定期评估经销商策略。厂家必须定时评估指导它与经销商关系的策略的适用性。面对迅速变化的环境，没有任何经销商策略长期不变、始终有效。

（2）建立战略联盟的基本原则。以下原则对于营销渠道中厂家联盟的建立有很好的指导作用。

① 互惠互利。厂家与经销商双方都应当得到利益。厂家与经销商建立能够实现双赢的关系，这样合作双方都能从中获得好处。

② 尊重对方。厂家与经销商必须理解对方的文化，而不仅仅是关注对方的资产，对于对方承担的义务必须认同。

③ 言行一致。厂家与经销商做出的承诺必须是能够实现的，必须对合作伙伴诚实。

④ 专人联络。每方必须对伙伴关系的发展提供一定的支持，每方必须安排专门人员负责与合作伙伴的工作联系。

⑤ 密切沟通。双方交流的渠道必须保持畅通。合作双方必须能够方便地提出和讨论问题，以免这些问题发展成双方的冲突。

⑥ 共同决策。最好的决策是双方共同做出的，应当避免单方面的决策，而强迫对方接受自己的决策会使双方产生不信任感。

⑦ 稳定关键人员。保持关系的连续性。合作方关键人员的离职对伙伴关系的发展有一定的损害，因此保证职位的平稳交接是非常重要的。

3．分销计划设计

分销计划设计远远超出了典型的战略联盟的范围，因为它几乎涉及渠道关系中的所有方面，是建立具有高度主动精神的营销渠道队伍的非常复杂的方法。

> ➡ **名词解释：分销计划设计**
> 分销计划设计是通过分销渠道进行产品推广的策略组合。

这种方法的核心是建立一个有计划的、有专业化管理的渠道。项目的建立要通过厂家与经销商合作，以便综合考虑两者的需求。分销计划设计首先要由厂家对营销目标及为达到该目标经销商应提供的支持和水平进行分析，然后制定详细的渠道策略。

步骤一：对厂家与经销商的分析。制订一个全面分销计划需要由厂家对营销目标及为达到该目标经销商应提供的支持种类和水平进行分析。另外，厂家必须确定经销商需求与问题。在对厂家的分析中，应包括以下主要内容。

（1）厂家的营销目标。营销目标基于对以下方面的仔细分析：厂家能力；竞争；需求；成本-总量分析；法律因素；分销商能力；主要参数，包括销售额、市场占有率、运营开支、投资回报率、消费者态度、消费者偏好及"准备购买"的指数。

（2）对经销商的要求。为达到营销目标，经销商应提供的支持：覆盖率；产品陈列的数量及位置；存货投资的水平及组成；服务能力及水平；广告、销售推广及个体推销支持；市场开发。

（3）零售商的要求。零售商要求得到的补偿：管理激励；交易优先权；财务目标，包括库存周转率、投资回报率、毛利、运营开支；非财务目标。

（4）分销策略。分销策略包括以下方面：价格让步；经济资助；保护条款。

在完成以上分析后，厂家就可以制定详细的经销商策略了。

第 5 章 经销商激励

步骤二：制定经销商策略。经销商策略主要包括以下 3 个方面：向经销商提供价格让步，向经销商提供财务支持，向经销商提供一些保护措施。

（1）向经销商提供价格让步。

折扣种类：交易（功能性的）折扣、数量折扣、现金折扣、预期补贴、免费商品、预付运费、新产品补贴、展示补贴、广告补贴、季节性折扣、混合装载特权、降低装运费特权、商务合同。

折扣替代品：展示材料、预先标记商品、库存控制项目、产品编目及销售推广文件、培训项目、货架存储项目、广告支持、管理咨询服务、贸易支持项目、销售包装、技术支持、销售及示范人员工资支付、产品推广补贴。

（2）向经销商提供财务支持。

传统的借贷方式：定期贷款、提供仓储场地、票据融资、应付账款融资、设备分期付款融资、租赁及票据担保、应收账款融资。

信贷延期：季节性信贷延期、后信贷延期。

（3）向经销商提供一些保护措施。

价格保护：预先标记商品、特许定价、代理协议。

仓储保护：委托销售、契约销售、自由退货补贴、折扣项目、再订货担保、销售支持担保、快速交付及定点存货维护。

经营范围保护：专营分销、选择性分销。

步骤三：签订商品分销协议。完成对厂家与经销商的分析，制定经销商策略后，厂家就可以与经销商签订商品分销协议了。商品分销协议主要包括以下内容。

（1）商品分销目标：销售计划、最初标价增长比率计划、缩减计划（包括降价、缺货及折扣计划）、毛利计划、运营开支比率计划（可选择）、利润计划（可选择）。

（2）存货计划：计划存货总量、计划商品种类、制定"永不短缺"商品列表、要求组合促销。

（3）商品陈述计划：推荐存储设备、空间分配计划、可视商品计划、所需的促销材料（包括零售店的陈列、为消费者提供的介绍文件及价格标签）。

（4）个人销售计划：推荐的销售陈述材料、销售培训计划、特殊激励活动（包括"包装"、销售人员竞赛及相关活动）。

（5）广告及销售推广计划：广告及销售推广预算、媒体推广计划、仿效主要广告推广活动的主题、特殊销售活动。

（6）责任及合同期限：计划中供应商的责任、经销商的责任。

> **案例** Ethan Allen 公司的分销计划

Ethan Allen 公司是一家著名的家具制造及家庭装潢公司，它在实施分销计划支持其渠道成员方面是一个很好的例子。

Ethan Allen 公司的销售网络包括美国及其他国家的近 300 家零售店，其中 65 家是公司拥有的，其他则是独立的零售店。但是，除了所有权，公司拥有的零售店与独立的零售店之间没有任何策略及运作上的差别。Ethan Allen 公司独立零售商的管理及营销运作策略都按公司根据家庭装潢销售特点而统一制订的计划进行。Ethan Allen 公司规定，独立零售商不能同时销售其竞争对手的产品。这些家具都是 Ethan Allen 公司制作的，它们多年保持一致的风格，而且大部分按照非成套方法出售，顾客可以在以后添加新的家具。这些零售店的外貌及内部装修，包括从建筑到布局，从灯光到陈列都由 Ethan Allen 公司进行严格控制。即使家具的销售方式，都由 Ethan Allen 公司规定。它通常包括商店的"设计师"（Ethan Allen 公司不用销售人员这个词）对顾客进行访问，然后为顾客设计装潢方案，并为顾客挑选家具及其他附件。大部分的广告、特别活动、促销及销售活动都由 Ethan Allen 公司而非独立的零售商规划及控制。

Ethan Allen 公司还选送零售商的设计师（销售人员）到 Ethan Allen 学院接受培训。在学院里，他们不仅学习装潢技术，更重要的是学习 Ethan Allen 公司的工作方式。该培训的目的是在 Ethan Allen 公司及零售商之间建立一种团队合作关系，努力将普通的顾客转化成忠诚的顾客，从而培育顾客重复购买的长期关系。这样做是为了在经济形势不好及面临以价格为竞争基础的竞争对手时，公司的客户量不至于出现较大的波动。

这种对渠道成员进行支持的分销计划使得 Ethan Allen 公司能够在竞争激烈的家具市场中占有一席之地，并获得高于平均水平的利润率。

5.1.3 确保厂家的领导权

> 厂家必须不断通过有效的领导实施控制，为经销商提供激励。

即使厂家开发了一个极其优秀的了解经销商需求与问题的系统，同时采用各种方式对经销商进行支持，也必须不断通过有效的领导实施控制，为经销商提供激励。

为使经销商的激励项目能够有效进行，厂家必须保证在任何时候都具有领导权。为了行使这样的领导权，厂家必须处理好营销渠道所特有的一些挑战，这些挑战包括以下几个方面。

- 很多渠道系统中组织的松散性。
- 经销商厌恶集中管理的方式。
- 缺乏唯一的所有权。
- 上下级关系没有明确的界限。

案例 福特汽车公司使用领导权对经销商进行激励

福特汽车公司的一个开发项目可以很好地证明公司在激励经销商时领导权的重要性。

福特汽车公司的傲慢及其对经销商的专横态度渗透到公司文化中已有 50 多年的时间，想要改变它不是一件轻松的事。直到 20 世纪中期，福特汽车公司才真正认识到问题的严重性。于是，公司的几位高层管理人员决定采取一些行动，这些行动就公司忽视经销商的历史传统来看非常激进。福特汽车公司成立了经销商顾问委员会，该委员会提出了对经销商进行培训及经销商如何订购及销售汽车的建议。这些建议经负责委员会的福特汽车公司的高层管理人员及经销商代表进行评审，然后付诸实施。

梅明平对厂家销售总监说

了解经销的需求，发现经销商的问题，是厂家高效管理经销商最基本、最重要的环节。

如何了解经销商的需求，发现经销商的问题呢？经销商顾问委员会是厂家了解经销商需求和发现经销商问题较好的途径。

经销商顾问委员会就像全国人民代表大会一样，没有全国人民代表大会，就不能体现出让人民当家做主。厂家没有经销商顾问委员会，就不能体现出让经销商当家做主。

对于大部分中小型厂家而言，经常听取经销商的意见，比进行消费者调研对厂家更加有利、有效。

厂家听取经销商的意见，可以少走弯路、减少浪费，而且有利于经销商积极性的提高。厂家在哪些方面需要听取经销商的意见呢？

- 新产品开发。如果厂家的新产品是应经销商的要求开发的，在市场上的表现能不好吗？但是，大多数新产品都是老板要求开发的，或者市场部要求开发的，与经销商没有关系，厂家开发出来后就强迫和威胁经销商销售，结果能好吗？
- 对市场的支持。例如，产品宣传、网点开发、窜货管理、价格控制、促销活动、人员支持、员工管理、培训、样板参观等。如果经销商有要求，只要是合理的要求，厂家就尽量快速和完全满足。这样，经销商干起来就有劲儿，因为有厂家的大力支持。

5.2 经销商销售竞赛

案例 经销商销售竞赛——出击

美国得克萨斯州麦金尼的 Simpson Strong-tie 公司是为建筑行业生产五金产品的制造商。为了提高经销商的销售业绩，该公司为经销商制定了一个名叫"辛普森强击手"的以棒球为主旋律的销售竞赛。达拉斯的经销商 Premium Products of America（PPA）在这次销售竞赛中荣膺金钥匙奖。

Simpson Strong-tie 公司的 CEO 说道："棒球是一种体育概念，它对与我们合作的以男性为主的经销商和分销商的销售人员具有前所未有的吸引力。"

PPA 的销售小组访问了达拉斯成百上千个身穿"辛普森强击手"棒球制服的分销商，并为其提供详细的培训指导。

每个分销商又组成几个小组，这些小组包括销售过程中的每位员工——从接线员一直到销售经理。然后用总销售量除以小组人数给小组成员分配销售任务。

这种方式运作起来仿佛充满魔力。PPA 所负责的达拉斯市场经历了有史以来最好的销售旺季——销售额平均增长 57%，超过其他所有市场，远远超过 11%的增长目标。

经销商与销售人员一样，需要定期获得实现某个目标的动力。在短期的销售竞赛中，经销商获胜得到的奖励和认可能够提供直接的动力。虽然经销商获利的多少与赞赏同等重要，但获利并不能带来赞赏——经销商不能炫耀它们。只有以独特的奖品而不是金钱的方式给予的赞赏才有助于推动经销商创造更佳的业绩。更为重要的是，赞赏不仅来自厂家，还来自家庭和朋友，因为奖品能够带回家。实践证明，"胜利"及成为"最好"等荣誉能够对经销商提供激励。

厂家开展经销商的销售竞赛有以下好处。

- 激情——经销商获胜之后通常十分兴奋。
- 关心——销售竞赛能够提供个性化奖励，从而显示出厂家对经销商的关心。
- 凝聚力——在经销商所处的环境较为恶劣的情况下，销售竞赛能够增强厂家对经销商的凝聚力。
- 团队合作——为了在销售竞赛中获胜所进行的一系列活动，有利于增强经销商的团队合作意识，如发生窜货事件时，可以促使经销商之间主动解决窜货所带来的问题。
- 竞赛目标——经销商会将关注重点放到竞赛目标上，便于厂家达到总体的销售目标。

经销商销售竞赛设计分为以下 6 大步骤。

- 确定销售竞赛目标。
- 确定优胜者奖赏。
- 制定竞赛规则。
- 确定竞赛主题。
- 确定竞赛费用预算。
- 召开经销商动员和总结会议。

5.2.1 确定销售竞赛目标

经销商销售竞赛仅仅为满足具体的、短期的目标提供激励。它们应与当前的市场环境和厂家需求相协调。销售竞赛要求额外的、"超乎寻常"的努力，但时间期限不宜过长，厂家不应该无限制地期望经销商继续这种努力。

厂家在确定销售竞赛目标时，最重要的一点是禁止经销商以下行为：在销售期间集中销售以损害赛前和赛后的销量、存货过多、窜货、低价销售。

1. 确定经销商销售竞赛目标

经销商销售竞赛常用的目标与奖励方法如表 5-1 所示。

表 5-1　经销商销售竞赛目标与奖励方法

销售竞赛目标	奖励方法
增加销售额	奖励销售额（或百分比）比过去（同期或上期）增加的经销商； 附带奖品的两份定额：如果经销商达到第一个定额将获奖励，如果经销商达到第二个定额其配偶将获奖励（如旅游）； 表现最好的经销商将获得最昂贵的奖品，表现略逊一筹的经销商得到的奖品略差一些
增加淡季销售额	在淡季达到销售额者获得奖励。两份定额：第一个给经销商，第二个给配偶（如旅游）
促进滞销品的销售	奖励在销售滞销品方面表现最优的经销商
全品项销售	在一定时期对于保持所有产品销售最均衡纪录者给予奖励
销售新产品	在新产品销售中保持最高纪录者获得奖励； 对购买新产品的客户达到定额的经销商给予奖励
提高单位销量	为平均销量（以过去平均销量为基础）之上的数量设置分值，分值最高者获奖
刺激获得更多的订单	奖励所有获得订单定额的经销商，为每份订单设置分值，达到最高分值者获奖
提高销售订单	达到要求的拜访（访问）和产品演示定额者获奖； 完成拜访（访问）最多或做产品演示最多者获奖； 达到另一定额者获附加奖
增加客户（分销网点）	达到新客户定额者可获奖励； 增加客户最多者可获奖励； 为每位新客户设定分值，分值最高者获得奖励
获得潜在客户	为每位新增的潜在客户设定奖励值，同时为在规定时期成为客户的每位潜在客户设定附加分值
激活没有联系的客户	对重新激活最多老客户的经销商给予奖励； 对从以前没有联系的客户中产生最大销量的经销商给予奖励
使客户转向你的产品	使以前采用竞争性产品的客户转而采用你的产品的经销商获得奖励
增进展示或拜访	对完成展示或拜访定额的经销商给予奖励
鼓励经销商配合	对完全配合厂家广告计划（政策）的经销商给予奖励
强化培训	培训结束后考核分数最高者获得奖励

2. 有助于经销商销售竞赛成功实施的提示

（1）与厂家当前市场目标相结合。每个阶段厂家的市场目标会有所不同：有时需要开展新产品的推广活动，有时需要消化库存滞销产品，有时需要完善销售网点的建设，有时需要提升经销商全品项销售的能力，等等。厂家在设定经销商销售竞赛目标时，一定要与自己的市场目标紧密联系在一起。

（2）设定可以达到的目标。厂家设定的目标一定是经销商努力后能够达到的。否则，目标太高，经销商将会放弃；目标太低，将没有刺激性。

（3）与厂家的宗旨相符合。厂家在设定经销商销售竞赛目标时，一定要注意与自己的宗旨相符合。如厂家需要建立一个相对稳定的销售网络，那么在销售竞赛时，应要求经销商遵守市场管理秩序，凡发现窜货或低价抛售者均取消获得奖励的资格。

（4）易于经销商理解与执行。厂家设定的经销商销售竞赛目标要简单，易于经销商的理解和执行。不要将规则弄得过于复杂，导致经销商感到它们需要进一步的解释。

（5）厂家经常提示参赛经销商摆正位置以满足成为赢家所需的条件。

（6）一旦竞赛结束，厂家最好在庆功宴上宣布竞赛结果，立即颁发奖品。

（7）将结果公开化。赞赏比奖品更加重要。

5.2.2 确定优胜者奖赏

尽管奖赏有无数种，但是大体上可以分为5类：奖品、现金、赠券、商品和旅游。不管厂家选择什么样的奖品，要记住以下3点。① 改变奖赏。所有人不可能被同一件事情所激励。奖品、现金、赠券、商品和旅游在不同的时间对不同的人会发挥不同的效用。② 选择让获胜者感觉自己像赢家的奖赏。③ 别具一格的奖赏通常具有强有力的激励效果。

1. 奖品

竞赛并不一定需要昂贵的奖赏，它们可以是小型、即兴的奖品。例如，相对廉价的勋章经过雕刻成为代表最高荣誉的奖品，它能够激励参赛者付出巨大的努力，尤其在经销商因额外销售而赚得额外奖金的情况下尤为有效。

另外，奖状、锦旗、卡片等也可以经常使用。

2. 现金

尽管人们普遍认为现金并不是对获胜者的最好奖励，但仍有近53%的公司在竞赛中采用现金激励。对于收入不多的经销商而言，现金尤其受欢迎。厂家采用现金既具有明显的优点，也具有一定的缺点。

（1）优点。假设厂家在竞赛开始之前只有很短的准备时间，现金是最简单的激励方式。有些人偏好现金，因为他们可以用现金换取所需要的一切东西。如果现金分期支付，并且附带一封祝贺信直接送到经销商的家中，这种方式更为有效。

（2）缺点。现金不具有持久价值；给人很小的想象空间，没有任何炫耀价值。

3．赠券

赠券的优点在于，它们能够由获胜者自由选择；其缺点在于，它们很难起到激励作用。

4．商品

电视机、手表、小汽车、皮包、皮衣等至少有一个共同点：它们可以引人注目并能被浪漫化。即使参赛者有能力购买这些东西，但是每个人都乐意白得一些东西。

同现金和旅游相比，商品奖励具有独特的魅力。获胜者每次看到该物品就会回忆起当初赢得该物品的情形，会有一种成就感。当其他朋友羡慕该奖品时，经销商就能讲述当时获奖的故事，自豪之情油然而生。

5．旅游

在美国，根据《激励》杂志调查，29%的公司将旅游作为一种竞赛激励奖。许多厂家发现，激励性旅游的无形报酬具有特殊的激励效用，到异国旅游更是经销商的一种梦想。从某种意义上讲，这是从枯燥的工作中解脱的最佳方式。旅游包括海外游、国内游、省内游、市内游。厂家可根据经济实力和竞赛所获得的价值高低确定旅游形式。

案例 全球顶级经销商奖励计划

时间范围：1~12个月。

奖励计划的目的：

(1) 让经销商有机会感觉到自己属于这个全球性公司的组成部分。

(2) 调动经销商的积极性，鼓励它们完成全年销售目标。

选拔条件：

(1) 所有签订《经销商产品经销合同》的经销商，并且合同期限在10个月以上。

(2) 享受这种待遇时仍然是与公司签约的经销商。

奖励计划的标准：

完成全年销售目标的前3名经销商将被评为全球顶级经销商。

奖励计划的内容：

优胜者将被邀请参加位于美国的公司总部的全球顶级经销商颁奖大会，并可携带一位成年客人参加优胜者旅行团游览旧金山。

> ☑ **确定优胜者奖赏注意事项**
> （1）依据成就获奖。
> （2）确保奖品是高质量、无法取代的。
> （3）具有激励作用的奖品能够让获奖者十分兴奋。奖品应该是经销商一直梦想得到但又无能力得到的东西。
> （4）让经销商家庭对该奖品产生兴趣。当家庭支持参赛人员时，其求胜心理就会大大增强。

5.2.3 制定竞赛规则

为了保持经销商的兴趣和激情，厂家必须让所有经销商相信"没有暗箱操作"，谁都有公平、公开的机会获取奖品。

1．竞赛规划者要明确的问题

（1）目标是具体、切实可行的吗？
（2）规则给予所有参赛者的机会是均等的吗？
（3）规则是可以理解、非主观的吗？
（4）所有规则详细列出来了吗？

2．经销商销售竞赛规则

（1）销售竞赛的起止日期。一般而言，销售竞赛持续 2~6 周最为有效。销售竞赛时间越长，相应的奖赏应该越大。
（2）参赛对象、资格或条件。
（3）奖励标准。经销商赢得奖励必须做哪些工作？例如，是销售额还是分销商的开发？
（4）如何汇报和证实销售业绩？
（5）如何、何时颁发奖品？如果包括旅游的话，何时旅游？

> ☑ **制定竞赛规则注意事项**
> （1）让一位熟悉所有细节的员工负责该工作。
> （2）不要让参赛者参与文字工作。

（3）通过邮件、电话、海报或内部通信，适时公布业绩排行榜。

（4）时间跨度以 1 个月为宜。

5.2.4 确定竞赛主题

厂家确定竞赛的主题非常重要，因为竞赛的主题决定竞赛的气氛。具有良好气氛的竞赛主题应该符合以下条件。

（1）智慧的。

（2）激发想象力的。

（3）具有挑战性的。

（4）富有戏剧性的，能吸引注意力的。

（5）轻松活泼的。

（6）能带来奢侈品的。

（7）与销售目标相关的。

☑ **竞赛主题举例**

罗马假日	夏威夷旅游
挑战 100 天	金钥匙
神秘周末	红色宝马
销售××产品，赢取额外奖励	伊甸园的向往
销售冠军	合家欢乐

5.2.5 确定竞赛费用预算

在为经销商销售竞赛确定费用预算时，厂家应明确以下问题。

（1）通过经销商销售竞赛想实现什么目标？假定销售额为 1 亿元，可能销售额增加 5%的目标是切实可行的，那么增加的销售额为 500 万元。

（2）额外销售额中应该产生多少正常利润？比如 16%，则产生的正常利润为 80 万元。

（3）利润的百分之几用于竞赛？比如 25%，则用于竞赛的资金为 20 万元。

（4）开展竞赛会有哪些费用？费用项目包括奖励、竞赛过程管理费用、偕同配偶旅游费用，假定这些费用合计为 8 万元。

（5）为了获得奖励，经销商是否应该达到定额？如果是，实际上有多少经销商达到定额？假定有 40 位经销商达到定额。

（6）每位胜利者可以得到多少奖金？应为 3 000 元［（20-8）万元÷40］。

（7）每位获胜者除了可以偕同配偶旅游，还可获得3 000元奖金。

☑ **旅游费用大致比例**
交通	38%
住宿	27%
餐饮	18%
会务	6%
宣传	8%
其他	3%

5.2.6 召开经销商动员和总结会议

1．销售竞赛动员大会

经销商销售竞赛的准备工作完成之后，厂家就可以召开经销商销售竞赛动员大会，宣布竞赛正式开始。然后就是促销、激励，以及经销商销售竞赛目标完成情况的信息发布。

☑ **经销商家属参加**
（1）将有关宣传资料送到经销商家中。
（2）将经销商家属作为阅读对象。
（3）告诉经销商家属如何可以帮助经销商达到目标。
（4）自始至终让经销商家属了解经销商业绩的进展情况。
（5）可以安排个别经销商的家属作为代表参加动员大会。

2．颁奖大会

销售竞赛结束后，厂家应尽快召开庆功宴，宣布销售竞赛结束，颁发奖品。如有旅行，还应安排送行。

☑ **颁奖大会注意事项**
镁光灯
鲜花
表演
晚宴
会场布置
抽奖

销售竞赛有助于激励经销商完成短期目标，激发他们完成长期目标的热情。研究表明，销售竞赛平均能提高总目标的12.6%。竞赛令人兴奋，能够激发人们的兴趣和对于工作的热情。竞赛有利于快速、频繁地强化厂家的目标。更重要的是，大多数竞赛能够为经销商带来被认同感。

但是，竞赛最大的缺点在于薄弱的管理。竞赛能够激励参赛者尽最大可能夺取胜利，如果有必要参赛者甚至不惜采用欺骗手段或违规手段，如大量窜货或低价抛售产品以达到目标。所以，在竞赛过程中，厂家严密的监管和制定获胜的严格条件是必不可少的。

梅明平对厂家销售总监说

销售竞赛是激励经销商非常好的一种方式，但现在很多厂家流于形式。销售竞赛的目的是鼓励经销商在未来的销售过程中全力以赴，而不是在没有预告的情况下，对已经产生业绩的经销商进行奖励。例如，某陶瓷厂家为了提振经销商的信心，突然决定对现在做得好的经销商进行奖励，花了200多万元买车赠送给经销商，让经销商惊喜连连。但是，这种奖励对经销商未来的销售产生不了太大影响，厂家白白花了200多万元。半年后，厂家停了2条生产线，销量持续下降。

销售竞赛是否成功，与厂家高层领导的重视度有关。如果高层领导不重视，销售总监再努力也没有意义。

销售竞赛是否成功，与设计的奖品有关。如果奖品能够吸引经销商，经销商的参与度就高。

销售竞赛是否成功，与厂家持续跟进与宣传有关。例如，让经销商随时了解每月销售排行榜和销售进度表，给经销商持续的压力。

5.3 激励经销商常用的方法

下面列举了30种激励经销商常用的方法，以便读者选用。

☑ **激励经销商常用的方法**
（1）支付比其他厂家更高的"产品陈列费"。
（2）向经销商提供比竞争对手更高的返利。
（3）给优秀经销商更高的返利奖励。
（4）建立防窜货系统，向经销商提供有保证的产品。

（5）向经销商提供强有力的广告和促销支持。

（6）向经销商提供比竞争对手更广泛的各类促销津贴。

（7）向经销商提供比竞争对手更多的特别交易和贸易活动。

（8）向经销商提供比竞争对手更高层次的合作性广告宣传活动。

（9）使用特定销售人员支持经销商的销售活动。

（10）构建一套理想的平衡方法来推动及抑制促销策略。

（11）在分析经销商市场潜力的基础上为经销商制订合理的销售计划。

（12）向经销商提供一套"合作伙伴"协议，强调双方共同投入和前景。

（13）制定特定的执行和特权协议来巩固与经销商的关系。

（14）使用约束协定来限制经销商销售竞争对手的产品。

（15）向经销商提供有保障的销售区域。

（16）向经销商提供高质量的、创新的或有特色的产品。

（17）强调产品的保质期管理，以保证经销商及时添加新产品，替换老产品。

（18）确保经销商享有有保证的销售及回报。

（19）向经销商的销售人员提供销售培训。

（20）向经销商提供经济援助。

（21）向经销商提供管理协助与培训。

（22）向经销商提供快速的送货支持。

（23）向经销商提供网上订货服务。

（24）向经销商提供技术援助与支持。

（25）为经销商提供其目标市场的市场调查。

（26）制订优秀经销商培养计划。

（27）建立经销商协会，向经销商提供更多的有关渠道决策方面的信息。

（28）开展有吸引力的经销商竞赛活动。

（29）展示厂家的远景规划，并与经销商的发展联系在一起。

（30）与经销商共同开发产品。

梅明平对厂家销售总监说

上述30种激励经销商的方法，厂家只需要选择其中适合自己的几种就可以了。厂家把合适的几种用到极致就会产生巨大的效果，不需要每种方法都用。

例如，某家电厂家选择了以下6种。

（1）给优秀经销商更高的返利奖励。厂家规定，凡是排在销售排行榜前20位的经销商，额外奖励2%的返利。

（2）向经销商提供一套"合作伙伴"协议，强调双方共同投入和前景。厂家将前10位经销商组织起来，由经销商投资成立一个新的投资公司，购买厂家的股份，真正实现厂家与经销商一体化。

（3）向经销商提供有保障的销售区域。明确区域划分，严格控制窜货，厂家保证授予经销商在该区域15年的经销权，确保经销商全力以赴、安心经营。

（4）向经销商提供经济援助。由厂家向银行做担保，帮助经销商融资，解决经销商资金难题，为经销商快速提高销量提供资金保证。

（5）开展有吸引力的经销商竞赛活动。每年组织一次全国性的经销商竞赛活动，颁奖大会热烈隆重。更重要的是，在颁奖大会上，厂家宣布下一年度的竞赛计划，经销商个个热情高涨，准备回去后就全力以赴，争取成为下一年度的销售冠军。

（6）与经销商共同开发产品。厂家每个季度与经销商代表座谈一次，听取经销商对开发新产品的要求。一旦经销商有新产品需求，厂家就立即组织市场部、产品研发部开发新产品。几年以来，厂家推出的6种新产品全部获得了成功。

5.4　厂家销售总监工具箱

在激励经销商时，销售总监要掌握以下10大工具。
（1）激励经销商的3个维度。
（2）麦克威关于经销商的需求与问题的观点。
（3）了解经销商需求与问题的方法。
（4）经销商顾问委员会。
（5）厂家与经销商合作的18种项目。
（6）厂家与经销商建立战略联盟的基本原则。
（7）分销计划设计的3个步骤。
（8）经销商销售竞赛。
（9）什么奖品能更好地激励经销商。
（10）激励经销商常用的30种方法。

第6章　对经销商促销

问题与痛点

1. 促销怪圈。大促销有大销量，小促销有小销量，不促销没销量。厂家欲罢不能，促销"找死"（因为没有利润），不促销"等死"（因为没有销量）。
2. 经销商截留厂家的资源和促销产品，导致促销产品积压在经销商的仓库，二批商和零售商不能享受促销支持。
3. 厂家推出的大户促销策略只针对大户经销商，结果对大经销商、小经销商不能公平对待，人为造成渠道内部的冲突。
4. 促销不能有效解决新产品销售问题，导致新产品上市就夭折。
5. 促销不能有效解决产品积压问题，导致积压的产品越来越多。
6. 促销不能有效控制产品利润，导致产品利润因促销大幅度下降。
7. 促销不能帮助经销商提升销量，导致经销商对促销排斥。
8. 促销导致窜货问题，使本来稳定的市场价格因促销而波动。
9. 促销依赖症。经销商不促销就完不成任务，要完成任务就必须促销。寅吃卯粮，恶性循环。
10. 促销作为一种销售方法，销售总监从来不研究，结果其设计的促销活动不是乱价就是窜货。

6.1 对经销商促销的问题和论点

6.1.1 对经销商促销存在的主要问题

（1）经销商享受了促销折扣，却不能把削减价格的好处完全传递给消费者。

（2）频繁的促销增加了产品推广的费用，降低了厂家的利润。

（3）厂家进入促销怪圈：大促销有大销量，小促销有小销量，无促销就无销量。

（4）如果有窜货问题，促销不能使经销商获益，而是将促销利益转给了零售商。

（5）经销商的促销往往导致市场价格降低。

6.1.2 对经销商促销的论点

（1）频繁的经销商促销不会带来厂家对经销商高水平的支持。

（2）经销商促销应该被看成战略性经销商管理的一部分，而不仅仅是引导经销商销售更多产品的战术行为。

（3）厂家在实施重大促销方案前，必须仔细研究各渠道成员的需求。

（4）厂家促销后的调研可以评价渠道环节对促销的反应。如果厂家期望在提高促销有效度方面取得持续进展，那么，这个习惯必须建立起来。

（5）尽管厂家已经做出了最大的努力，强有力的大型经销商还是不可避免地会在促销问题上与厂家有所冲突。

梅明平对厂家销售总监说

促销除了带来好处，还会产生副作用。控制不好，促销就是窜货、乱价、渠道冲突的根源。

- 好的促销是厂家的战略行为而不是战术行为，是厂家对经销商高水平的支持。
- 好的促销应该了解渠道成员的需求，如厂家对经销商、零售商和消费者进行研究，看看他们对什么样的促销感兴趣，对什么样的赠品感兴趣。
- 好的促销应该让每个渠道成员都有好处，而不仅仅是经销商有好处而零售商没有，或者消费者有好处而经销商没有。只有每个渠道成员都有好处，才能保证每个渠道成员的积极性。
- 好的促销活动应尽量避免渠道冲突，如经销商之间的冲突、经销商与零售商之间的冲突等。

6.2 对经销商促销的主要内容

对经销商促销的主要内容包括协作性广告、促销补贴、展销、店内促销、配额规定、特派员、培训等。

6.2.1 协作性广告

协作性广告是对经销商促销的一种流行形式。在多数情况下,由厂家提供广告样式,甚至是制作好的广告。协作性广告在费用分摊上有多种形式,但普遍的形式是厂家与经销商按一定的比例分摊,如各分摊 50%。另外,以经销商的进货额的百分比为基础进行分摊也是常见的一种形式。例如,经销商在规定的时期内进货花费 10 万元,如果广告的最大补贴率为 5%,则可获得的广告费用额度为 5 000 元。

作为厂家的促销战略,协作性广告的效果在很大程度上取决于经销商的支持水平。为尽量发挥协作性广告的效果,经销商与厂家必须做到:在进行广告宣传之前,经销商要有足够的存货;经销商提供足够的产品进行现场展示;如果有必要,厂家还需提供销售人员支持经销商。与此同时,厂家需要对协作性广告的方案进行仔细的审核、指导和管理,否则会导致这种促销手段的滥用。

1. 协作性广告费用的滥用

(1)经销商以当地较低的价格买下报纸版面,但给厂家的报价是媒体对外的标准价格,差价流入经销商的口袋里。

(2)经销商并不是为厂家的产品做广告,而是为其他品牌的产品做广告。

(3)经销商有时并不将协作性广告费用用于广告宣传,而是用于增加自身的利润。

(4)经销商将协作性广告费用计入产品价格上,使产品价格降低,破坏市场价格体系。

2. 协作性广告的使用要点

(1)所有关于协作性广告的请求必须由厂家在当地的销售代表进行处理。

(2)广告范围限定为报纸登载、报纸夹页、电视、招牌(由厂家定制)、直接邮寄或公告牌。如果经销商建议刊载杂志广告,则由厂家直接负责刊载。

(3)广告内容按厂家提供的广告标准样板刊载,或者广告必须为消费者提供购买厂家产品的理由,以及可以买到产品的明确地点。

(4)协作性广告费用额度不超过进货额度的 5%。报销时只支付广告费用净额，即折扣以后的金额减去广告公司的退款（返点）。

（5）必须在费用发生后的 60 天内完成报销手续。

（6）报纸广告报销要求。

① 单份报纸广告。凭一份报纸广告的完整剪报原件、报纸广告发票复印件报销。

② 刊登在不同报纸上的同一广告。凭一份报纸广告的完整剪报原件，或者报纸的清单，包括刊登广告的日期、每份报纸的价格表及折扣率报销，该清单由厂家在当地的销售代表签字。

③ 报纸夹页。凭一份夹页原件、一份夹页广告的复印件、一份夹页发票的复印件报销。

④ 已发行未支付的费用（购物指南、抵价券等）。凭一份完整的抵价券和购物指南、一份出版商发票的复印件报销。

⑤ 不接受只使用标志性语言的广告，必须给出购买产品的理由。

（7）室外招牌的要求。室外招牌的费用可以得到补偿。如果计划招牌的成本超过 1 万元，在该计划授权开工前，需要由当地的厂家销售代表向厂家总部递交计划招牌的事前布局图和两家广告商的报价。

6.2.2 促销补贴

促销补贴非常典型的战略是向经销商直接支付现金，或者按产品销售额的一定百分比支付。厂家提供促销补贴是为了鼓励经销商采取以下行为：更多地销售厂家的产品；获取更大的货架陈列空间；更多地在特定的楼面或展示点展示产品；获得更多的堆头；开展更多引人入胜的促销活动。

厂家给经销商提供的促销补贴正在快速增长，目前这种补贴已占销售额的 10%～15%（快速消费品）。

这种补贴使得经销商在促销时有更大的自主权，经销商可以更好地根据自己市场的状况制定市场促销方案。但是，如果经销商缺乏促销能力，或者将这种补贴转换为自己的利润，则这种补贴就失去了意义。因此，在实际操作中，厂家销售人员的监控显得尤为重要。

案例 零售终端促销补贴

经厂家销售代表考查核准，选取当地的部分大型卖场（县城 2 家以内，地级市 8 家以内）作为产品形象旗舰店，给予促销补贴。

（1）进场费、条码费等一次性进场费用，由经销商提出申请，厂家同意后进场，费用全部由厂家承担。

（2）厂家给予经销商终端销量15%的终端促销补贴，此费用包括堆码费、端头费、货架陈列费、促销人员工资及其他费用、区域性促销费等。

6.2.3 展销

在美国，每年花费在各种类型的零售店的展销和其他促销活动上的费用以18%的速度递增，因为厂家争着在拥挤的零售店里为其产品获得更多空间。

展销将一类可能十分滞销的产品或新产品转变为焦点产品，引起了消费者的注意，提高了消费者的兴趣，也提高了产品的销售额。展销对于扩大品牌知名度、培养新产品、帮助经销商实现产品的分销很有帮助。

宝洁公司的沙宣系列头发护理产品就采用展销方式帮助经销商分销。在各大零售店均设有沙宣产品专柜，同时在专柜上配有电视录像片介绍沙宣产品的特性及使用方法。这种措施使沙宣这种新产品在很短的时间内知名度迅速上升，销量也不断增加。

展销作为一种细致文雅的店内促销方式，近年来越来越普遍，它主要适用于较高档的服装、鞋子和珠宝等产品。通过新的、最好的产品在零售店进行展示来刺激消费者的购买欲望，这种形式被证明是非常成功的。

案例 通过狐狸展示零食样品

Borden公司不使用电视广告和印刷品广告来宣传它的Dood O'S奶酪小食，而是推出25 000个卡通吉祥物Z Doodle狐狸（一只戴墨镜的橘红色狐狸）的卡片挖剪造型作为店内展销的特殊组成部分。狐狸的身体里可盛200份零食样品。制造商原计划每周补充一次狐狸身体里的零食样品，谁知这种展销方式的效果那么好，以至于不得不变为每天补充一次。

6.2.4 店内促销

大多数店内促销都是短期的活动。为了使店内促销活动更有效，让零售商从促销活动中获得利益是很重要的。因为很少有零售商与经销商或厂家合作开展店内促销活动，除非进行店内促销活动能让零售商以直接形式获得利益。因此，一次成功的店内促销活动应当考虑到有关零售商的潜在或现实的利益。

> **案例** 可口可乐——"把我买出去"
>
> 可口可乐公司曾举行过一场想象力丰富、令人激动的促销活动，现在已成为店内促销的著名案例。该公司把堪萨斯州的一名受欢迎的 DJ 用可口可乐罐埋了起来，然后让他"广播"自己的请求："把我买出去。"几个小时之后，商店变得非常混乱，但那名 DJ 获得了自由。可口可乐实现了一次场面浩大的促销活动。

6.2.5 配额规定

由厂家指定经销商在一定时期销售的数量称为销售配额，这是一种促销策略。厂家相信设置配额能够激励经销商投入更多精力，积极完成或超额完成配额以获得奖励。销售配额被广泛应用于汽车行业，用于扩大经销商的销售规模。那些获得汽车制造厂家配额的经销商的回扣或返利是根据它们总销售额的百分比来计算的，这个数额对经销商具有很大的吸引力。

配额运用得当会激励经销商的销售积极性，而厂家合理使用配额的关键在于为经销商提供配额的方法。如果配额是强制给予的，就会造成厂家与经销商之间的矛盾和敌意。如果配额能够与经销商相配合，并获得经销商的认可，则配额会对厂家获得经销商的支持起到积极的作用。

6.2.6 特派员

特派员是指厂家派往经销商处帮助经销商开展销售活动的销售人员，其目的是劝说经销商不销售竞争对手的产品，只销售厂家自己的产品，或者加强厂家自己产品的销售力度。

在快速消费品行业，特派员需负责以下工作。

（1）检查批发和零售的存货情况。

（2）拜访二批商或零售商，传达有关信息，如新产品、促销信息等。

（3）帮助安排橱窗或店内的摆设。

（4）解答二批商或零售商的问题，提供建议和培训。

（5）努力促进厂家和批发商、零售商之间的良好关系。

（6）处理商品订单。

（7）确保经销商销售目标的完成。

（8）防止并协助经销商处理窜货。

（9）维护市场价格。

（10）培训经销商销售人员。

（11）协助经销商产品铺市、理货、补货和陈列。
（12）协助经销商销售人员开展现场的销售工作。

近年来，这种做法在快速消费品行业变得十分流行。在零售店，如果厂家安排了自己的销售人员，销售额将会有20%以上的增长。

在工业品市场，特派员也是非常有价值的。他们负责的工作主要有以下几个方面。

（1）训练经销商的销售人员。
（2）陪伴经销商的销售人员进行销售拜访，协助销售。
（3）从最终用户中获得订单。
（4）提供技术援助。
（5）帮助经销商的销售人员完成销售任务，特别是当对技术知识的要求超过了经销商销售人员的能力时。

虽然特派员对厂家的销售任务是十分有利的，但也给厂家带来了一些问题。

（1）代价昂贵。在工业品市场，特派员需要受过良好教育，经过特殊训练，他们的工资通常较高。在快速消费品市场，虽然不需要较高素质的特派员，但由于需要聘请的人数较多，支付给他们的工资及差旅费甚至占到厂家所有销售人员费用预算的一半以上。

（2）如果特派员完成了经销商在当地销售的大部分甚至全部工作，经销商会把特派员看成厂家试图绕过它们的手段，从而导致厂家与经销商之间的冲突。

（3）如果经销商的销售人员非常优秀，则会觉得特派员多此一举，特别是当厂家的产品只占经销商产品组合中很小的比例时。

因此，在使用特派员时，厂家必须充分重视经销商的态度。如果厂家使用特派员不仅没能增进与经销商的合作，反而造成双方之间的矛盾，那么就没有必要采用特派员这种激励经销商的方式。

6.2.7 培训

培训的目的是提高经销商及其销售人员的工作业绩，这是厂家与经销商建立促销合作的最有效的策略之一。对于经销商来说，日复一日的压力使它们很少有时间进行培训，对规模较小的经销商来说更是如此。即使经销商有自己的培训计划，厂家在这方面的付出也给它们提供了有价值的补充，并可减少经销商的培训成本。

在经销商的队伍中，有的以批发商为主，有的以零售商为主，有的兼而有之。因此，厂家在对经销商进行培训时，要根据经销商队伍的组成类型设计不同的培训内容。

1. 针对批发商的培训

厂家针对批发商的培训，主要从3个方面帮助经销商及其销售人员：产品知识；销售技巧；向销售人员提供咨询的技巧。

在产品知识方面，厂家都非常重视。但是，对于第二个方面和第三个方面，一般的厂家都不太重视。因此，厂家必须将培训的重点放在讲解销售技巧及提供咨询的技巧方面。培训的主要内容包括倾听技巧、反抗技巧、如何建立信任及缓解紧张的技巧、如何维护卓越的形象、如何向难对付的人销售产品、知道何时如何利用产品特征或优惠进行销售等，这些内容将会更有效地帮助经销商及其销售人员销售厂家的产品。

2. 针对零售商的培训

有关零售商销售人员的培训对那些仍然需要个人进行大力销售协助的产品比较有用。厂家针对零售商的培训内容主要包括两个方面，即产品知识和销售技巧。

厂家在通过提供专门的培训提高零售商销售人员的表现方面能起到一定的作用。

案例 克莱斯勒汽车公司对零售商雇员的培训

Customer One 计划是由克莱斯勒汽车公司发起的针对零售商雇员的培训计划，该计划向克莱斯勒的 5 000 个拥有独立代理权的 115 000 名雇员提供有关说服式推销策略和顾客容忍度的培训。公司希望培训后的雇员适合销售由公司引进的更复杂的产品。仅仅在第一年，公司就在 Customer One 计划上投资了 3 500 万美元，虽然没有取得培训计划所预期的效果，但它已被当作汽车行业经销商培训的一个可行的模型。

梅明平对厂家销售总监说

对经销商促销，实际上有很多方面，如协作性广告、促销补贴、展销、店内促销、配额规定、特派员、培训等。每个方面都是经销商需要的，销售总监可以选择其中几个方面作为对经销商促销的重点。因此，销售总监必须了解每种促销的重点是什么，这样才能提升促销效果。

- 协作性广告。它对功能性产品特别有效。如果厂家的产品需要大力宣传才有助于销售，如保健品等功能性产品（如脑白金），则协作性广告是经销商促销的重要手段。
- 促销补贴。它对于厂家利润高，但不好卖的产品特别有效。经销商除了获得正常的返利，还额外获得如20%的促销补贴，以鼓励经销商自己举办促销活动，提升辅销产品的销量。
- 展销。它对于老品牌中的新产品特别有效。为了让消费者尽快了解新产品，厂家支持经销商在当地的卖场、机场、宾馆酒楼、车站等场所进行产品展示并销售，以达到快速提升新产品销量的目的。
- 店内促销。它对于快速提升老产品的销量特别有效。对于消费者认知的老产品，通过在卖场内的促销活动，可吸引消费者购买。
- 配额规定。它对控制窜货特别有效。对于一些容易引起窜货问题的畅销品，如果实行配额制，能有效防止经销商窜货，因为经销商没有货可窜了。
- 特派员。它对于多品牌经营的经销商特别有效。如果一个经销商经营多个品牌，它就不可能把主要精力放在某个品牌上。为此，厂家安排一个特派员专门负责销售事宜，可有效引导经销商的注意力。
- 培训。它对很复杂、价格高、需要专业知识才能销售的产品很有效，如功能性产品、工业品、价格比较高的化妆品和生活用品，通过培训可以让经销商快速掌握产品知识和销售技巧。

6.3 对经销商促销的主要方式

对经销商促销的主要方式，按照促销区域或促销对象划分为不同的类型。

6.3.1 按促销区域分

按促销区域可以将促销分为**区域性促销**和**全国性促销**。区域性促销的方案设计者是经销商，全国性促销的方案设计者是厂家。

1. 区域性促销

➡ **名词解释：区域性促销**

区域性促销是经销商根据区域市场的情况，在厂家促销策略允许的范围内设计和实施的促销活动。其目的是帮助个别经销商提升销售额，增强产品在区域市场上的竞争力。

（1）区域性促销的内容如下。

① 为应对局部区域的竞争而采取的促销活动。

② 新店开业、店庆促销。

③ 局部地区的深度分销。

区域性促销还包括因开展上述活动而产生的堆头费、海报费、赠品费、折让费、临时促销费等费用。

（2）区域性促销申请和审核流程（见图6-1）。

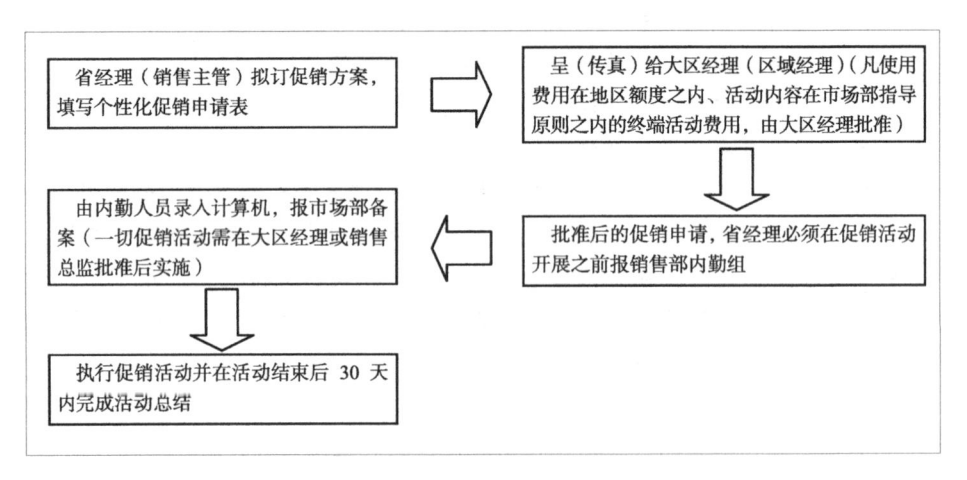

```
省经理（销售主管）拟订促销方案，        →    呈（传真）给大区经理（区域经理）（凡使用
填写个性化促销申请表                       费用在地区额度之内、活动内容在市场部指导
                                          原则之内的终端活动费用，由大区经理批准）
                                                        ↓
由内勤人员录入计算机，报市场部备       ←    批准后的促销申请，省经理必须在促销活动
案（一切促销活动需在大区经理或销售           开展之前报销售部内勤组
总监批准后实施）
    ↓
执行促销活动并在活动结束后30天
内完成活动总结
```

图6-1　区域性促销申请和审核流程

（3）区域性促销报账审核流程（见图6-2）。

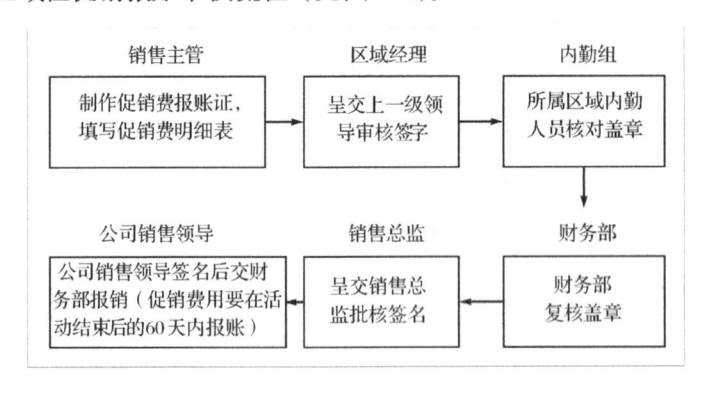

```
销售主管                区域经理              内勤组
制作促销费报账证，  →  呈交上一级领       →  所属区域内勤
填写促销费明细表       导审核签字            人员核对盖章
                                                ↓
公司销售领导            销售总监              财务部
公司销售领导签名后交财  ←  呈交销售总       ←  财务部
务部报销（促销费用要在活    监批核签名           复核盖章
动结束后的60天内报账）
```

图6-2　区域性促销报账审核流程

（4）区域性促销报账审核资料如下。

① 堆头费、快讯费、卖场陈列费。审核资料包括堆头协议、快讯原本、照片、发票（原发票或收据）。

102

② 进场费。审核资料包括卖场进货单、发票（原发票或收据）。

③ 产品领用/折扣费。审核资料包括卖场促销协议、卖场赠品/折扣订单或经销商送货单、照片，填写产品领用登记表。

④ 合同费。审核资料包括卖场合同、发票（原发票或收据）。

⑤ 其他费用。一是灯箱广告、客户车广告。审核资料包括发布协议、照片、发票（原发票或收据）。二是人员管理费。审核资料包括促销人员协议、发票（原发票或收据）。三是外购赠品。审核资料包括购买合同、发票（原发票和收据）。四是户外活动、派送活动等。审核资料包括派送资料、派送总结、照片、发票。五是其他未列项目。审核资料包括相关的报账资料、发票（原发票或收据）。

2. 全国性促销

→ 名词解释：全国性促销

全国性促销是厂家组织的全国范围内的促销，是厂家根据整个市场的情况、库存情况、竞争对手情况、销售情况及厂家的营销战略，针对所有经销商设计和实施的促销活动。其目的是帮助所有经销商提升销售额，增强厂家产品在整个市场上的竞争力。

全国性促销是指厂家根据促销预算和营销战略，针对产品类别、渠道类型、消费者类型、竞争对手等所制订的一系列促销计划。

例如，针对某季节性较强的产品，厂家应在产品销售的旺季来临之前，制订好产品的全国性促销计划。

案例 金花牌冬令产品促销计划

促销产品：40g金花牌护肤霜。

促销对象：全国经销商、零售商、消费者。

促销计划：

（1）经销商：

9月，买2件正常装配1件促销装；

10月，买3件正常装配1件促销装；

11月，买4件正常装配1件促销装；

12月，无促销计划。

（2）零售商：买10瓶送1瓶。

（3）消费者：9折优惠。

以上内容是针对40g金花牌护肤霜在整个销售季节的促销计划。一般情况下，护肤品的销售旺季从9月开始,到次年2月结束。通过分析,该促销计划有以下特点。

(1)包括渠道的所有成员:全国经销商、零售商和消费者。

(2)对经销商的促销力度越来越小。9月为"买2件正常装配1件促销装",到了12月则取消了对经销商的促销,其目的有以下几点。

① 希望经销商尽早进货,以占用经销商的资金和仓库,减少经销商经销竞争对手产品的机会。

② 有利于稳定市场价格,防止经销商透支利润。

③ 到了12月则取消了经销商的促销,一是减少经销商的进货量,以免造成积压,尽量将产品于当年消化完毕;二是让产品的市场价格与次年的市场价格有机地衔接,为次年促销创造有利的条件。

④ 将促销计划提前告诉经销商,有利于经销商合理安排资金和仓库,避免经销商因等待厂家的促销计划而浪费时机。

(3)针对零售商和消费者的促销方案既有一定的力度,又保持了促销的稳定性,避免先前购买者有上当的感觉,有利于稳定零售商和消费者。

6.3.2 按促销对象分

按促销对象可以将促销分为渠道促销和终端促销。

1. 渠道促销

> ➡ **名词解释:渠道促销**
> 渠道促销是针对分销渠道中消费者以外的所有渠道成员的促销。这些渠道成员包括经销商、批发商、零售商等分销商,其目的是提高它们分销产品的积极性。

(1)渠道促销不当导致的后果。渠道促销主要由厂家实施,是运用非常广泛的一种促销方式,但这并不代表大部分厂家都喜欢这种促销方式。恰好相反,有许多厂家开始担心其作为一种促销方式的价值。事实上,在实际运用过程中,渠道促销会导致以下后果:降低分销商的品牌忠诚度;增加分销成本,降低厂家利润;容易引起窜货行为;导致价格不稳定;在分销商无货的情况下,常常因等待厂家的促销计划而浪费时间、失去分销机会。

(2)渠道促销导致的分销商行为模型。厂家的渠道促销诱使分销商购买很多促销产品,数量超过它们在一定时间能销售的水平,这种情况称为远期买进或渠道超载。其结果是,在给定的时间内,渠道促销的产品都留在渠道中,堆积在分销商的仓库中。

图 6-3 所示为渠道促销导致的分销商行为模型的第一种：分销商截留促销利益模型。

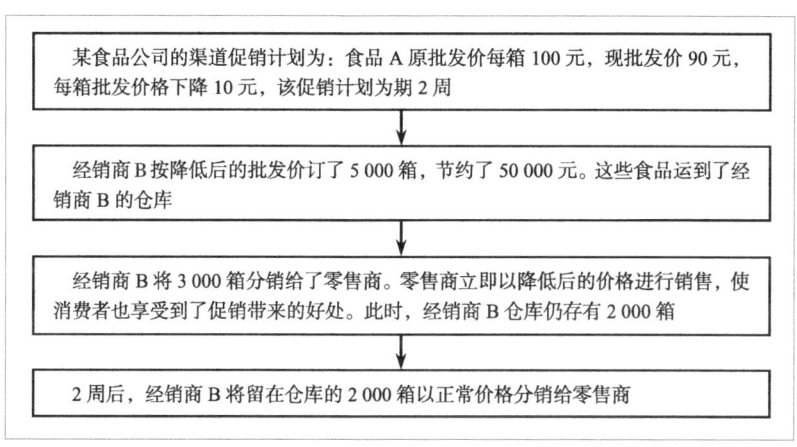

```
┌─────────────────────────────────────────────────────┐
│ 某食品公司的渠道促销计划为：食品 A 原批发价每箱 100 元，现批发价 90 元， │
│ 每箱批发价格下降 10 元，该促销计划为期 2 周                          │
└─────────────────────────────────────────────────────┘
                            ↓
┌─────────────────────────────────────────────────────┐
│ 经销商 B 按降低后的批发价订了 5 000 箱，节约了 50 000 元。这些食品运到了经 │
│ 销商 B 的仓库                                          │
└─────────────────────────────────────────────────────┘
                            ↓
┌─────────────────────────────────────────────────────┐
│ 经销商 B 将 3 000 箱分销给了零售商。零售商立即以降低后的价格进行销售，使 │
│ 消费者也享受到了促销带来的好处。此时，经销商 B 仓库仍存有 2 000 箱      │
└─────────────────────────────────────────────────────┘
                            ↓
┌─────────────────────────────────────────────────────┐
│ 2 周后，经销商 B 将留在仓库的 2 000 箱以正常价格分销给零售商           │
└─────────────────────────────────────────────────────┘
```

图 6-3　分销商截留促销利益模型

从图 6-3 中可以看出，渠道促销的利益被渠道内的分销商截留了。根据估计，在渠道促销中，只有 30%真正使消费者受惠，而在其他的 70%中，35%被低效率吞噬了，另外 35%直接落入了分销商的口袋。

图 6-4 所示为渠道促销导致的分销商行为模型的第二种：扰乱产品渠道价格模型。

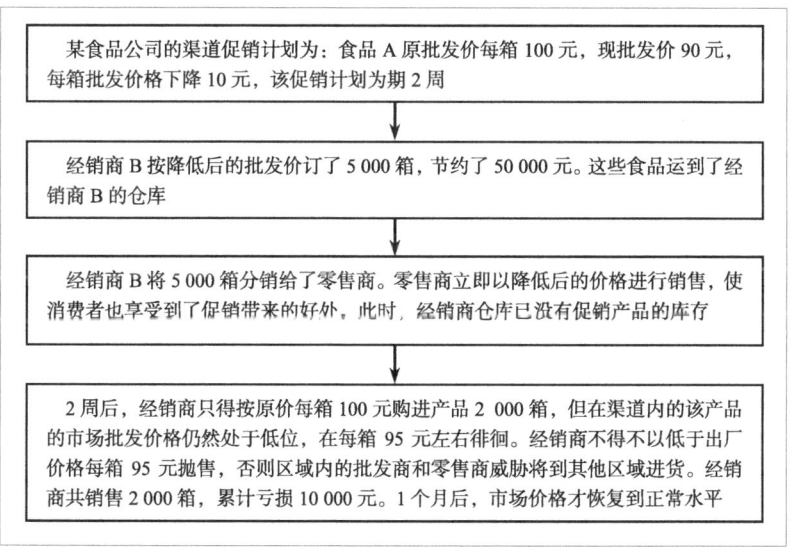

```
┌─────────────────────────────────────────────────────┐
│ 某食品公司的渠道促销计划为：食品 A 原批发价每箱 100 元，现批发价 90 元， │
│ 每箱批发价格下降 10 元，该促销计划为期 2 周                          │
└─────────────────────────────────────────────────────┘
                            ↓
┌─────────────────────────────────────────────────────┐
│ 经销商 B 按降低后的批发价订了 5 000 箱，节约了 50 000 元。这些食品运到了经 │
│ 销商 B 的仓库                                          │
└─────────────────────────────────────────────────────┘
                            ↓
┌─────────────────────────────────────────────────────┐
│ 经销商 B 将 5 000 箱分销给了零售商。零售商立即以降低后的价格进行销售，使 │
│ 消费者也享受到了促销带来的好处，此时，经销商仓库已没有促销产品的库存    │
└─────────────────────────────────────────────────────┘
                            ↓
┌─────────────────────────────────────────────────────┐
│ 2 周后，经销商只得按原价每箱 100 元购进产品 2 000 箱，但在渠道内的该产品 │
│ 的市场批发价格仍然处于低位，在每箱 95 元左右徘徊。经销商不得不以低于出厂 │
│ 价格每箱 95 元抛售，否则区域内的批发商和零售商威胁将到其他区域进货。经销 │
│ 商共销售 2 000 箱，累计亏损 10 000 元。1 个月后，市场价格才恢复到正常水平 │
└─────────────────────────────────────────────────────┘
```

图 6-4　扰乱产品渠道价格模型

105

从图 6-4 中可以看出，渠道促销对市场价格的影响是很大的。

虽然渠道促销有许多不足，但遗憾的是并没有什么办法可以解决渠道促销所带来的问题。经销商和零售商变得越来越强大，它们在商品交易活动中占有主动地位，它们有能力获得非常有利的条款。宝洁等公司试图加大广告力度，以此来摆脱渠道促销所带来的束缚，但它们面临巨大的挑战，这能否成功还有待观察。无论怎样，许多厂家并没有因此放弃渠道促销。相反，为争夺渠道的分销成员，各厂家使出浑身解数，导致渠道促销愈演愈烈。

案例　旺达牌休闲食品渠道促销方案

策划背景：作为新品牌，旺达牌休闲食品需迅速扩大市场覆盖率，提升销量。

活动时间：6月21日至6月30日。

活动目的：迅速提高旺达牌休闲食品在渠道上的流通速度。

促销产品：旺达牌休闲食品

活动方式：对经销商开展"20送1活动"，即每买20件送1件同种产品。

活动范围：所有经销商。

其他要求：

- 此批促销产品按配额分配销售。经销商必须在6月21日至6月30日期间完成配额的销售任务。
- 各经销商不允许以低于公司规定的价格销售产品，否则按低价销售处理。
- 赠品随货发运。

市场部

2. 终端促销

> **名词解释：终端促销**
> 终端促销是针对消费者的促销，是厂家在零售终端卖场所开展的对消费者的促销活动。其目的是吸引消费者购买产品，实现产品的最终销售。

终端促销能更好地激发消费者的购买兴趣，给消费者带来实实在在的优惠。厂家采用的终端促销方式包括以下几种。

（1）折扣。折扣是商品买卖中的让利、减价，是卖方给买方的价格优惠，但买卖双方给予或者接受折扣都要明示并如实入账。这种促销方式通常是直接针对经销商的，所以是经销商获得利润的方法。

（2）赠品促销。赠品促销是指消费者购买商品时，通过有价物质或服务等方式来提高商品价值的促销活动,其目的是通过直接的利益刺激达到短期内的销量增加。

(3)降价促销。降价促销又叫商品特卖、打折销售、让利酬宾、折扣优惠等,是商家使用最频繁的促销方式之一,也是影响消费者购物最重要的因素之一。对由此引起的经销商的利润减少,厂家会提供相应补偿。

(4)抽奖。抽奖实际上是利用人的侥幸和追求刺激的心理来强化消费者的购买欲望。

(5)样品派送。样品派送是厂家或经销商把一定量的产品样品免费赠送给目标消费者试用的一种促销活动。这类免费试用装能提高消费者的试用率,以此吸引消费者购买。

(6)赠券。赠券是使收到此券的消费者在零售点以优惠价格购买该产品。对经销商因优惠而减少的利润部分,厂家会提供相应补偿。

案例 旺达牌休闲食品终端促销活动

促销时间:4月15日至4月30日(以开票日期为准)。

促销产品:旺达牌休闲食品。

促销策略:

- 每购买1包休闲食品送1包休闲食品。
- 公司保留对本次活动的最终解释权。

客户操作注意事项:

- 本次促销活动仅限在重点卖场开展,切勿进入通路销售。
- 本次促销活动为配额发货,配额使用完毕,活动自行终止。请公司的地区销售主管咨询具体配额数据。
- 客户做好卖场广告宣传工作。

案例 王子牌大豆油零售终端促销方案

策划背景:王子牌大豆油作为公司的主销产品之一,目前在终端的销售速度比较缓慢,需加强其促销支持,以进一步提升其销量。

活动时间:7月1日至7月30日。

活动目的:通过开展大力度的折扣促销活动,刺激消费者积极购买,迅速提高大豆油在终端的销量。

促销产品:A款大豆油。

活动方式：在零售终端开展"8.3折"特价促销活动。

活动范围：全国（只限在零售终端销售）。

其他要求：

- 此批促销产品按配额分配销售。客户必须在6月21日至6月30日期间完成配额的销售任务。
- 活动开展时间经销商可以根据和商场的谈判时间适当调整。
- 由于降价幅度较大，经销商可以要求商场提供免费促销展位支持，使促销活动取得更佳的效果。
- 促销活动结束后，公司将以现金作为差价补偿。经销商需凭以下有效凭证兑现差价补偿：与零售商场签订的促销活动协议或合同，供货给零售商场时的收货签收单，开展特价促销活动时的活动照片。

梅明平对厂家销售总监说

促销方式有区域性促销、全国性促销、渠道促销和终端促销。不同的促销方式，销售总监控制的重点不一样。

- 区域性促销，重点在于控制费用报销，防止弄虚作假。
- 全国性促销，重点在于实施促销战略，如调整产品结构、新产品销售、积压品销售、打击竞争对手等。
- 渠道促销，重点在于均衡各成员利益，防止渠道冲突，稳定市场价格。
- 终端促销，重点在于提升销量，促销力度要大到能够吸引消费者购买。

6.4 促销的主要技巧

6.4.1 找准促销对象

促销在提高销售业绩的同时，也为经销商提供了更多窜货机会。根据实际情况，厂家针对不同对象采用不同的促销方式，是稳定市场秩序、提高渠道成员积极性的前提。

（1）消费者促销。专门针对消费者，厂家为刺激消费者的购买欲望而设计的促销活动，如买赠、刮刮卡、现场抽奖、赠券、积分兑奖等。

（2）零售商促销。厂家为提高零售商的积极性，刺激零售商进货而设计的促销活动。促销方式主要是在零售商进货的中包装盒内附送开盒赠品。例如护肤品，小型零售商常以 10 瓶为单位的中包装进货，则可以在 10 瓶中含 1 瓶赠送的护肤品，即"买 9 送 1"。又如牙膏的中包装常以 9 支为单位，小型零售商常以中包装为单位进货，则可以对零售商实行"买 8 送 1"的促销活动。

（3）批发商促销。厂家为提高批发商的积极性，刺激批发商进货而设计的促销活动。其促销方式主要是在批发商进货的大包装箱内附送开箱赠品，如奖券、小礼品等。例如，批发商常以箱为单位进货，而小型零售商常以盒为单位进货。厂家可以在每箱内附送赠品。当批发商在开箱时，可以获得开箱赠品。

（4）经销商促销。厂家为提高经销商的积极性，刺激经销商进货而设计的促销活动。其促销方式主要是在箱外附送赠品，如买 30 箱送 1 箱。

6.4.2 弄清产品促销与销量的关系

在所有促销中，只有针对消费者的促销才能真正提高销量。其他的促销，如针对经销商、批发商、零售商的促销活动，只能在短期内使促销对象的囤货量上升，但促销对象只是将促销产品暂时存放在仓库里。从长远来看，厂家并没有提高销量。

假定某快速消费品厂家每月销售额稳定在 500 万元左右，并且主要依赖 2 个畅销产品来维持厂家的销售额，则连续 3 个月的销售额在 1 500 万元左右。如果该厂家针对畅销产品进行促销活动，则有可能的情况：促销的当月销售额大增，为 800 万元；第二个月，由于没有促销，销售额在 200 万元左右；第三个月，由于也没有促销，销售额在 300 万元左右，合计销售额在 1 300 万元左右。

为什么进行产品促销后，销售额不增反而下降了呢？主要是价格问题。在促销的过程中，市场价格为促销价，如原价为每箱 100 元，促销价为每箱 90 元。当促销活动结束后，厂家的产品出厂价立即恢复到正常水平，但市场价格不可能立即恢复。这是因为，在渠道的每个环节，促销产品不可能同时销售完毕。只要市场上任何一个成员有促销产品，并且供应的价格为促销价格，则其他成员为了维护自己的价格网络，很有可能牺牲自己的利益，以正常价进货，以促销价出货。

通过图 6-5 和图 6-6，我们可以更好地理解促销与价格、销量之间的关系。在图 6-5 中，虚线为厂家的出厂价格，实线为市场价格。8 月，厂家实施了促销活动，出厂价格为促销价格，9 月、10 月，出厂价格为正常价格，由于市场价格滞后，直到 11 月初，市场价格才恢复到正常水平。

在图 6-6 中，实线表示在 8 月有促销活动，9 月、10 月、11 月没有促销活动厂家的销量；虚线表示从 8 月到 11 月都没有促销活动厂家的销量。从图 6-6 中可以看出，促销只会提升当月销量，但接下来几个月比不促销时销量要下降。从连续 3 个月以上的时间来看，厂家促销与不促销的销售总量是没有多大变化的。

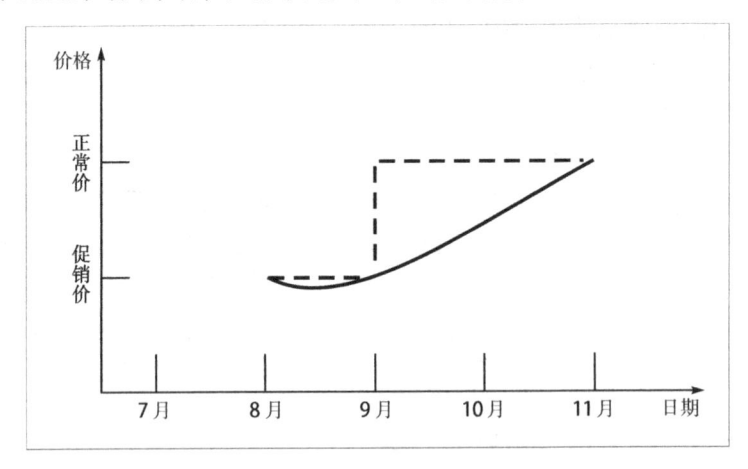

图 6-5　同种产品出厂价格与市场价格的关系

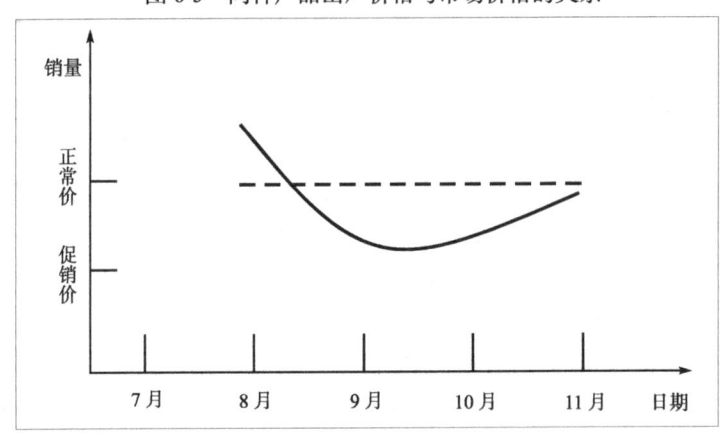

图 6-6　同种产品促销与销量的关系

　　结合上述两幅图不难发现，促销期间销量提高的同时，厂家的产品出厂价格处在最低点。一旦经销商有更多的资金去采购促销产品，那么不能够被消费者及时消化的产品将很自然地流入其他时期和其他地区。假设厂家还设定了高额的返利制度，那么"无限量"的促销将会引发窜货问题。

6.4.3 不同产品的促销方法

1. 畅销产品促销方法

畅销产品的促销应坚持的一个重要原则是确保价格的稳定。

如果厂家畅销产品的品种少，只有几个品种，但占厂家销量的比重大，达到70%以上，则厂家最好少做促销，以提供优质服务为主。反之，如果厂家的畅销品种多，达到10个以上，且每个品种占厂家销量的比重比较平均，如占5%左右，则厂家可以多做促销，且以循环促销为主，每次选择一两个应季产品作为促销产品，同种产品的促销时间间隔控制在3~6个月，保证当下次进行同种产品促销时，原来促销的产品在市场消化完了。由于经销商对该种促销产品的库存越来越少，无论下次促销的力度有多大，对经销商进货都不会产生负面影响，同时避免了窜货问题。

畅销产品促销应注意4点：一是少做促销，二是促销力度不能大，三是所有促销必须在包装物上有明确的标识，四是只对消费者和零售商促销。最重要的是要限时限量。畅销产品基本上应采取以下两种促销方法。

（1）消费者促销。凡是以刺激消费者的购买欲望为目的，且促销产品不能被经销商、批发商或零售商分拆、利用、截留的消费者促销都不会影响市场价格。如果促销产品能被渠道的其他成员分拆，并且能将促销产品变为额外利润，则这种促销会影响市场价格。

由厂家统一实施的消费者促销，其促销装一定要做到不能使渠道成员分拆促销产品，主要的促销形式包含以下两种。

一是刮刮卡。直接印制在产品包装盒上的刮刮卡只能使消费者得到实惠，如海南省生产的槟榔牌牙膏，其刮刮卡就印刷在牙膏盒上。槟榔牌牙膏自从采用了刮刮卡以后，在海南的销量就一直保持较高的水平。

二是买赠。同种产品的买赠，如买1瓶元气森林，送同样1瓶元气森林。

（2）零售商促销。凡是以刺激零售商的购买欲望为目的，且促销产品不能被经销商、批发商分拆、利用、截留的零售商促销，则不会影响市场价格和引发窜货问题。

若要做好零售商促销，必须研究零售商进货的包装单位。如果零售商的进货以盒为单位，则在设计促销时应以盒为单位进行促销。例如牙膏，对于农村的小型零售商来说，进货时以小包为单位，每小包一般为9支牙膏。在设计促销时，在9支牙膏中含1支赠送的牙膏，即对于零售商来说是"买8送1"。由于每包都有吸塑纸包装，批发商不能分拆，只能由零售商在销售时进行分拆，所以这种促销只有零售商可以享受。

畅销产品的拉动力强，经销商和批发商大多靠畅销产品的销售来维持自己的销售网络。一旦该类产品出现降价、窜货问题，势必影响产品的销售。所以，厂家在制订促销计划时，应以消费者促销和零售商促销为主，尽量不做或少做批发商和经销商的促销，因为批发商和经销商的促销是导致降价、窜货的主要原因。

2. 辅销产品促销方法

辅销产品由于产品的拉动力不大，也不是厂家销售额的主要来源，产品的价格敏感度不高，窜货的可能性小。因此，对于辅销产品的促销，易采用大力度、少量、高密度、全方位的促销。在满足市场需求的前提下，尽量让促销对象获得利益，只有这样才能提高渠道成员销售辅销产品的积极性，逐步提高辅销产品的销量。

（1）大力度。在设计促销活动时采用较大力度的促销形式，如7折优惠、买一送一、高价值的赠品等。

（2）少量。由于辅销产品的销量并不大，每次促销活动分配给经销商的配额不宜过多，以免造成经销商资金积压或降价销售。经销商所分配的数量应以市场的需求量为基础，在不降低产品价格的情况下完成销售任务，真正使促销对象获得利益。

（3）高密度。辅销产品作为畅销产品的必要补充，应将促销作为销售的主要方式。所以应在尽量短的时间内，对同一种产品进行促销，如隔月促销一次。

（4）全方位。对辅销产品分销渠道的每个成员，如经销商、批发商、零售商、消费者等，应同时进行促销，以提高每个渠道成员的积极性。

3. 新产品促销方法

这里所说的新产品主要是指厂家的主销产品，是成为畅销产品之前的产品。新产品的促销一定要利用现有畅销产品的渠道和消费者优势，使新产品尽快进入市场。通常这类产品的窜货有利于产品的前期推广和销售。

（1）派发样品或试用装，提高消费者的试用率。利用现有畅销产品，通过消费者"买1送1"活动，每买1瓶现有的畅销产品，赠送1瓶新产品的试用装，提高新产品的知名度。

（2）对经销商提供额外返利。为提高经销商销售新产品的积极性，在同等产品返利的基础上，厂家提供额外返利。例如，销售老款计算机的返利为3%，但对于销售新款计算机的返利额外增加2%，即销售新款计算机的总返利为5%。这种额外返利应有时间限制，一般情况下，新产品界定的时间为半年或1年。

4．淘汰产品促销方法

关于淘汰产品，由于厂家不担心降价、窜货的问题，其促销方式没有限制，只要能尽快达到清仓的目的就可以了，限量销售、特价销售都可以采用。

不同产品的促销方法对比如表6-1所示。

表6-1　不同产品的促销方法

产品类型	促销方法
畅销产品	以刺激性、娱乐性促销为主，如刮刮卡、买赠等
辅销产品	大力度、少量、高密度、全方位
新　产　品	派发样品或试用装，对经销商提供额外返利
淘汰产品	限量销售、特价销售等

6.4.4　产品促销组合

随着市场竞争日趋激烈，促销组合的方式越来越多地被厂家所采用，既有利于销售，也可以科学地预防窜货问题。

1．不同渠道成员的促销组合

渠道成员包括经销商、批发商、零售商、消费者。在不同时间选择不同的渠道成员进行促销，或者在同一时间选择多个渠道成员进行促销（见表6-2），使不同的促销活动在不同的渠道成员中交叉进行。

表6-2　××年渠道促销计划安排表

渠道成员	月份							合计
	1	2	3	4	……	11	12	
经销商								
批发商								
零售商								
消费者								

2．不同产品类别的促销组合

根据不同的分类方式，厂家的产品可以分为很多种，如畅销产品、辅销产品、流通产品、终端产品、新产品、淘汰产品等。厂家在选择产品促销时，应在不同类别的产品中进行促销，或者在同一时间选择多个类别的产品进行促销（见表6-3），使不同的促销活动在不同的产品类别中交叉进行。

表6-3 ××年不同产品促销计划安排表

产品类型	月份 1	2	3	4	……	11	12	合计
畅销产品								
辅销产品								
流通产品								
终端产品								
新 产 品								
淘汰产品								

梅明平对厂家销售总监说

销售总监要成为促销高手，就必须掌握以下两个平衡。

- 各渠道成员之间利益的平衡。整个分销渠道包括销售人员、经销商、零售商、消费者，一个成功的销售总监必须让渠道成员都有利益。例如，针对销售人员，经销商拿一箱货奖励10元；针对经销商，买10箱送1箱；针对零售商，开箱有礼，每箱内放置50元现金券，可到经销商处兑换现金；针对消费者，每个产品赠送体育彩票2张，刮中有奖。
- 各产品销量之间的平衡。产品销量决定产品结构，产品结构决定产品平均利润，同时可以防止出现产品积压。销售总监可以用以下方法控制产品结构：套餐促销；混合包装；针对新产品、积压产品、辅销产品进行销售竞赛活动；加大新产品、积压产品、辅销产品的返利。

6.5 实战演练

6.5.1 金科公司对经销商的终端支持

下面是作者在金科公司营销管理战略咨询项目中关于经销商终端支持内容的节选，供读者参考。

1．终端进场支持的定义

终端：当地的KA卖场。

终端产品：只包括第三类牙刷产品且由公司定义。

终端进场支持：终端产品进入当地KA卖场的费用，不包括1月1日前进场的费用。

终端广告宣传支持：在 KA 卖场展示公司形象，包括立柱包装、店内灯箱、陈列架广告等宣传进场形象的广告。

2．终端进场费核销管理（由厂家销售助理负责）

（1）负责收集《经销商终端进场申请》。

（2）负责将《经销商终端进场申请》交给城市经理、省区经理、大区经理和销售总监批准。

（3）将批准的《经销商终端进场申请》交给经销商实施进场。

（4）将准备核销的经销商进场条码交给督察员核实。

（5）报销经销商进场费。

3．终端广告费核销管理（由厂家销售助理负责）

（1）负责收集《经销商终端广告申请》。

（2）负责将《经销商终端广告申请》交给城市经理、省区经理、大区经理和销售总监批准。

（3）将批准的《经销商终端广告申请》交给经销商实施。

（4）将准备核销的经销商广告费交给督察员核实。

（5）报销经销商终端广告费。

4．终端进场支持程序

（1）由经销商向销售助理提出进场申请，由城市经理、省区经理、大区经理和销售总监批准。

（2）经批准后，由经销商实施进场。

（3）将实际进场的条码数量、费用发票、产品陈列照片报销售部。

（4）经督察员核实后，报销进场费。

5．终端进场条码数量核销标准

终端进场条码数量核销标准如表 6-4 所示。

表 6-4　终端进场条码数量核销标准

卖场类型	KA	A 类	B 类	C 类	现有款式	未来款式
D01～D05	可选 2 款	可选 3 款	可选 3 款	—	5	8
B01～B15	可选 5 款	可选 7 款	可选 10 款	可选 5 款	17	20
Y01～Y08	可选 2 款	可选 3 款	可选 3 款	可选 2 款	8	8

续表

卖场类型	KA	A类	B类	C类	现有款式	未来款式
E01~E05	—	可选2款	可选2款	—	5	8
SW0~W03	可选1款	可选1款	可选2款	可选1款	3	3
T02~T03	可选2款	可选3款	可选4款	可选2款	9	12
条码合计	12	19	24	10	47	59

说明：经销商可根据以上要求选择产品进入卖场，每个类型卖场最高可报销的条码数量不得超过以上标准。

6．终端进场费用核销标准

终端进场费用核销标准如表6-5所示。

表6-5 终端进场费用核销标准

核销项目	所有符合以上要求的项目
核销百分比	50%

说明：

① 进场后，核销申请的产品进场费的50%。核销方式为产品进场后，公司将额外支付给经销商每次购入终端产品金额的20%作为进场费，直至核销到50%的费用为止。

② 没有批准，擅自进场的进场费不予报销。

③ 1月1日前，已由经销商自行进场的费用不予报销。

④ 没有陈列在"三笑""高露洁""欧乐-B""佳洁士""青蛙"旁边的不予报销。

⑤ 凡有弄虚作假行为费用不予报销，且取消经销商资格，并追究法律责任。

7．终端广告支持程序

（1）由经销商向销售助理提出终端广告申请，由城市经理、省区经理、大区经理和销售总监批准。

（2）经批准后，由经销商实施终端广告发布。

（3）将发布的项目费用发票和广告照片报销售部。

（4）经督察员核实后，报销终端广告费。

说明：① 终端广告费核销标准是50%报销；② 没有批准，擅自发布终端广告所产生的费用不予报销；③ 该费用用终端产品一次性核销。

6.5.2 金科公司对不同产品的促销模式

1. 不同产品的促销目的

公司对产品的促销活动，应该至少达到以下 7 个目的：① 有利于稳定市场价格；② 有利于各个品类均衡发展；③ 有利于完成公司的利润指标；④ 有利于各渠道成员不截留促销利益；⑤ 有利于新产品的销售；⑥ 有利于打击竞品；⑦ 有利于快速提升销量。

2. 流通产品的促销模式

流通产品的促销模式如表 6-6 所示。

表6-6　流通产品的促销模式

促销对象	促销方式	促销说明
二批商	开箱有奖	（1）每箱内赠送其价值2%的赠品，如2支牙膏、4支牙刷、2块香皂等。注意，在赠送时，赠送不同产品线的产品 （2）每箱内放1张刮刮卡，刮中有奖
二批商	混合装	（1）同产品线不同价格产品的混合装，如牙膏混合装、牙刷混合装、香皂混合装 （2）不同产品线产品的混合装，如牙刷、牙膏、香皂混合装，目的是推广新老产品，增加渠道成员产品线
零售商	买赠	（1）牙膏买7送1，即牙膏8支为一中包，其中1支作为赠品，并在中包上说明 （2）牙刷买11送1，即牙刷12支为一中盒，其中1支作为赠品，并在中盒上说明
消费者	买赠	牙膏买1送1，如买1支牙膏赠送1支牙刷，并用吸塑纸包装
消费者	刮刮卡	（1）买1支牙膏送1张刮刮卡（产品与卡分开） （2）将刮刮卡印刷在牙膏纸包装上（产品与卡一体）

3. 针对KA卖场的终端产品的促销模式

针对KA卖场的终端产品促销模式如表 6-7 所示。

表6-7　针对KA卖场的终端产品促销模式

促销对象	促销方式	说明
消费者	优惠装	买3送1，如买3支牙刷送1支牙刷
消费者	特价	例如8折优惠，特价用于个别经销商向公司申请，且限量
消费者	刮刮卡	在牙刷的纸卡上设置刮刮卡

续表

促销对象	促销方式	说明
经销商	进场费	公司核销50%。核销方式为产品进场后,公司将额外支付给经销商每次购入终端产品金额的 20%作为进场费,直至核销到 50%的费用为止
	条码费	

6.5.3 促销的战略行为及其实施

高水平的促销活动可以帮助厂家的销售总监实现一系列的战略行为,如消化厂家库存积压品、推广新产品、控制产品结构、阻击竞品、开发新市场等,而不是一味地"临时抱佛脚""哪里痛治哪里",或者一味地采用促销提升销量等战术行为。

1. 消化厂家库存积压品的促销

厂家可以通过设计促销大礼包,巧妙地把库存积压品包含进去;或者将库存积压品特价销售,但只有优秀的经销商才有资格获得这些特价产品;或者限量分配,将这些库存积压品按照一定的标准分配给经销商。

2. 推广新产品的促销

推广新产品是一项非常重要的促销活动,公司需要高度重视。公司可以制定新产品促销的战略规划,分阶段实施。例如,初期可以将新产品的样品与公司目前的畅销产品捆绑在一起,让消费者有机会试用,在派发新产品样品的阶段,公司不要销售新产品;在销售新产品的起步阶段,公司可以采用混合包装的形式,即将新产品与畅销产品装在一个包装箱内,并用较优惠的价格吸引经销商订购;当市场上有少量的新产品销售并获得了良好的反馈后,再对新产品进行促销。通过以上循序渐进的组合促销活动,公司可以有效地实现新产品销量的突破。

3. 控制产品结构的促销

控制产品结构是保证公司实现盈利目标的重要过程。因为不同产品的盈利水平不一样,而通常情况是经销商总喜欢销售那些没有利润的产品,为了改善这种局面,实现销售利润目标,公司需要设计产品混合包装箱、产品促销大礼包等,强制性地让经销商实行全品项销售。另外,公司结合不同产品不同的返利制度,诱惑经销商销售利润高的产品。

4. 阻击竞品的促销

为了达到阻击竞品的效果,公司需要及时了解竞品的促销事宜,并能做到快速反应，否则会失去阻击效果。促销方法是让公司产品的促销力度超过竞品的促销力度。

5．开发新市场的促销

开发新市场可以采用铺市促销计划，其重点是将本区域内其他品牌的畅销产品与公司的产品捆绑，销售给新区域市场的消费者。通过这种方式可以达到快速开发新市场的目的。

6.6 厂家销售总监工具箱

在对经销商促销时，销售总监要掌握以下10大工具。

（1）对经销商促销存在的5大主要问题。

（2）对经销商促销的5大论点。

（3）对经销商促销的7大主要内容。

（4）协作性广告。

（5）促销补贴。

（6）对经销商促销的两种主要分类。

（7）促销的4大主要技巧。

（8）产品促销与销量的关系。

（9）不同产品的4种促销方法。

（10）促销的战略行为。

第 7 章　应收账款管理

问题与痛点

1．应收账款会占用厂家的流动资金，减少资金周转次数，降低资金利用率，增加财务成本，减少厂家利润。

2．应收账款收不回就成了呆账、坏账，可能直接威胁厂家的生存。

3．应收账款日常管理不善，容易导致经销商钻空子，一夜之间人去楼空，公司也注销了。作者曾经就遇到过这样的经销商。长期以来，经销商欠我们公司 300 多万元的应收账款，经多次催收无效后，公司准备向法院起诉。想不到的是，法院告诉我们，该公司不存在，已经注销了。于是，300 万元就成了坏账。

4．现在部分厂家为了帮助经销商融资，以厂家的名义做担保，这对厂家而言也存在极大的风险。

7.1　应收账款的概念

曾有一家日化厂家采用的是赊销制，全年的销售额是 7 000 万元，而应收账款就达到 2 800 万元，应收账款占全年销售额的 40%，平均账期达到了 280 天。最后，该厂家不得不退出市场。

不同的行业有着不同的销售特点。有的行业赊销现象比较普遍，如商品批发业；有的行业则基本上是现金交易，如零售业、服务业等。因此，在某些行业，赊销经营是增强厂家市场竞争力、扩大产品市场占有率、减少存货、降低存货管理成本、增加收益的有效途径之一。但赊销形成的应收账款会挤占厂家的营运资金，降低厂家资金的周转速度，加大资金占用的机会成本，增加与应收账款有关的管理成本、坏账损失，导致厂家资金利润率下降，情况严重的可能导致厂家财务状况恶化、信用降低。

应收账款的实质是厂家为了扩大销售规模向客户提供的一种商业信用，与银行贷款有着相似的地方，都是为客户提供的一种信用。不同的是，银行信用以担保、抵押、客户信誉为基础，应收账款以商品或劳务的交易为基础。赊销与收款构成厂家整个经营活动系统中的一个子系统。从某种意义上讲，当赊销出去的商品通过收款最终变成厂家的货币资金时，才真正称得上销售活动的完成。

因此，对于实行赊销的厂家而言，加强对应收账款的管理是厂家的一个核心管理项目。

➜ **名词解释：应收账款**

应收账款是指厂家对外赊销产品而应向经销商收取的款项，又称为应收销货款。应收账款的正常回收期一般不超过 2 个月，最多不超过 1 年。作为厂家的一种短期债权，应收账款在资产负债表上应列为流动资产。

梅明平对厂家销售总监说

现在厂家一般都是现款现货，经销商的应收账款很少。对于有些行业的经销商，如果还存在应收账款的情况，也应该有所控制，厂家应采取一定的措施对应收账款进行管理。应收账款管理是销售总监的一项很重要的工作，甚至比完成销售任务更重要。

7.2 经销商信用评估

7.2.1 5C 信用评估法

➜ **名词解释：5C 信用评估法**

5C 信用评估法是指分析影响信用的 5 个方面的一种方法。这 5 个方面英文的第一个字母都是 C，所以称为 5C 信用评估法。这 5 个方面是品质（Character）、

121

能力(Capacity)、资本(Capital)、抵押(Collateral)和经销商经济环境(Condition)。

1．品质

品质是指经销商的信誉，即履行偿债义务的可能性。厂家必须设法了解经销商过去的付款记录，看其是否具有按期如数付款的行为，与其他供货厂家的关系是否良好，是否愿意尽最大努力归还欠款。这种道德因素经常被视为评价经销商信用的首要条件。

案例 王军的良好品质使生意越做越大

王军是某厂家的经销商。在 15 年的合作中，王军从没有拖欠过该厂家一分钱的货款，总是按厂家的要求及时支付货款。王军良好的品质使厂家给他的信用额度不断上升，从 20 万元增长到 300 万元。由于信用额度上升，他的生意越做越大，从一个小小的经销商成长为年销售额上亿元的超级经销商。

2．能力

能力是指经销商偿还应收账款的能力。经销商的流动资产越多，其转换为现金支付账款的能力就越强；经销商流动资产的质量越高，其转换为现金支付账款的能力就越快。通过对资产负债率、流动比率、速动比率、现金净流量等指标的考察，厂家可以了解对经销商进行投资的安全程度。通过对资本金利润率、销售利税率、成本费用利润率等指标加以考察，厂家可以对经销商有一个深入的了解。另外，如果经销商的财务报告资料不易直接取得，那么厂家可以根据其所处的地位、经营历史和现状、福利待遇、生产设施和生产设备的更新替换等情况，从侧面进行了解。

3．资本

资本是指经销商的财务实力和财务状况，表明经销商可能偿还债务的情况。

4．抵押

抵押是指经销商拒付应收账款或无力支付款项时，能被用于抵押的资产。这对于新的经销商和不知底细的经销商尤为重要。一旦厂家收不到经销商的应收账款，则可以用抵押品抵补。如果这些经销商提供足够的抵押，厂家就可以考虑向它们提供相应的信用。

在抵押时，厂家要与经销商签一份抵押合同，这样抵押才有意义。7.6.1 节给出了一份厂家的抵押合同样板，供读者参考。

5．经销商经济环境

经销商经济环境是指可能影响经销商付款能力的经济环境。例如，经济不景气、经销商的分销商欠款、其他厂家改为现款现货等，这些都会影响经销商的付款能力。

7.2.2 综合评估法

对经销商从忠诚度、交易历史、铺货能力、资金实力、市场运作规范性和业务发展度 6 个方面进行评分。95 分以上的经销商为 5 星级，90～94 分的经销商为 4 星级，85～89 分的经销商为 3 星级，75～84 分的经销商为 2 星级，60～74 分的经销商为 1 星级，60 分以下的经销商为非信用经销商。表 7-1 所示为用于经销商综合信用评估的评估表。

表 7-1　经销商综合信用评估表

项目	评估内容	满分	评分
忠诚度	经销商对与厂家合作的兴趣点是否只在于利益	5 分	
	经销商对厂家理念的认同度	5 分	
	经销商对厂家产品的兴趣度	5 分	
交易历史	经销商的回款率	5 分	
	经销商在以往的交易过程中是否有违规行为	5 分	
	业内（供货商、同行、零售店）对经销商交易信誉的评价	5 分	
铺货能力	以往经销商的产品在当地的铺货率	5 分	
	相对于当地其他经销商的铺货能力	5 分	
	坐商或行商	5 分	
	面对的渠道的多样性	5 分	
资金实力	每次交易的平均额度在同等级经销商中的排序	5 分	
	历史进货的最大额度和最小额度	5 分	
	业内对经销商实力的评价	5 分	
市场运作规范性	有无窜货、拼折扣的恶性市场竞争行为	5 分	
	是否曾不遵守行规，为尽快出货而低价倾销	5 分	
	对下游的管理是否到位	5 分	
业务发展度	相对于往年的销售增长情况	5 分	
	有无重大的组织和人事变动	5 分	
	经营的产品类别有无重点的转移	5 分	
	经销商销售人员的综合素质如何	5 分	
合计		100 分	

厂家在对经销商进行信用评估时要注意，要对经销商的档案资料实行动态管理，实时更新。这样厂家可以及时获取有关外界环境变化的信息，调整经销商的信用等级记录，改变自己的销售策略，同时可以审查旧的信用标准是否需要调整。对于长期往来的经销商，厂家应当建立完善的经销商资料。

梅明平对厂家销售总监说

在实战中，经销商的信用评级还有更简单的处理方法。
- 按销量进行评级，分为 A、B、C 类经销商。
- 按经销品牌进行评级，分为专销商、专营商和多品牌经销商。
- 按合作时间进行评级，分为 10 年以上、5 年以上和 5 年以下经销商。
- 按遵纪守法进行评级，分为遵纪守法经销商、违法乱纪经销商等。

7.3　确定经销商信用额度

→ **名词解释：信用额度**
信用额度是指厂家要求经销商支付应收账款的条件。它包括信用限额、信用期限、现金折扣和可接受的支付方式。

7.3.1　信用限额

信用限额为未收回的应收账款余额的最高限额。厂家假设超过该限额的应收账款为不可接受的风险。信用限额要根据厂家所处的环境、业务经验及不同渠道的经销商来确定。

决定信用限额的关键因素有付款历史、业务量、经销商的偿还能力、经销商的订货周期及经销商潜在的发展机会。一旦确定了信用限额，该经销商应该有销量的增长。

厂家要根据经销商的不同等级确定信用限额。在评估等级方面，厂家可以采用以下两种方法。

第一种是 3 类 9 级制，即把厂家的信用情况分为 AAA、AA、A、BBB、BB、B、CCC、CC、C 9 个等级。其中，AAA 为最优等级，C 为最差等级。

第二种是 3 级制，即把厂家的信用情况分为 AAA、AA、A 3 个等级。其中，AAA 为最优等级，A 为最差等级。

案例　某厂家所属经销商的信用限额

单位名称	信用限额（元）
宏丽黄埔百货有限公司	20 000.00
好又多百货商业有限公司	30 000.00
聚力行展销有限公司	5 000.00
家谊超市股份有限公司	100 000.00
新一佳商业投资有限公司	50 000.00
联华超市股份有限公司	30 000.00
市港湾商业有限公司	30 000.00
南英新一佳贸易有限公司	50 000.00
丽的百货有限公司	50 000.00
金永励实业发展有限公司	500 000.00
金信达实业有限公司	500 000.00
升平百货有限公司	50 000.00
兴华集团有限公司	50 000.00
佛丰百货贸易商行	300 000.00
石湾季华货仓商场	50 000.00
公益百货有限公司	50 000.00
金国化妆品有限公司	200 000.00
容奇百货有限公司	100 000.00
宝石百货有限公司	500 000.00

7.3.2　信用期限

信用期限是厂家允许经销商从购货到付款间隔的时间，或者说厂家给予经销商的付款期限。例如，某厂家给予经销商的信用期限为 50 天，则经销商可以在购货后的 50 天内付款。信用期过短，不足以吸引经销商，会使厂家在竞争中的销售额下降；信用期过长，厂家所得利益会被增长的费用抵消，甚至造成利润减少。因此，厂家必须规定恰当的信用期限。

对于快速消费品来讲，信用期限应较短，一般为 15 天、30 天或 45 天，最多不超过 60 天。保质期越短的产品，其信用期限越短。耐用消费品、工业品、资金占用量大的产品，一般信用期限会长一些，如 30 天、60 天、90 天、120 天，最多不超过半年。总之，资金周转越快的产品，其信用期限越短；资金周转越慢的产品，其信用期限越长。

7.3.3 现金折扣

现金折扣是在经销商提前付款的情况下，厂家对经销商在产品价格上的优惠，其主要目的在于吸引经销商为享受优惠而提前付款，从而缩短厂家的平均收款期。

现金折扣的常用表示方式为折扣/付款期限，例如：
- 5/10 表示在开出发票后的 10 天内付款，可享受 5%的价格优惠；
- 3/20 表示在开出发票后的 20 天内付款，可享受 3%的价格优惠；
- N/30 表示在开出发票后的 30 天内付款，不享受价格优惠。

案例 三三精细化工有限公司利用现金折扣消除坏账

深圳三三精细化工有限公司是三九集团的核心公司，主要生产汽车护理品，该公司采用的是付款折扣制度。该制度规定：货到 3 天内付款，则给予 4%的优惠；货到 30 天内付款，则给予 1.5%的优惠。高额的现金折扣使几乎所有的经销商都在货到 3 天内付款，坏账极少，现金的充裕使公司的运作效益大大提高。

7.3.4 可接受的支付方式

银行结算办法规定的各种结算方式，从应收账款回收的及时性、安全性角度来看，大致可划分为两大类：一类是风险比较小的，即应收账款回收时间短、金额有保证的结算方式，主要有银行汇票、银行本票、汇兑支票和信用证等；另一类是风险比较大的，即应收账款有可能转为坏账损失的结算方式，主要有委托收款、托收承付、商业汇票等。

厂家可根据经销商的盈利能力、偿债能力、信誉状况等选择适宜的结算方式，也就是说，对于盈利能力和偿债能力强、信誉状况好的经销商，厂家可以选择风险较大的结算方式。虽说风险较大，但有利于购销双方建立一种相互信任的伙伴关系，扩大销售网络，提高竞争能力，有利于长期合作。对于一些没有业务往来的新经销商和资信度较差的老经销商，厂家适合选择一些风险较小的结算方式，通过这种结算方式保证应收账款及时足额收回。

梅明平对厂家销售总监说

销售总监需要决定的是给哪些经销商提供信用支持。信用支持属于一种奖励，只适合给那些忠诚度高、贡献大的经销商。如果所有经销商都有，就失去了信用支持的意义。我建议销售总监只对以下经销商提供信用支持。

- 专销商。对只经销厂家产品的经销商提供信用支持，而那些经销多个品牌的经销商很有可能将信用额度用在其他方面。
- A类经销商。那些大户经销商对厂家的贡献大，但要防止它们将信用用在其他品牌上。
- 合作时间长的经销商。从厂家成立之初就与厂家合作的经销商，这些经销商忠诚度高。

7.4 应收账款的日常管理

对于已发生的应收账款，厂家要加强日常管理工作，采取有力的措施进行分析、控制，及时发现问题，提前采取对策。应收账款的日常管理工作需要财务部门和业务部门分工协作完成。

7.4.1 应收账款追踪分析

市场供求关系瞬息万变，经销商以赊销方式购入产品后，经销商所赊购的产品能否顺利地实现销售与变现，履行赊购厂家的信用条件，取决于以下几个方面：市场供求状况、经销商的信用品质、经销商的现金持有量与调剂程度。但不管何种原因，每笔赊销业务发生后，为了按期收回应收账款，顺利地完成从产品到货币的转换过程，防止应收账款遭受拖欠甚至发生坏账损失，厂家都需要对应收账款的运行过程进行追踪分析。

7.4.2 定期分析应收账款账龄，及时收回应收账款

厂家应收账款发生的时间不一，有的尚未超过信用期，有的已经逾期。一般来讲，逾期时间越长，越容易形成坏账，所以财务部门应定期分析应收账款账龄，向业务部门提供应收账款账龄数据及比率，催促业务部门收回逾期的账款。财务部门和业务部门都应把逾期的应收账款作为工作的重点，分析逾期的原因：是经销商的信用品质发生变化，还是市场变化导致经销商赊销产品形成库存积压，或者经销商的财务状况由于什么原因而恶化，等等。财务部门和业务部门应考虑每

笔逾期账款产生的原因，采取相应的收账方法。

案例　厂家经销商欠款与信用额度分析

11月经销商欠款与信用额度分析如表7-2所示。

表7-2　11月经销商欠款与信用额度分析

名称	总欠款（元）	信用额度（元）	欠款/信用
利丰洗涤用品经营部	-22 463	100 000	-22%
东大日化有限公司	0	50 000	0
新万红日化有限责任公司	3 324	50 000	7%
美洁商业有限公司	465 885	1 200 000	39%
百盛日化批发部	103 993	200 000	52%
禹都市场小商品经营部	35 113	50 000	70%
让胡路区文东经贸有限公司	51 600	50 000	103%
浩大洗化用品有限公司	578 977	400 000	145%

说明：欠款/信用表示经销商的欠款占信用额度的比率。比率越小，说明已使用的信用额度越少，表现为越安全。比率小于或等于零，说明该经销商没有使用信用额度。比率越大，说明已使用的信用额度越多，表现为越危险。比率等于100%，说明该经销商已将信用额度使用完毕。比率大于100%，说明该经销商已超过可以使用的信用额度。

从表7-2中可以看出，利丰洗涤用品经营部的总欠款为-22 463元，说明厂家欠经销商22 463元，虽然该经销商有100 000元的信用额度，但该经销商没有使用，表现为安全。

东大日化有限公司虽然有50 000元的信用额度，但没有使用。厂家销售人员应跟进该经销商，了解其为什么不需要使用信用额度，是该经销商资金充裕，还是已经准备退出该行业。

禹都市场小商品经营部的欠款/信用为70%，属于较为正常的状态。接下来，厂家销售人员应及时跟进该经销商，使其及时还款。

让胡路区文东经贸有限公司的欠款/信用为103%。此时，厂家应停止发货，销售人员应到现场催款，并及时了解该经销商的经营状况。当经销商还款后，厂家才能发货。

浩大洗化用品有限公司的欠款/信用为145%，已严重超过信用额度。经销商出现这种情况有3种可能：一是信用额度不合理，该经销商的销量大，信用额度少；二是该经销商还款能力出现问题；三是该经销商诚信欠缺。因此，除了立即停止发货，厂家销售人员还应第一时间赶到现场，一边催款，一边了解其经营状况，并写出调查报告，提出改进措施：是调整其信用额度，还是取消信用额度；是继续合作，还是另寻他人。

7.4.3　实行滚动收款

厂家根据每笔应收账款发生时间的先后顺序滚动收款，可以及时了解经销商赊购产品的销售动态，及时了解经销商的财务状况，及时处理有关业务事宜，还可以减少对账的工作量。

7.4.4　建立坏账准备金制度

无论厂家的货款回收制度制定得多么完善、落实得多么彻底，在市场经济条件下，坏账损失仍然是无法避免的。有的是因为经销商发生重大自然灾害，有的是因为经销商破产，有的是因为经销商突然死亡，有的是因为经销商涉及诉讼案件，有的是因为新实施的法律法规对经销商不利，有的是因为市场供求发生变化、产品供过于求等导致经销商财务状况暂时或长期恶化，这些都会导致该项应收账款部分或全部无法收回。因此，按照财务谨慎性原则要求，厂家应根据账款逾期的程度或应收账款的总额合理地估计坏账的风险，并建立坏账准备金制度。当发生坏账时，厂家用提取的坏账准备金抵补坏账损失。

梅明平对厂家销售总监说

销售总监要加强应收账款的管理，随时对经销商的信用进行分析，对经销商的应收账款进行追踪，实现月度、季度或年度滚动收款，建立坏账准备金制度，确保应收账款的安全性。

我曾任厂家销售总监时，面临经销商 2 800 万元的应收账款，280 天的平均账期，管理应收账款占用了很多时间。后来，我建议并经总经理同意，改为现款现货制。不到半年时间，历时 20 年的信用制度被废除，加快了厂家资金周转速度，提高了资金利用率。

7.5　及时收回应收账款

7.5.1　确定收账程序

收账的一般程序：信函通知，电话催收，派员面谈，法律行动。即在经销商拖欠账款时，首先给经销商一封很有礼貌的通知信件；其次可寄出一封措辞较直率的信件；进一步则可电话催收；如再无效，厂家的收账员可直接与经销商面谈，协商解决；如果谈判不成功，最后厂家的律师采取法律行动。

7.5.2 回款控制

回款控制是厂家经营流程的最后且最重要的一个环节，因为这是决定厂家经营效率的主要经济指标。厂家做好回款控制，应注意以下几个方面。

1．减少回款资金在途时间，实行传真电汇凭单监控制度

当经销商汇款后，相关人员应在第一时间将电汇凭单传真到厂家结算部。结算部据此填写"××经销商汇款电汇凭单登记表"，对于规定时间未收到的款项及时查询，分清责任。

2．严格执行信用限额和信用期限

经销商的信用限额和信用期限必须由厂家财务部和销售部共同控制，才能取得较好的效果。只靠销售人员控制不行，因为销售人员往往最关注的是能否完成每月的销售任务，而忽视经销商的信用额度的使用情况。财务人员往往较为关注经销商的信用额度的使用情况，而对完成销售任务不会那么关注。所以要严格控制经销商的信用限额和信用期限，必须由财务人员和销售人员合作。

当经销商的欠款额达到其信用限额70%以上时，厂家财务部应及时通知销售部，由销售人员及时催促经销商还款。一旦经销商欠款额达到信用额度，厂家财务部应立即停止发货，以免超出其信用额度。

当经销商的欠款时间超出其信用期限时，厂家财务部应及时通知销售部，并立即停止发货，直到经销商归还欠款为止。

3．及时核对应收账款

存在许多导致经销商应收账款变动的因素，如缺货等原因造成经销商的进货单与发货单的产品不符、各种返利奖励、补差、现金折扣等，这些因素导致经销商应收账款发生变动。所以为使经销商和厂家的应收账款保持一致，厂家财务部应每月出具"经销商对账单"，由销售人员与经销商进行核对，以确保双方应收账款准确无误。

7.5.3 催债方法

虽然经销商拖欠货款的原因很多，但总体可概括为两大类：无力偿还和故意拖欠。无力偿还是指经销商因经营管理不善导致财务出现问题，没有资金偿付到期债务；故意拖欠是指经销商虽有能力付款，但为了本身利益，想方设法不付款。对于第二种情况，厂家需要确定合理的催债方法，以达到收回账款的目的。

1．讲理法

催债人要有礼貌地说明理由，让经销商知道无故拖欠货款是不应该的行为，已对厂家产生消极影响、造成经济损失。若经销商不及时付款，将引起法律纠纷，对双方都不利。

2．恻隐术法

催债人讲清自己的困难，说明自身的处境，以唤起经销商的恻隐之心，使经销商按时付款。

案例 厂家的收款绝招

某厂家由于规模不大，产品竞争力不强，所以只能采用赊销的方式打开销路。厂家的产品是出库了，但货款回收是一大难题。后来，厂家发现，其他销售人员的应收账款达到销售额的 50%以上，而销售人员胡小军却没有一笔坏账，回款率达到 100%。后经了解，厂家发现了他收款的秘密。

原来，胡小军是一位经验丰富的销售人员，已经 53 岁了。当他发现某经销商已超过他所认定的付款期限时，往往会前往该经销商处，与经销商一起上下班。每天，胡小军上班很早，到经销商所在的公司，帮他们打开水、抹桌子、拖地，然后坐在一边抽烟，很少说话，天天如此。开始，经销商感觉无所谓，可后来看到他这么大年纪还在默默拖地时，顿时起了恻隐之心，觉得有点对不起他老人家。于是，经销商往往照单付款。

胡小军利用这种方式收款，屡试不爽。于是，这种方式就成了他的收款绝招。

3．疲劳战法

催债人对经销商或其财务人员长期软磨硬泡，打持久战，不达目的决不罢休。总有一天，对方会意志瓦解，同意付款。

4．激将法

催债人用语言刺激债务人，使其明白若不及时付款将会损害自己的形象和尊严。对方为了面子，不得不及时付款。

5. 软硬术法

由两个人讨债，一人态度强硬，寸步不让，另一人态度和蔼，以理服人。如果两个人配合得好，可以取得很好的效果。

梅明平对厂家销售总监说

销售总监应建立严格的追款制度，责任到人。同时，销售总监要传授销售人员催款的方法，提高催款效率。

7.6 实战演练

7.6.1 《房屋抵押合同》样本

房产抵押合同

担保方：_____　　　　　　　　　　（以下称甲方）
供应方：广州××公司　　　　　　　（以下称乙方）
经销商：_____　　　　　　　　　　（以下称丙方）

为确保乙、丙双方于____年__月__日所签订的《产品经销合同》（以下称主合同）的履行，甲方愿意以其有处分权的房产为丙方履行主合同做抵押。乙方经审核，同意接受甲方的房产抵押。甲、乙、丙三方经协商一致，按以下条款订立本合同。

一、抵押房产的情况。

1. 甲方用于抵押的房产位于_____，建筑面积_____，共有权份额_____，权属证书号码：_____。

2. 甲方用于抵押房产的权属情况。甲方用于抵押的房产是否有抵押的情况，如有，应列出抵押权人、抵押部分、评估价值、抵押价值：_____。

二、抵押担保价值。

按照乙、丙双方于____年__月__日所签订的主合同的约定，乙方给予_____万元的产品作为铺底销售，并且丙方必须在____年__月__日前付清铺底销售的货款。

三、作价。

经评估，本合同项下甲方用于抵押的房产评估价值为（大写）_____元，现经乙方同意，甲方作价_____万元，为丙方按照本合同第二条所述的抵押担保价值数额做抵押。

四、甲方保证对用于抵押的房产依法享有所有权或处分权。

五、抵押担保的范围。

本合同项下的抵押房产所担保的范围：本合同第二条所述的抵押担保价值数额、丙方因违约所应支付的违约金、赔偿乙方损失的金额及实现本合同第二条所述的抵押担保价值的债权和抵押权的费用（包括律师费、诉讼费等）。

六、甲方应在本合同生效之日将所抵押房产的权属证明文件交给乙方，抵押期间该抵押房产的权属证明文件由乙方代为保管。

七、权利限制。

在本合同有效期内，甲方不得出售和馈赠所抵押的房产；甲方迁移、出租、转让、再抵押或以其他任何方式处分所抵押的房产的，须取得乙方书面同意。在抵押期间，经乙方书面同意，甲方转让抵押房产所得的价款须优先用于为丙方清偿所担保的债权。

八、本合同的效力独立于被担保的主合同，主合同无效不影响本合同的效力。

九、本合同项下有关的评估、保险、鉴定、登记、保管等费用均由甲方承担。

十、抵押房产的保管责任及风险。

1．抵押期间，甲方有义务妥善保管抵押物，保持抵押物完好无损，并接受乙方的检查。

2．甲方应办理抵押物在抵押期间的财产保险，投保金额不得少于本合同第二条所述的抵押担保价值数额，财产保险的第一受益人为乙方，保险单证由乙方代为保管。

3．抵押期间，抵押物如发生投保范围的损失，或者因第三人的行为导致抵押物价值减少或灭失，保险赔偿金或损害赔偿金应作为抵押财产，由甲方存入乙方指定的账户，抵押期间甲方不得动用。

4．主合同有效期间，甲方不得以任何理由中断或撤销保险，否则，乙方有权代为投保，一切费用由甲方承担。

十一、自本合同签订之日起＿＿＿天内，甲、乙双方应到房屋管理部门办理抵押登记手续。

十二、抵押权的实现。

1．主合同履行期限届满，丙方未能清偿铺底货款，乙方有权以甲方所抵押的房产折价或以拍卖、变卖抵押房产所得价款优先受偿，实现抵押权。

2．处理抵押房产所得价款，不足以清偿本合同第五条"担保范围"所列的款项和费用的，乙方有权另行追索；价款清偿本合同第五条"担保范围"所列的款项和费用有剩余的，乙方应退还给甲方。

十三、抵押权的撤销。

丙方按照主合同约定的期限清偿全部铺底货款的,抵押权自动撤销,乙方所保管的权属证明文件、财产保险单应退还给甲方。

十四、违约责任。

1．甲、乙、丙三方经协商同意,发生下列情况之一,乙方有权提前处分抵押物实现抵押权,或者提前要求丙方清偿铺底货款。

（1）甲方违反本合同第六条、第七条、第十条约定义务或发生严重违约行为。

（2）主合同履行期间,丙方被宣告破产、被解散或被吊销营业资格等致使乙方实现债权落空。

2．甲方因隐瞒抵押财产存在共有、争议、被查封、被扣押或已经设定过抵押权等情况而给乙方造成损失的,应给予赔偿,并且乙方有权要求丙方提前清偿铺底货款。

3．甲方与丙方串通损害乙方合法权益的,甲方与丙方应对乙方的损失承担连带赔偿责任。

十五、合同变更、解除及其他约定事项。

1．本合同生效后,甲、乙、丙三方均不得擅自变更或解除合同。需要变更或解除合同时,三方应协商一致,达成书面协议。协议未达成前,本合同各条款仍然有效。

2．甲方同意,当需要实现抵押权时,甲方自愿接受强制执行。

十六、争议的解决。

因本合同发生的争议,经协商不能达成一致意见,应当向乙方所在地人民法院提起诉讼。

十七、合同生效及期限。

本合同自三方签字、盖章且抵押房产在房产管理部门办理抵押登记之日起生效,至丙方按照主合同的约定清偿全部债务时自动失效。

十八、合同文本。

本合同一式四份,甲、乙、丙三方各执一份,报有关机关备案一份,具有同等法律效力。

甲方：
签字：
身份证号码：
住址：
邮编：

联系电话：

日期：

乙方：广州××公司（章）

地址：广州市××街 18 号

法定代表人（签字）：

委托代理人（签字）：

邮编：

联系电话：

日期：

丙方：

地址：

法定代表人/负责人（签字）：

委托代理人（签字）：

邮编：

联系电话：

日期：

7.6.2　科学、合理的催款程序

厂家为有效地催收账款，应设置科学的催款程序，通过销售人员、财务人员和律师的合作达到快速高效收回账款的目的。

第一步：超出信用期限的 10 天内，发出第一封很有礼貌的催款信件。

第二步：超出信用期限的 20 天内，发出第二封措辞较直率的催款信件。

第三步：超出信用期限的 30 天内，财务人员电话催收。

第四步：超出信用期限的 40 天内，厂家的催债人上门与经销商面谈催收货款。

第五步：超出信用期限的 60 天内，由厂家的律师采取法律行动。

7.7　厂家销售总监工具箱

在管理应收账款时，销售总监要掌握以下 10 大工具。

（1）经销商的 5C 信用评估法。

（2）经销商综合信用评估表。

（3）决定信用限额的关键因素。

（4）现金折扣。

（5）滚动收款。

（6）坏账准备金制度。

（7）3种回款控制方法

（8）5种催债方法。

（9）《房屋抵押合同》样本。

（10）科学、合理的催款程序。

第 8 章　合同管理

问题与痛点

1. 厂家与新开发的经销商签订了独家经销合同,但半年后,这个经销商还没有进货,厂家又不能在同样的市场开发另一个经销商,怎么办呢?原因就出在合同上,由于合同没有注明:"合同签订后,经销商应在 30 天内按照不低于最低打款要求打款进货。如超过 30 天未打款进货,此合同自动作废。"

2. 经销商连续 3 个月没有完成销售任务,销售人员也受到牵连,拿不到销售奖金。该市场有个批发商非常适合做该产品的经销商,批发商也愿意,但销售人员没有办法更换经销商,因为年初已经与这个经销商签订了年度合作协议,有效期到 12 月 31 日,怎么办呢?原因就出在合同上,由于合同没有注明:"如经销商在合同期限内,连续 3 个月没有完成销售任务,此合同自动作废,厂家有权寻找新的经销商。"

3. 厂家销售代表陈亮,以私人名义找经销商李总借了 1 万元,2 个月后,陈亮消失了。经销商找到厂家销售总监孙总,要求厂家赔偿这 1 万元的损失,双方出现扯皮现象,怎么办呢?原因就出在合同上,由于合同没有注明:"经销商不得借钱给销售人员,也不能将货款交给销售人员,由此造成的一切损失由经销商个人承担。"

8.1 经销合同的作用

厂家与经销商双方依法就经销合同的主要条款协商一致，经销合同就成立了。经销合同的作用包括以下4个方面。

1．有利于保障经济健康发展

经销合同有利于保障社会主义市场经济的健康发展，促进社会主义现代化建设。

2．有利于产品生产的专业化和相互之间的协作

社会主义市场经济的发展，对产品生产的专业化程度要求越来越高，对其相互间的协作要求也越来越高。通过签订合同把各产品生产厂家的产、供、销衔接起来，稳定了协作关系，这就促使各部门为履行合同条款，加强厂家经营管理，促进同类厂家的横向协作，由单纯的生产向生产经营型转变。

3．有利于加强国家对厂家的监督和管理

厂家与经销商执行合同的好坏，可以显示厂家经营管理的好坏。国家财政、税务部门在审查厂家有关生产经营情况时，会对其合同执行的情况进行审查，对厂家与经销商的经营情况、管理情况进行有效的监督和管理。

4．有利于保护合同当事人的合法权益

合同一经签订，便具有法律的约束力，签订单位要根据合同的条款履行自己的义务，减少扯皮、推卸责任的现象。对于不执行合同的单位，国家仲裁机关或司法部门要依法进行裁决，这就保护了合同当事人的合法权益，稳定了社会主义的市场经济秩序。

梅明平对厂家销售总监说

经销合同是销售总监管理经销商的重要工具，销售总监要会编写合同。同时，销售总监要注意多收集同行的合同，并仔细研究合同条款，为我所用。因为厂家管理经销商的策略大部分体现在合同上。

8.2 经销合同的内容

经销合同作为一种具有法律效力的经济文书，其格式有一定的规范性，其固定内容一般包含以下几个部分。

1. 标题

标题写在第一行的中间，标明合同的性质、种类，字体一般应大一些，如供销合同、经销合同等。有的是事先确定的合同样式，签订时直接填上合同名称，确定合同的种类即可。

2. 正文

这部分是合同的主体，主要内容包括以下几个方面。

（1）写明订立合同双方的单位名称、代表人姓名。为了方便起见，可在双方名称后面注明"以下简称甲方"和"以下简称乙方"。如有第三者，可简称为"丙方"。

（2）开头。写明订立合同的目的、依据、经过等，表述形式可以为"甲方向乙方订购货物，经双方协议订立合同，共同遵守，具体条款如下"，或者为"经双方协商签订本合同，并共同遵守下列条款"。

（3）议定条款。这是合同的主要内容，主要包括以下内容。

① 标的。标的是合同各方当事人共同发生权利、义务所指的对象，如产品、货币、劳务、工程项目、科研成果等，它集中反映了当事人订立合同的目的和要求，是合同成立的前提条件。所以签约方必须对合同标的达成一致，并在合同中做出明确的规定。标的必须是国家准许的流通物，否则不能作为合同的标的。标的不明或无标的，合同不能成立。

② 双方的权利和义务。权利和义务是合同的核心部分，分为甲方权利、义务和乙方权利、义务。甲方一般代表厂家，乙方一般代表经销商。表8-1、表8-2分别列出了厂家与经销商的主要义务和权利。

表8-1 厂家与经销商义务的主要内容

厂家义务	经销商义务
提供合格产品，提供相应的说明资料	维护产品形象和声誉，做好售后服务
产品检测报告	按时结算货款，提供相应的销售资料
市场协助、宣传计划和资料广告协助	维护区域内厂家的各项权益
货物托运和货物调换	协助广告宣传、市场开拓

表 8-2　厂家与经销商权利的主要内容

厂家权利	经销商权利
处置经销商违反市场规范行为	享有（独家）经销的权利
审核零售指导价	按约定要求供货
审核广告宣传材料	享有厂家提供的各种市场协助的权利
参与制定营销方案	享有续签合同的优先权

③ 数量和质量。数量是标的量的规定，是以计量单位和数字来衡量标的的尺度。没有数量规定，合同就无法履行。数量规定必须准确、具体，计量单位也要明确规定。

质量是标的内在素质和外观形态的综合，是指产品或劳务、完成工作的优劣程度，包括品种、规格、型号的要求。产品规格要标准化。当前，我国使用的产品标准包括国家标准、行业标准、厂家标准和协商标准。

④ 价款或酬金。价款或酬金也称价金，是取得标的一方向对方支付的表现为货币的代价。合同应具体规定价款的数额，包括单价和总额，并明确它们的计算标准、估算方式和程序。价款一般用人民币支付。

⑤ 履行的期限、地点和方式。合同履行期限是交付标的和支付价款的时间。到期不履行即为逾期，要承担违约责任。凡要提前或延期履行的，应事先达成协议。履行期限的规定必须具体、明确。

合同履行地点是指合同规定的义务履行地。合同标的为实物的，一般指标的交付地。合同履行地点直接关系到履行合同的费用和时间，因此必须明确规定。

合同履行方式是交付标的的方式，是指当事人用什么方式履行合同义务，包括一次履行、分期履行，采用送货制、代运制、提货制等形式。

⑥ 违约责任。违约责任指合同双方若不能执行合同时的责任和处罚方法及条件，这是保证合同履行的重要条款之一。当事人订立合同时，应写明一方违约时所应支付的违约金额和对损失的赔偿。

违约责任是双方履行合同的重要保证，也是解决合同纠纷的可靠依据。

⑦ 其他条款。其他条款指根据法律规定必须具备的条款和当事人一方提出而对方同意的特殊要求等。例如，购销合同或运输合同中，需方对包装或装卸有特殊要求的，供方同意即可列入条款。

⑧ 有效期限。即合同何时产生效力，何时失效，如"本合同由双方签订，从盖章之日起生效，有效期一年"。

⑨ 文本份额与保存。写明合同正本、副本份数，由谁保管。通常是当事人

各持一份，鉴证或监督单位持一份，如"本合同一式三份，由甲方、乙方和鉴证单位各持一份"。监督单位通常是工商、银行部门或当事人的主管机关。

⑩ 附件。正文最后要写明附件名称、件数，并附上附件。例如，工程承包合同往往附上图纸、材料项目、工程进度表等，还要写明未尽事宜、变更条件等。

3. 署名

正文之后，另起一行在右下方写明订立合同的单位名称和双方代表的姓名，并加盖公章、私章（或签名）。经过国家仲裁机关或司法部门公证的合同，还要注明鉴证机关名称及鉴证人的姓名，加盖公章、私章（或签名）。

4. 日期

在署名下一行写上签订合同的日期。一般用汉字小写或阿拉伯数字。

5. 公证者

注明公证者（机关或个人）的名称，并盖章。

案例 某《产品经销合同》中掌控主导权的重要事项

（1）合同生效约定。本合同签订后，在5月10日前或合同签订后10天内，乙方不向甲方汇款购货，甲方有权终止本合同。

（2）完成销售任务约定。从6月起或签订合同1个月起，乙方若连续2个月或合同期间累计有3个月未达到《年产品系列销售目标及返利表》中双方所约定的月销售目标，或连续30天内未进货的，甲方有权调整乙方的销售区域或单方终止本合同，重新确定经销商。

（3）销售排行榜约定。月销售排行榜实行末位淘汰制。乙方若在月销售排行榜中排在最后一名，且未完成经双方所确认的销售目标，则甲方有权调整乙方的销售区域或单方终止本合同。

（4）终端销售约定。乙方应确保在所属区域至少有200家零售网点，在所属区域内（市、县、乡镇）的批发市场保证80%以上的铺货率，并确保陈列的品种和形象按甲方的要求执行。否则，甲方有权调整乙方的销售区域或单方终止本合同，重新确定经销商。

（5）新产品销售约定。甲方新上市的产品，如在乙方授权经销的范围内，乙方在上市后30天内未进货或铺市率未达到甲方要求的，甲方有权调整乙方的销售区域或单方终止本合同，重新确定经销商。

梅明平对厂家销售总监说

销售总监要研究、分析经销商容易出现的问题，如经销商完不成任务、经销商不愿意销售新产品、经销商窜货、经销商低价销售、经销商截留厂家促销品、经销商经常通过销售人员带货款、经销商经常借钱给销售人员等。销售总监要把这些问题统统体现在合同上，通过合同来管理经销商的经营行为，这样可以大大提高销售总监的管理效率，体现销售总监的控制能力。

销售总监要把这些问题统统体现在合同上，通过合同来管理经销商的经营行为，这样可以大大提高销售总监的管理效率，体现销售总监的控制能力。

合同的内容条款要交给法务部门审核，以保证合同条款的合法性。

8.3　签订经销合同应注意的事项

（1）厂家考察经销商是否合法存在，是否具有独立法人资格。如果经销商是无独立法人资格的挂靠单位，或单位产权不清，或是根本不存在的虚假单位，最好不要与其合作，以免造成不必要的损失。

（2）签订合同时，经销商的公司名称一定要和营业执照上的名称一致，并且加盖公章，不能用简写或法律上根本不承认的代号。

（3）厂家与经销商不能以私人章或签字代表公章或合同专用章。

（4）厂家要严格限定授权期限、区域，并明确经销商的权利和义务。

（5）厂家要严格规定产品价格、退换货流程及责任。

（6）厂家要详细规定违约事项及归责问题。

（7）厂家要限定货款清算方式及日期。

（8）签订的合同厂家要能随时掌握主导权。

梅明平对厂家销售总监说

销售总监要提高合同管理的效果，就需要让经销商充分了解合同的各条款。为此，我建议销售总监在经销商年度大会上，花费一些时间讲解合同条款，并留出时间让经销商提问。

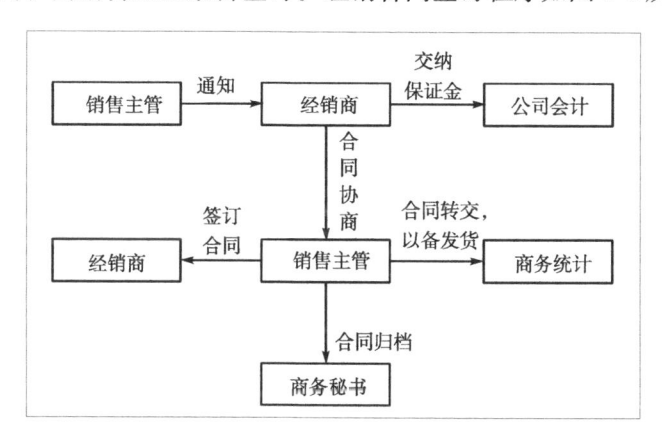

8.4 经销合同签订程序

规范经销合同签订程序是为了让厂家与经销商更好地履行合同的条款，经销合同签订程序包括签订前、签订时和履行中3个阶段。

（1）签订前。在与经销商签订合同之前，销售人员要对经销商的资信状况进行审查，建立经销商的详细档案，对经销商的付款能力和信用状况进行充分了解（如以前是否有欠账、赖账的记录），并进行分类和信用等级的分级评比工作。

（2）签订时。在厂家与经销商签订合同的过程中，双方要对合同的条款严格审核，合同要采用统一格式的文本，合同用语要严谨；对不同标的额的合同要明确授权等级；合同签订以后，厂家要将合同的信息完整录入。

（3）履行中。厂家对合同的履行速度与质量要进行全过程监控，以免造成呆账、坏账。

经销合同原则上由厂家销售部销售主管签订，特别的经销合同（如特大城市特许经销合同）由销售经理亲自签订。经销合同签订程序如图 8-1 所示。

图 8-1 经销合同签订程序

梅明平对厂家销售总监说

为了体现合同的严肃性，合同签订要有严格的流程，这个流程的确定需要销售总监与财务部、内勤部、法务部等相关部门协商。

8.5 实战演练

8.5.1 销售总监如何制定有话语权的《产品经销合同》

销售总监制定经销合同时，一定要注意随时掌握主导权，避免自身行为被合同所束缚。

1．有效时间

销售总监在与经销商签订合同时要注意，无论与经销商签订合同的日期是何时，但有效期只能到本年的 12 月 31 日（有的厂家有效期是其他时间，如 6 月 30 日）。

2．经销产品

如果厂家有几大系列产品，而这些系列产品相互之间又不冲突，最好分系列进行招商。例如，经销商甲在本区域内只能经销 A 系列产品，经销商乙只能经销 B 系列产品。如果刚开始只找到了一个经销商，也只能把 A 系列产品给它经销。如果不能马上找到经销 B 系列产品的经销商，则可以让这个经销商"偷偷"地经销 B 系列产品，直到找到经销 B 系列产品的经销商为止。

3．经销区域和渠道

如果厂家希望在每个县城招到一个经销商，而现在的情况是只在所属地区的地级市招到了一个经销商，则在经销合同的区域一栏，也只能把地级市给它，其他县城不能白纸黑字给它。但是，在未招到县城的经销商前，经销商可以"偷偷"地在县城销售，直到招到县城经销商为止。

经销的渠道也是一样的。例如，厂家将渠道分为 KA 渠道、餐饮渠道、酒店渠道、特殊渠道。在规划中，厂家招的经销商要覆盖这 4 个渠道，但不会马上招到所有渠道的经销商。在招到之前，经销 KA 渠道的经销商可以在其他渠道销售，直到招到新的经销商为止。

4．试销期

厂家在与经销商签订合同后，要有一个试销期，一般试销期为 3 个月，即在 3 个月内，经销商要完成双方所约定的回款目标、铺市目标、促销目标等。如果试销期经销商未达到要求，厂家可以解除合同。因此，在合同上要注明："如乙方（经销商）在试销期未完成双方所约定的事项，则甲方（厂家）有权取消经销合同或缩小乙方的经销区域、产品系列。"

5. 月度销售目标

最好在合同上注明每个月的销售目标，以便给经销商压力，对于经销商连续几个月没有完成销售目标的，厂家要能够随时进行调整。因此，在合同上要注明："如乙方（经销商）在合同期内连续3个月或累计4个月未完成双方所约定的月度销售目标，则甲方（厂家）有权取消经销合同或缩小乙方的经销区域、产品系列。"

6. 其他

如果厂家对于经销商的铺市、促销、销量等有其他要求，也可以采用以上方式在合同上注明，以便厂家拥有话语权。

8.5.2 《产品经销合同》样本

产品经销合同

甲方：　　　　　　　　　　　乙方：

鉴于双方在平等自愿的基础上就甲方委托乙方作为上述产品的____地区经销商事宜，特订立协议如下。

第一条　定义

1．产品。本协议中所称"产品"，系指____系列产品。

2．地区。本协议中所称"地区"，系指____双方经书面同意的授权地区。

3．商标和专名。本协议中所称"商标"和"专名"，系分别指____（商标的全称和专名的全称）。指定产品的中文名称：____（暂定名，乙方将可能在此产品的整体策划中，给予其名称全新策划）。

第二条　经销权

甲方兹给予乙方以"商标"和"专名"向"地区"内经销商总经销"产品"的权利。

第三条　专营权

1．交易。甲方不得再将产品出售、让与或以其他方式使"地区"内乙方以外的任何个人、公司或其他主体取得。

2．委托。甲方不得委托"地区"内乙方以外的其他个人、公司或其他主体作为其经销商，以进口和销售"产品"。

3．询购。甲方收到"地区"内任何经销商有关"产品"的询购，均应交给乙方。

4．再进口。甲方应采取适当措施防止他人在"地区"内出售"产品"，并不得将"产品"卖给甲方知道的或有理由相信拟在"地区"内再进口或出售"产品"

的第三者。

第四条 价格、条件

一、价格

1. 甲方给予乙方的价格和条件，应随时由甲方和乙方商定。价格和条件的确定应考虑到正常贸易惯例及经常存在的市场竞争情况，使双方从销售中获得相应利润。

2. 甲方给予乙方一个较稳定的市场价格。如有变动，只能采用每年年初发给年度价格表的形式。

3. 如有价格变动，甲方应在改变价格和折扣的30天前书面通知乙方，所有改变价格期限之前双方签订的合同一律保持原价，并按正常交货期交货。

4. 乙方所享受的代理折扣由双方另行商定，但甲方应当保证乙方获得不低于____的折扣。

二、单独合同

在每次具体购买产品时，双方应签订单独合同。

三、最惠条款

甲方声明，本协议中各条款是甲方现在给予经销商和制造商最优惠的条款，今后甲方向任何其他经销商或制造商销售"产品"时提供比本协议更有利于买方的条件时，甲方应立即以书面形式通知乙方，并向乙方提供此项更有利的条件。

第五条 甲方的责任

甲方同意在下列方面承担责任。

1. 承诺并保证作为产品的中国总代理完全有资格与乙方签订本协议。

2. 自费提供样品和一切可以供应的广告资料。

3. 提供现行的国内价目表，并将价目表内任何预期的变更迅速通知乙方。

4. 向乙方免费提供一定数量的产品资料。大批量的资料在必要的情况下可由乙方申请、甲方提供。

5. 及时向乙方提供其产品在国际市场上最新的行业动态信息，经常提供有利于推销产品的意见，以便乙方能采取多元化的市场推广策略和销售方式。

6. 对乙方的工程师提供全面的技术培训，并提供足够的技术支持。

7. 对乙方售出的产品，凡属于产品质量问题引起的损失，均由甲方承担责任或给予免费更换。

第六条 乙方的责任

1. 为在"地区"内推销"产品"并为经销商服务，应自费提供和保持一个有经营能力的机构，并尽一切努力争取达到有利于甲方利用"地区"内各种销售机会而制定的销售指标。

2．乙方应根据需要在"地区"内发展区域性代理商和分销商。签订合同和管理将由乙方独立负责。

3．乙方将配备足够多的销售工程师和技术工程师来满足市场销售的需求。他们会全面了解系列产品的特性及用途，并能够承担培训、现场检测和操作示范等任务。

4．提供给甲方有关销售"产品"的详细报告，以及尽可能多的有关"地区"内各种销售机会和竞争对手推销活动的情报。

5．乙方应尊重和保护甲方的知识产权，并保证不将售出的任何甲方产品复制后用于商业目的。

第七条　双方关系

根据本协议甲方和乙方在协议有效期内的关系仅为卖方和买方的关系。任何一方均无权对第三者代表另一方，或以另一方的名义签订合同。本协议并不产生代理权，如果任何一方以另一方的名义或以另一方代理人的名义行事，致另一方遭受损失的，导致损失的一方应使受害的一方不负担由此产生的费用。双方并未也无意建立任何代理、合伙、合营厂家或雇主和雇员的关系。

第八条　甲方名称等的使用

1．特许。乙方可以为商业上的目的使用"商标"和它们的简称或变称，并标明自己为"地区"内"产品"的经销商。

2．注册。如乙方提出要求，甲方应自费负责为"商标"和"专名"在"地区"内办理申请、正式注册并保持其效力。

第九条　期限、终止

本协议自____年____月____日起生效，有效期为____年，如遇下列情况之一，本协议应终止。

1．任何一方有违背本协议的实质行为，另一方得以书面形式通知该方，叙述此种违约行为，并说明除非该方对此种违约行为按本条规定加以纠正，否则另一方将按照本条规定终止本协议。如该通知发出后 90 天内仍未纠正，则本协议根据这一事实在上述 90 天期终时终止。

2．任何一方根据《中华人民共和国企业破产法》提出或同意提出破产申请，或被裁定破产，或解散，或清理，或对债权人做任何转让，或该方指定了产业管理人或类似人员，则在上述任何情况下，另一方可在任何时候以书面形式通知该方终止本协议。

3．如遇本协议所规定的某种不可抗力事由，以致协议一方在超过____天期限后尚无法履行其义务时，则另一方可在任何时候以书面形式通知其终止本协议。

第十条　解约的影响

凡在本协议终止前双方已发生而尚未了结的任何债务，或在本协议终止前由于一方违约而发生的另一方的损害赔偿请求权，均不受本协议终止的影响。

第十一条　保证

1．标准。甲方向乙方保证，所有"产品"均符合"地区"内的标准，可以出售，并符合销售目的。甲方保证"产品"在原料和制造工艺方面均符合质量标准。

2．免受损失。凡因"产品"被指称质量低劣，或因侵犯专利、商标，或因在"地区"内销售、使用"产品"而引起的其他任何类似的责任事由，甲方应保护乙方，使其不受损失。

3．质量。如乙方发现任何"产品"质量低劣，并将此事实通知甲方，甲方应按乙方提出的要求，立即予以调换或对乙方给予补偿，相关费用由甲方自行负担。对由于上述调换或补偿而引起的损失，乙方不丧失其索赔权。

第十二条　一般条款

1．不可抗力。本协议任何一方如遇到非所能控制的事由，以致直接或间接地造成任何延误或无法履行本协议及(或)各个单独合同的一部分或全部条款时，则在此范围内得以免除其责任。此类事由包括但不限于：水灾、火灾、海啸、地震、意外事故或机械故障、天灾、战争、封锁、禁运、劫持、战争威胁、战争性情况、扣押、暴动、动员、暴乱、非暴力骚乱、革命、制裁、抢劫、罢工、劳动纠纷、工业干扰、动力供应不足、缺乏正常运输工具、金融恐慌、交易所关闭、国有化、禁止进口或出口、拒发政府命令、敌对行动或其他类似或不类似上述原因而非该方或双方所能控制的情形。如由于立法或政府行政命令以致任何一方或双方失去根据本协议应得的利益时，双方应重新审查本协议的条款，以便恢复任何一方或双方根据本协议原已取得的同样的或相应的地位。

关于不可抗力事由的书面通知，应由受影响一方以合理速度送达另一方。

2．转让。本协议任何一方在未征得另一方书面同意之前，不得转让本协议或本协议内规定的任何权利和义务。任何转让在未征得对方明确的书面同意之前，应属无效。

3．商业机密。本协议任何一方均不得在本协议期限内或期满后＿＿＿内，对无论与另一方是否有竞争的任何个人或公司泄露有关另一方业务经营或行情的任何消息或情报。

4．通知。根据本协议规定所发出的任何通知应以中文或英文做成书面文件，并以预付邮资的航空挂号信，按上文载明的地址或本协议任何一方可能按本条规定通知送达的其他地址，送交收件人。任何此种通知应视为在付邮日后第＿＿＿个营业日送达。而此种通知正式付邮的证件，应视为送达此种通知的充分证明。

5．适用法律和贸易条款。本协议的成立、效力、解释和履行，应以＿＿＿国法律为准。本协议内的贸易条件应服从最新修订的条款的规定和解释。

6．仲裁。所有来自本协议或关于本协议，或关于违背本协议的争执或异议，在双方通过善意协商未能达成和解时，应提交＿＿＿仲裁委员会按其仲裁规则进行仲裁，裁决应视为终局裁决，对协议双方均有约束力。

7．可分割性。本协议内各条款应视为可以分割。本协议内任何条款的无效，不应影响本协议其余条款的效力。

8．保留权利。协议任何一方在任何时候不坚持另一方执行本协议的任何条款时，不应视为放弃此条款或放弃以后坚持另一方执行此条款的权利。

9．其他约定。本协议包括双方关于本协议主题的全部协议和谅解，并取代双方以前关于本协议主题以书面或口头提出的任何性质的讨论所达成的一切协议和谅解。除非本协议有明文规定，其他有关本协议主题的任何条件、定义、保证或声明，对双方均无约束力。

关于本协议的任何更正、修改、更换或变更，以书面形式为准，并明确与本协议有关，由协议双方正式授权的人员或代表签署。

本协议一式两份，在本协议所载的日期内由双方正式授权的人员或代表签署。

甲方： 　　　　　　　　　　　　　　　　乙方：

8.6　厂家销售总监工具箱

> 在编制经销合同时，销售总监要掌握以下9大工具。
> （1）经销合同的4大作用。
> （2）经销合同的5大内容。
> （3）经销合同的10大议定条款。

(4)《产品经销合同》中掌控主导权的5大重要事项。
(5)签订经销合同的8大注意事项。
(6)经销合同签订的3个阶段。
(7)制定有话语权的《产品经销合同》的6个方面。
(8)经销合同有效期的截止日期。
(9)《产品经销合同》样本。

第9章　渠道冲突

问题与痛点

1. 销售总监每年制定的销售制度，当在经销商年会上宣布后，立即遭到经销商的反对甚至抗拒，于是销售总监与经销商之间的冲突产生了。这就导致经销商失去对销售总监的信任，销售总监无法正常开展工作。
2. 厂家推出的新产品不适合现有经销商、现有分销渠道，经销商拒绝销售新产品，但厂家强制要求经销商打款进货，于是经销商与市场部之间的冲突产生了。这就导致经销商不相信厂家开发的新产品，怀疑厂家开发新产品的能力。
3. 厂家在未通知经销商的情况下，突然降低产品价格，导致经销商仓库产品价格高，无法清仓，经销商受到经济损失，于是厂家与经销商之间的冲突产生了。这就导致经销商对厂家的严重不信任。
4. 厂家在未与经销商沟通的情况下，新开发了网上渠道，通过电子商务面向全国销售，且价格比实体店低，于是实体店成了样板店，消费者在实体店选择产品，在网上下单购买产品。经销商向消费者提供了服务，而厂家享受了服务的利润，导致线上、线下渠道之间的冲突，经销商纷纷关门离场。
5. 大户经销商享受了厂家给予的极低的折扣，产品纷纷低价窜货到小经销商所在的销售区域，导致小经销商原有的客户认为小经销商赚了他们过多的钱，纷纷要求退货。小经销商欲哭无泪，觉得对不起大家，纷纷关门离场。

> **案例** 汽车厂家与经销商之间的冲突
>
> 汽车经销商认为汽车厂家压货的行为有碍于它们控制成本，而汽车厂家则认为经销商不愿意进更多的货，阻止了它们的销售额及利润的增长。因此，汽车厂家和经销商都觉得对方阻碍了自己的发展，在汽车销量下降时更是如此。于是，汽车厂家与经销商之间的冲突产生了。

9.1 经销商冲突的类型

从冲突的方向来分，冲突可分为横向冲突和纵向冲突。

> **➔ 名词解释：横向冲突**
>
> 横向冲突是指存在于渠道同一层次的各经销商之间的冲突，如总经销商之间的冲突、二级经销商之间的冲突、分销商之间的冲突等。横向冲突当经销商的区域重叠时经常发生。

> **➔ 名词解释：纵向冲突**
>
> 纵向冲突是指同一渠道中不同层次的成员之间的冲突，如厂家与经销商之间的冲突、总经销商与二级经销商之间的冲突、一级经销商与分销商之间的冲突等。

从冲突的影响来分，冲突可分为良性冲突和恶性冲突。

> **➔ 名词解释：良性冲突**
>
> 当冲突能给经销商适当的压力，并能加强渠道中的联合，提高渠道的稳定性，有利于促进厂家目标的实现时，这种冲突称为良性冲突。

> **➔ 名词解释：恶性冲突**
>
> 当渠道相互交叉，导致经销商的资源部分浪费及经销商利用各自的资源来强化冲突而非解决冲突时，这种冲突称为恶性冲突。在这种冲突中，各经销商忘记了销售业绩这个基本目标，让报复、不信任、破坏、低价销售、窜货等危险行为大行其道。

梅明平对厂家销售总监说

销售总监要能够判断经销商冲突的类型，是横向冲突还是纵向冲突，是良性冲突还是恶性冲突，从而决定从何处着手解决冲突。

9.2 经销商冲突的原因

经销商冲突的原因有多种，主要包括资源稀缺、感知差异、决策领域有分歧、目标不一致、信息不对称、角色对立等。

1. 资源稀缺

渠道成员为了实现各自的目标，在一些重要资源的分配上产生了分歧，从而形成冲突。

案例 为争夺零售商产生的冲突

某区域有个新建的大型连锁超市，这种类型的超市是某厂家所生产的产品的主要分销渠道。厂家为了直接掌控这个重要零售渠道，准备与该连锁超市签订直供协议。同时，在该区域该厂家有个经销商也希望向超市供货。在厂家和经销商争夺同一零售商的过程中，冲突就产生了。

2. 感知差异

感知是指人对外部刺激进行选择和解释的过程。然而，感知刺激的方式通常与客观事实有着显著差异。

案例 为宣传材料产生的冲突

某硬木地板厂家印制了自认为精美的四色宣传册用来展示其产品在豪华家居中的作用。这些册子原打算发给光顾地板商店的顾客，向其展示地板的质量、美观度及使用范围，数以千计的宣传册连同要展示的地板送达一个经销商处——一个大型的家具零售中心。可经销商认为是废纸一堆，占用了宝贵的空间，非但没有使用这些册子，反而将大部分册子用于装退货的纸盒包装材料。当地板厂家了解到这种情况后，便与经销商产生了激烈冲突。

3. 决策领域有分歧

不管是以明确的方式还是以含蓄的方式，营销渠道成员都会为自己争取一片独享的决策领域。当触及"谁有权决策，做何决策"的问题时，便会引发冲突。

价格决策是个典型的例子。许多经销商，尤其是大型连锁超市成为经销商时，往往认为价格决策属于它们的决策领域，而有的厂家则认为它们才有定价权。

案例　超市的促销引起的渠道冲突

某大型连锁超市是某食品厂家的经销商，该超市推出了该厂家某种食品的促销活动，其促销价格大大低于该区域的二批商的进货价，导致大批二批商将原来从该市经销商处进的货退回，并从该超市大量购买该食品。最后，这种畅销食品的价格混乱，销量急剧下降，引起厂家与经销商之间的冲突。

4．目标不一致

厂家和经销商都有自己的目标，当这些目标不一致时就会产生冲突。实际上，厂家与经销商的目标经常不一致。

案例　某经销商被厂家警告

衡阳有个经销商，同时经销多种品牌的同类产品。该经销商的目标是增加销量、提高利润，卖出哪个品牌都无所谓。而对于某品牌的厂家来说，自己品牌产品的销量和市场占有率决定其生死存亡，其品牌销售观与经销商有着大壤之别。当该厂家的销售人员发现这个经销商无视其品牌时，立即给予该经销商警告，要求其积极推荐自己品牌的产品，否则将取消其经销商资格。

5．信息不对称

经销商往往出于自身的利益考虑，向厂家反馈一些对自己有利的信息。例如，夸大市场疲软的程度，以掩盖自身在促销不力方面的责任，或者把责任归结为产品质量等。同时，经销商常常抱怨厂家不重视他们的意见，或者不能及时做出反应，不能采取有效的措施。

6．角色对立

角色是对某个岗位的成员的行为所做的一整套规定。应用于营销渠道中，就是任何渠道成员都要完成一系列应该完成的任务。例如，厂家应该向经销商提供广泛的经营协助及促销支持。反之，经销商也应该严格按照厂家的要求——分销区域、分销价格、全品项销售等来经营。如果某方偏离其既定角色，如经销商不按厂家要求的市场指导价格销售，双方的冲突就产生了。

梅明平对厂家销售总监说

销售总监要了解厂家与经销商之间产生冲突的原因，并针对资源稀缺、感知差异、决策领域有分歧、目标不一致、信息不对称、角色对立等原因，找到解决办法，尽量减少渠道冲突。

9.3 渠道冲突与渠道效率

渠道冲突究竟产生了什么影响，关键要看它是否影响了渠道效率。

> **名词解释：渠道效率**
> 渠道效率是指实现分销目标所需资本投入的最优回报率。

在实现分销目标的过程中，投入最优化程度越高效率越高；反之，效率越低。投入包括实现分销目标所需之物。例如，厂家的目标是希望80%的经销商经销其新产品。假设在实现这个目标的过程中，厂家遭到经销商的强烈反对。厂家与经销商之间的冲突产生后，厂家会让其销售人员尽力劝说经销商购买这些新产品。在这个案例中，为实现分销新产品的目标，厂家增加了额外投入（销售人员的时间和精力），这些投入应计入附加成本。厂家若能花较少的精力劝说经销商购买其新产品（且没有增加其他投入），那它就以较少的投入实现了分销目标，也就获得了较高的渠道效率。

渠道效率的概念为厂家提供了评估渠道冲突影响的标准。因此，渠道冲突可以看作能够影响分销目标完成效率的行为范畴。渠道冲突对渠道效率的影响包括3个方面：负面影响、无影响和正面影响。

1. 负面影响——降低效率

图 9-1 所示为渠道冲突如何影响渠道效率的普遍观点。随着渠道冲突的上升，渠道效率会下降，说明渠道效率与渠道冲突成反比关系。

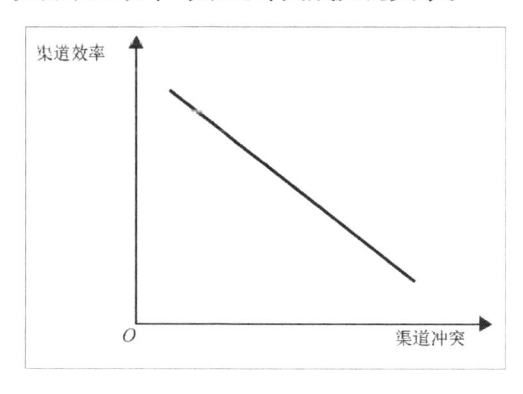

图 9-1 负面影响示意

> **案例** 渠道效率越来越低

一家电经销商同时经销 A、B 两家空调制造商的产品。制造商 A 注意到经销商减少了从它这里的进货，非常担心，决心让经销商的销量重新回到原有水平。

通过谈话，制造商 A 了解到经销商从制造商 B 那里进的货销量很好，因此减少了从制造商 A 这里的进货。制造商 A 听后很气愤，威胁不再向经销商供应利润可观的产品。作为反击，经销商从制造商 A 处进的货更少了，由此产生的局面随双方的僵持不下而愈加恶化。

随着冲突的恶化，制造商 A 的产品在渠道中的销售愈加困难，为恢复到以前的销量，制造商 A 不得不增加新的投入，增加电视广告，利用消费者的需求向经销商施压，希望重新得到经销商的订货。

由此看来，制造商 A 的渠道效率越来越低。

2. 无影响　效率不变

图 9-2 所示为渠道冲突与渠道效率之间的另一种关系。在这种关系中，渠道冲突对渠道效率毫无影响。因此，渠道冲突对实现分销目标所需投入的影响不大。

这种关系存在于成员间依赖性强、忠诚度高的渠道中。换言之，尽管存在渠道冲突，但双方有意识或下意识地察觉到彼此关系的重要性，它们感到为了实现各自的目标确实需要对方，那些渠道冲突不会对其营销效率产生多少影响。

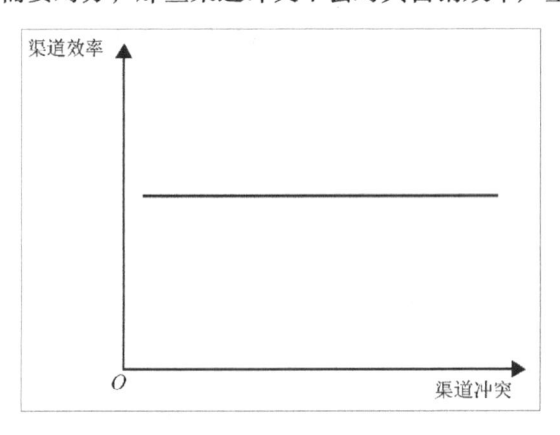

图 9-2　无影响示意

3. 正面影响——提高效率

图 9-3 所示为渠道冲突提高了渠道效率。

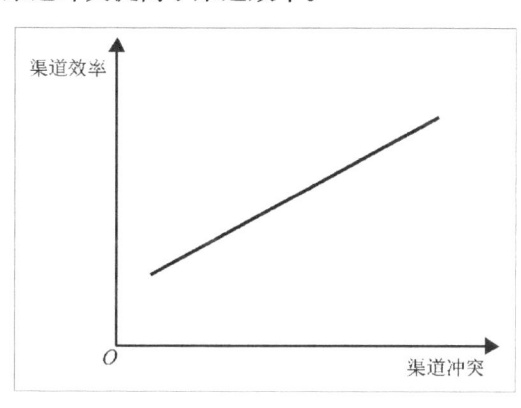

图 9-3 正面影响示意

案例 渠道效率越来越高

经销商发现厂家决定绕过它将产品直接卖给零售商，而此前经销商一直从厂家那里获利丰厚。经销商开始对厂家的做法愤怒不已，由此导致了双方之间的冲突。

然而，冲突促使双方重新评估各自的决策。

经销商消除怒气，专注于自己的业绩，分析自身的不足，发现自己可以做得更好。在这种想法下，经销商认为厂家的做法很有道理，并试图做些改变以提高销售效率。

厂家也重新审视其决策，发现对经销商的支持不够，决定尽力提供更多的帮助，以确保经销商对自己的长期支持。

厂家与经销商对各自的重新评估使完成分销目标所需的投入得到重新分配，而新的分配将建立在各自的比较优势上。重新评估引起的投入再分配使资源合理配置，从而提高了一方或双方的渠道效率。

4. 渠道冲突与渠道效率——一般曲线

综合上述 3 种模型，可以得出一条一般曲线来说明渠道冲突对渠道效率可能产生的影响，如图 9-4 所示。

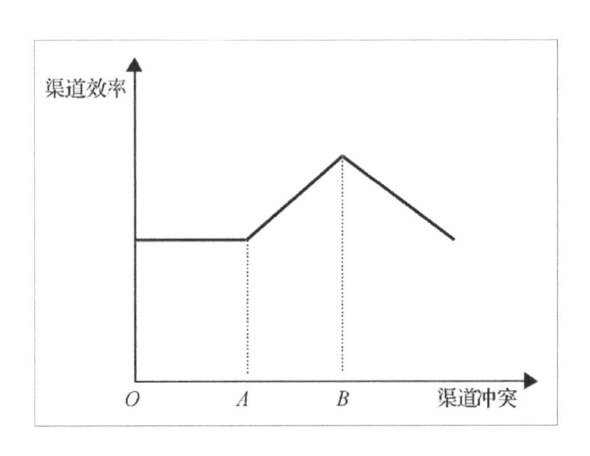

图 9-4　渠道冲突与渠道效率的一般曲线

说明：

OA 表示渠道冲突对渠道效率不产生影响的可承受区域。

在 AB 区域内，渠道冲突对渠道效率产生的是积极影响。

B 的右部区域则表示渠道冲突对渠道效率产生的是消极影响。B 是渠道冲突对渠道效率的积极影响向消极影响过渡的转折点。一旦超过可承受区域，AB 间距越大，渠道效率越高；而一旦超过 B，随着渠道冲突的加剧，渠道效率将降低。

梅明平对厂家销售总监说

渠道冲突会影响渠道效率，销售总监要认真分析每种渠道冲突对渠道效率的影响。对于导致渠道效率越来越低的渠道冲突，销售总监要加强管理，尽快加以解决。

9.4　解决渠道冲突的方法

解决渠道冲突的方法主要包括劝说、谈判、仲裁、法律手段、退出等。

1. 劝说

当经销商之间出现冲突时，厂家利用其权力和领导力劝说经销商并影响经销商的行为。劝说为经销商之间提供了沟通的机会，减少由于职能分工、级别权限及错误信息而引起的冲突，厂家通过劝说去寻找一种能够满足各经销商需求的解决方案。问题的解决是以信任与合作为基础的。

2．谈判

谈判的目的是解决经销商之间的冲突。谈判是经销商之间讨价还价的过程。在这个过程中，经销商会放弃一些要求或措施，从而避免冲突。

3．仲裁

用仲裁来解决问题很普遍，但事实上很难找到一个合适的仲裁人，并且提出一个各方都能接受的方案。因仲裁需要第三方介入，所以找到一个能解决问题的第三方是仲裁的关键。

4．法律手段

经销商之间的冲突有时需要借助法律手段来解决。若使用法律手段来解决经销商之间的冲突，说明厂家的权力和领导力已不起作用，通过劝说、谈判、仲裁都不能解决冲突。

5．退出

当经销商之间的冲突不能调和的时候，厂家只能选择退出，如取消经销商资格，重新选择经销商，这是一种可取且使用较多的方法。厂家退出就意味着中断了与经销商的合作关系。

梅明平对厂家销售总监说

解决渠道冲突有许多方法，如劝说、谈判、仲裁、法律手段、退出等。销售总监要了解每种方法的流程和所带来的后果，尽量通过劝说解决渠道冲突，避免产生后遗症。

9.5 厂家销售总监工具箱

在解决渠道冲突时，销售总监要掌握以下6大工具。

（1）横向冲突和纵向冲突。

（2）良性冲突和恶性冲突。

（3）经销商冲突的6大原因。

（4）渠道效率的概念

（5）渠道冲突与渠道效率的一般曲线。

（6）解决渠道冲突的5种方法。

第 10 章　窜货管理

问题与痛点

1. 经销商陈总按照厂家规定的价格以每箱 125 元向二批商毛总供货，不到两天，不知从哪里来的每箱 85 元的相同产品大量流向陈总的市场，二批商毛总气呼呼地把货退给了陈总，还说再也不到陈总那里进货了，15 年生意上的朋友，就因这次窜货成为生意上的仇人。经销商陈总有错吗？
2. 马总是"窜货大王"，每次窜货后都被厂家处以 5 000～20 000 元的罚款，可马总刚刚交完钱，不到 10 天又窜货了。厂家销售总监已经束手无策了，该罚的已经罚了，怎么就是控制不了马总的窜货问题呢？有什么方法能解决马总的窜货问题吗？
3. 为了解决窜货问题，厂家对每件产品都得做记号——打码。打码看似简单，但给某厂家黄厂长带来了一系列问题：生产成本上升、供货时间延长、生产场地吃紧、发货速度减慢，导致黄厂长头皮发麻，黄厂长对销售总监陈总恨之入骨——搞什么打码？！烦死了。
4. 管理窜货占用了销售总监大部分时间，区域经理也成了"救火队员"，窜货导致产品的市场价格越来越低，经销商利润严重缩水甚至亏损，越来越多的经销商开始抱怨，威胁厂家再不把窜货问题控制好就不干了！
5. 管理窜货是销售总监的基本工作，这一关过不去，这个总监的位置就坐不稳。

10.1 窜货概述

10.1.1 窜货的概念

→ **名词解释：窜货**

窜货又称倒货、冲货、跨区销售，指销售网络中与厂家签订合同的经销商、代理商或分公司，使产品不在合同所规定的销售区域内储存、流通或销售的行为。

10.1.2 窜货的形式

窜货分为两种形式，即直接窜货和间接窜货。

1. 直接窜货

经销商将产品直接销售给非所属区域的批发商或零售商，称为直接窜货。在图 10-1 中，经销商 A 将产品销售给二批商 B 或零售商 B，属于直接窜货。

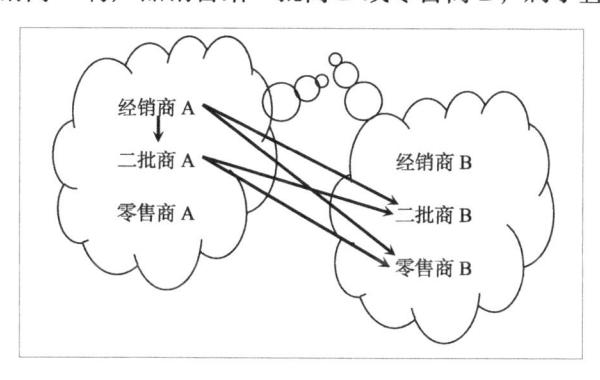

图 10-1 窜货形式

2. 间接窜货

由经销商所属区域的分销商将产品销售给非所属区域的批发商或零售商，属于间接窜货。在图 10-1 中，经销商 A 将产品销售给自己区域内的二批商 A，二批商 A 将产品销售给二批商 B 或零售商 B，这种由分销商导致的窜货属于间接窜货。

☑ **关键点：窜货责任人的认定**

与甲方直接签订合同的经销商，直接或间接窜货，均承担窜货责任，属于窜货责任人。

> ☑ **关联环节：低价销售**
>
> 　　凡是以低于厂家出厂价或不按发出的市场统一批发价出货的，或自行促销导致变相低价的，均属低价销售。低价销售分为直接低价销售和间接低价销售。由经销商直接批发给批发商或零售商，属于直接低价销售；由经销商所属区域的批发商批发给其他批发商或零售商，属于间接低价销售。
>
> 　　与甲方直接签订合同的经销商，在自己区域内发生低价销售或低价窜货，均承担责任，属于低价销售责任人。

10.1.3　窜货的性质

　　根据窜货的目的及影响不同，窜货可以分为恶意窜货、良性窜货和自然性窜货。

1．恶意窜货

　　经销商为获取非正常利润，蓄意向自己辖区以外的市场倾销产品，造成恶意窜货。经销商恶意窜货最常用的方法是降价销售。恶意窜货给厂家带来的危害是巨大的，它会扰乱厂家整个销售网络的价格体系，易引发价格战，降低通路利润，还会使经销商对产品失去信心，丧失积极性，最终放弃经销该厂家的产品。混乱的价格将导致厂家的产品、品牌失去经销商的信任与支持。

2．良性窜货

　　厂家在市场开发初期，有意或无意选中了流通性较强的经销商，使其产品流向非重要经营区域或空白市场，造成良性窜货。在市场开发初期，良性窜货对厂家是有好处的。一方面，厂家在空白市场上无须投入即提高了产品知名度；另一方面，厂家不仅可以增加销量，还可以节省运输成本。只是在具体操作中，厂家应注意，由于由此而形成的空白市场上的通路价格体系处于自然形态，所以厂家在重点经营该市场区域时应对其进行再整合。

3．自然性窜货

　　经销商在获取正常利润的同时，无意中向自己辖区以外的市场倾销产品，造成自然性窜货。这种窜货在市场上是不可避免的，只要有市场的分割就会有此类窜货。它主要表现为在相邻辖区的边界互相窜货，或在流通型市场上产品随物流走向其他地区。这种形式的窜货，如果产品量大，该区域的通路价格体系就会受到影响，从而使通路的利润下降，影响二批商的积极性，严重时可发展为二批商之间的恶性窜货。

10.1.4 窜货的诱因

> 窜货的诱因多种多样,但"利"字贯穿了全过程。经销商、二批商作为独立的经济实体,为了追求各自利益的最大化,往往置渠道其他成员的利益于不顾,导致窜货问题层出不穷。

窜货的诱因多种多样,但"利"字贯穿了全过程。经销商、二批商作为独立的经济实体,为了追求各自利益的最大化,往往置渠道其他成员的利益于不顾,导致窜货问题层出不穷。利益是导致经销商窜货的主要诱因,此外还有以下诱因导致经销商窜货。

1. 销售目标

如果厂家分配给经销商的销售目标太高,经销商为了获得更大的利益,往往不得不铤而走险,通过窜货来完成销售目标。

2. 返利

如果经销商的销售额越高,厂家的返利比率越大,则经销商窜货的动力越强。

3. 经销商种类

流通性经销商比终端性经销商窜货可能性大,资金实力强的经销商比资金实力弱的经销商窜货可能性大,多品种经营的经销商比少品种经营的经销商窜货可能性大,处在大流通批发市场的经销商窜货可能性大,通过二批商销售的经销商比直供终端的经销商窜货可能性大,老经销商比新经销商窜货可能性大,文化水平低的经销商比文化水平高的经销商窜货可能性大,年龄大的经销商比年龄小的经销商窜货可能性大。

4. 大户政策

为提高销售额,厂家往往采取扶持大户的政策,对销量大的经销商给予特殊优惠,如返利支持、人员支持、促销支持、赠品支持、会议支持等,这样大户经销商就更容易窜货了。

5. 铺底

由于铺底的金额要比返利高得多,所以违规的经销商并不担心厂家给予的处罚。因此,一旦厂家对经销商有铺底策略,对于窜货的经销商进行处罚将会成为一纸空文,没有威慑力。

6. 销售人员

厂家销售人员有时为了自己多拿奖金，不顾厂家的销售制度，鼓动经销商违规操作，向其他地区窜货。

梅明平对厂家销售总监说

销售总监管理窜货要掌握以下几个关键点。

（1）对于责任人的界定。所有的窜货都由与厂家签订协议的经销商负责。至于该经销商是把货给了二批商还是零售商，由此导致的窜货也由经销商负责。这一点销售总监要在经销商大会上说清楚，同时要让区域经理和销售人员都明白。

（2）千万不能让销售人员管理窜货。很多厂家都让销售人员管理窜货，同时对于发生窜货的经销商，销售人员也承担连带责任，这样做的后果是窜货越管越多。

（3）窜货由销售总监负责，但导致窜货最大的诱因——高额的销售目标是由董事会或老板决定的，销售总监束手无策，这就给销售总监出了一道难题：如何在高额销售目标下防止窜货的发生？

以下问题也是导致窜货的诱因，销售总监是可以解决的。

（1）返利。按完成的销售目标100%进行返利，可以减少窜货问题。

（2）大户政策。大户政策往往是老板的想法，销售总监要尽量说服老板取消大户政策。

（3）铺底。销售总监灵活运用铺底策略，对于发生过窜货的经销商，立即取消铺底支持，实行现款现货。

（4）区别对待不同类型的经销商。对于多品牌经营、忠诚度不高的经销商，可以采用限量供货的方法，控制它们窜货。

10.2 打码

经销商识别码按照厂家编制识别码的方法可以分为数字识别码、颜色识别码、规格识别码、文图区分码。

1. 数字识别码

数字识别码是厂家通过对数字进行有规律或没规律的组合编制的经销商识别码。

在表10-1中，某厂家把数字与它在广东省的经销商一一对应，有规律地编制了经销商识别码。

表10-1 某厂家编制的数字识别码

经销商名称	识别码	经销商名称	识别码
番禺××批发部	01	河源××贸易公司	06
湛江××公司	02	江门××贸易商行	07
汕头××经营部	03	阳江××有限公司	08
肇庆××工贸公司	04	茂名××批发部	09
清远××批发部	05	广州××公司	10

在产品的包装上，厂家会打印上这些识别码（如销往汕头的产品包装上会被打上"03"，销往江门的产品包装上则被打上"07"），用来监控产品的流向，防止经销商窜货行为。

2．颜色识别码

颜色识别码指的是厂家对销往不同地区的同种产品，在保持其他标识不变的前提下，采用不同的颜色加以区分。例如，某厂家销往番禺的产品外包装采用红色，销往汕头的产品外包装采用蓝色，如表10-2所示。

表10-2 某厂家编制的颜色识别码

经销商名称	识别码	经销商名称	识别码
番禺××批发部	红色	河源××贸易公司	紫色
湛江××公司	白色	江门××贸易商行	橙色
汕头××经营部	蓝色	阳江××有限公司	黄色
肇庆××工贸公司	黑色	茂名××批发部	绿色
清远××批发部	无色	广州××公司	青色

这种方式的防窜货技术要求低，但窜货成本很高，不易破坏，能够较好地起到防窜货作用。

3．规格识别码

规格识别码指的是厂家对销往不同地区的同种产品，在保持其他标识不变的前提下，采用不同的规格加以区分。例如，销往山东省的产品外包装采用盒装，销往河北省的产品外包装采用单位装；或者销往山东省的产品采用20cm×10cm×5cm规格、内装20袋，销往河北省的产品采用30cm×12cm×8cm规格、内装36袋。

4. 文图区分码

文图区分码是使用文字、字母、图形区分、标明销售区域。

文字标示是在每种产品的外包装上印刷"专供××地区销售"字样，或者标示代理商的名字。倒如，印上"豫"表示销往河南省，"冀"表示销往河北省；"a"代表安徽省，"b"代表北京市；"苹果图案"代表山东省，"香蕉图案"代表广东省，等等。

梅明平对厂家销售总监说

打码是管理窜货的基础，但打码增加了许多生产成本，甚至延迟送货，影响产品销售。

在打码问题上，销售总监了解了4个关键问题，就会大大节约打码成本，提高管理窜货的效率。

第一个关键问题是打随机码还是固定码。随机码主要是发货的时候对箱体进行扫描，与经销商一一对应，不影响生产速度，对发货速度也不会造成太大的影响。但是，随机码发现和确认是否窜货很困难，经销商也不知道哪个编码代表自己。固定码一眼就能够识别，方便管理，但打码很困难，要停止生产换码；送货速度慢，要先订货才能生产；占用生产场地大，一个经销商一种产品一个堆码，如果一个经销商同时订购10种产品，则要10个堆码。因此，销售总监要根据情况选择合适的打码方式。

第二个关键问题是在哪些产品上打码。既有畅销产品，也有销售不好的产品，如果在所有产品上都打码就显得有点浪费。我建议只对容易窜货的产品打码。

第三个关键问题是给哪些经销商打码。例如，某厂家有300个经销商，并不是300个经销商都会窜货，窜货的经销商只是极少数，如果300个经销商全部打码就会造成资源的浪费。因此，我建议只对那些有窜货前科的经销商或有窜货嫌疑的经销商打码。

第四个关键问题是经销商每次进货都打码还是偶尔打码。对于同一个经销商，销售总监要分析有没有必要每次进货都打码，打码的目的是什么，以此做出决定。

10.3 市场督察部

10.3.1 销售人员处理窜货问题的缺陷

（1）容易引起销售人员之间的矛盾。由于窜货会影响被窜货一方销售人员完成销售任务的情况,最终影响其工资、奖金,这会导致双方销售人员之间的矛盾。

（2）容易引起经销商与销售人员之间的矛盾。销售人员对经销商负有管理责任。当经销商发生窜货后,销售人员要对经销商进行处理,导致经销商与销售人员之间产生不愉快甚至矛盾,不利于工作的开展。

（3）销售人员不能集中精力做好销售工作。在处理窜货问题的过程中,销售人员既要调查取证,又要多方沟通与协调,销售人员实际上变成了市场窜货处理员,根本不能集中精力做好销售工作,本末倒置。

（4）销售人员纵容经销商窜货。销售人员为了完成销售任务、获取奖金,可能会铤而走险,鼓励甚至纵容经销商窜货,扰乱市场秩序。

10.3.2 设立市场督察部

市场督察部是厂家为检查销售人员的工作和处理经销商市场违规事件而专门设立的部门。厂家设立市场督察部既便于管理销售人员,让销售人员集中精力做好销售工作,又可以提高处理经销商市场违规事件的速度。

目前,厂家设立市场督察部主要有 3 种方式:一是由总经理直接管理,二是由销售总监直接管理,三是聘请专业公司进行督察。

1. 总经理直接管理

在总经理下面设置市场督察部,由总经理亲自管理。当督察人员发现窜货问题时,直接报告总经理。总经理直接管理市场督察部的组织架构如图 10-2 所示。

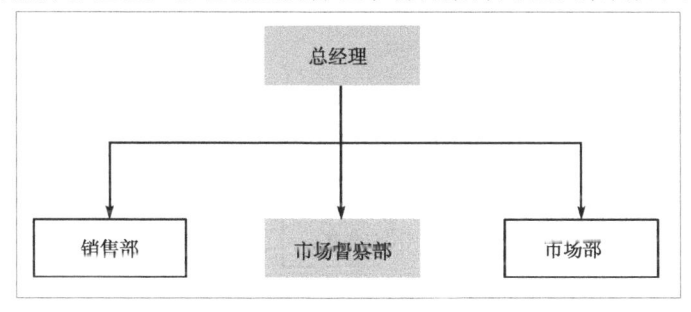

图 10-2　总经理直接管理市场督察部的组织架构

这种组织架构的优点是,可以将市场问题迅速反映上来,可以有效监督销售费用使用效率和销售人员的工作质量。

这种组织架构的缺点是,总经理对市场情况不太熟悉,处理市场问题的时间和精力也相对有限。

2. 销售总监直接管理

如果厂家规模较大，总经理负责面广，可以在销售总监下面设置市场督察部，由销售总监直接管理。销售总监直接管理市场督察部的组织架构如图 10-3 所示。

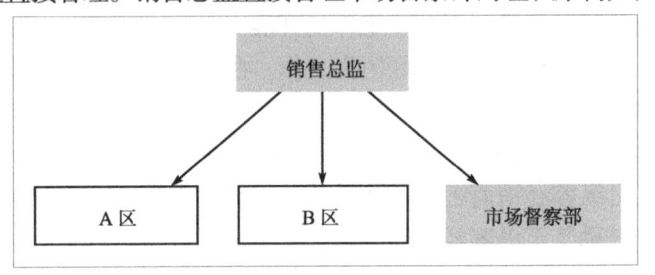

图 10-3　销售总监直接管理市场督察部的组织架构

这种组织架构的优点是，销售总监很容易针对重点灾区进行管理，可以尽快解决市场问题，对销售费用使用的效果也能及时进行评估。

这种组织架构的缺点是，当销售总监与某个经销商或销售人员的关系不错时，有时会碍于情面不能严格按照规章制度执行，影响执行的公平性，违反"公平、公正、公开"的原则。

3. 聘请专业公司进行督察

当厂家规模较大、销售渠道很广时，可以考虑聘请外面专业的公司进行督察。聘用专业公司进行督察的组织架构如图 10-4 所示。

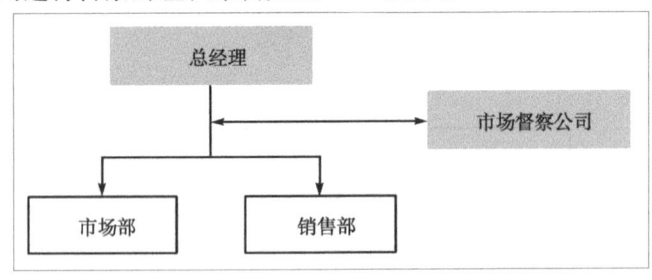

图 10-4　聘用专业公司进行督察的组织架构

不同于前面两种方式，厂家聘请专业公司进行督察既可以减轻总经理和销售总监的负担，又可以避免销售总监不严格按照制度执行的缺点，并且是专人专事，针对性强，反应速度快。其缺点在于费用较高。

厂家建立市场督察部除了便于窜货的管理，还便于厂家建设健康、稳定的市场渠道。

10.3.3 市场督察部的职责

市场督察部的职责就是经常检查、巡视各地市场，及时发现问题并会同厂家各相关部门解决问题。当市场上出现窜货问题后，市场督察部成员将会按照处理程序"公平、公正、公开"地进行处理。在处理窜货问题时，可能出现以下两种情况。

1. 经销商投诉

当市场上出现窜货问题后，受害经销商按照程序进行投诉，填写《窜货投诉状》，将《窜货投诉状》传真给市场督察部，市场督察部将派专人处理。

2. 现场处理

市场督察部在市场上巡视时，发现窜货问题后，将立即按窜货处理程序对窜货方进行处理。

梅明平对厂家销售总监说

大部分厂家都由销售总监负责管理窜货，而销售总监往往会让区域经理和销售人员负责，这就是窜货越管越多的原因。为什么呢？因为除了销售总监，经销商与区域经理、销售人员是利益共同体，经销商完成任务了，区域经理就完成任务了，销售人员就完成任务了，但是销售总监的任务没有完成。有时候，销售人员为了完成任务，会私下鼓励经销商窜货。销售人员对经销商的窜货睁一只眼闭一只眼，这能管理窜货吗？

从另一个角度讲，如果经销商李总窜货了，被负责他的销售人员张波发现了，张波能把李总窜货的事告诉厂家吗？如果张波告诉厂家了，厂家处罚了李总，接下来张波与李总如何相处呢？李总会支持张波的工作吗？张波能对李总提要求吗？

因此，销售总监一定要弄清楚，窜货对区域经理和销售人员来说是有人欢喜有人忧，因为他们都只面向局部市场。但对于销售总监来说，则只有忧没有欢喜，因为销售总监是面向整个市场的。

为了有效管理窜货，销售总监可以从现有的销售人员中抽出一两个人专职管理窜货，让销售人员和区域经理从"救火"中解放出来。

10.4　处罚标准

根据处罚的参考要素不同，窜货处罚标准通常分为以下两种类型。

1. 按窜货数量处罚

如果窜货的数量很容易认定，则按窜货数量处罚最有效、最公平，但在实际操作过程中，窜货数量的认定往往比较困难。

累积递进式处罚被许多厂家所采用，具体的操作方法是随着数量的增多，处罚的力度加大。例如，窜货 100 件以下，处罚 1 000 元；窜货 100～500 件，处罚 5 000 元；窜货 500～1 000 件，处罚 10 000 元；窜货 10 000 件以上，取消经销权。

2. 按窜货次数处罚

根据窜货次数的不同，制定不同的处罚标准，累积递进直至解除合同。这种方法最大的好处是容易收集证据、处理简单、参考标准易于设定、执行力强，因此非常适合证据难以收集的行业。

梅明平对厂家销售总监说

收集窜货证据是管理窜货最难的环节，可以交给经销商去做，谁投诉谁就负责收集证据。

究竟是按窜货数量还是按窜货次数处罚经销商，不是窜货管理的重点，重点是让所有的经销商知道，厂家有没有管理窜货，有没有对窜货的经销商进行处罚。至于是按窜货数量还是按窜货次数根本不是重点，销售总监选择比较简单的方法就可以了。

10.5　市场秩序管理公约

《市场秩序管理公约》的内容通常包括以下 4 个方面。

（1）窜货界定。明确界定窜货，使执行者能轻松确定是否为窜货行为，该不该按照该公约的处罚标准进行处理。

（2）窜货责任人。窜货责任人主要指窜货的经销商和一些连带责任人，如销售人员、销售经理等。

（3）窜货处罚标准。按照厂家制定的标准进行确认。

（4）经销商确认。该公约一定要在事前得到经销商的认可，这样在以后的执行过程中才能被经销商肯定和遵守。

梅明平对厂家销售总监说

销售总监可能认为，只要厂家制定处罚制度就行了，没有必要让经销商签订什么公约。

如果厂家按处罚制度直接处罚经销商不是不可以，而是缺乏宣传和让经销商自律的环节。

厂家让经销商签订公约，本身就是一个大范围的宣传过程，这是在告知经销商厂家要下决心管理窜货了，让经销商对厂家有信心、有期待。

厂家让经销商签订公约，也是让经销商自律的过程，通过白纸黑字让经销商自己承诺，违反了就要罚，提高威慑力。

10.6 实战演练

10.6.1 好佳公司《市场秩序管理公约》

市场秩序管理公约

按照年度《经销商协议书》，本着"确保经销商利益，加大市场管理力度，维护市场流通秩序，提高品牌形象"的原则，好佳公司特制定本公约，作为年度《经销商协议书》的附件。

一、总则

1．经销商同意好佳公司对市场违规行为的以下处理标准：自愿接受行会会长的协调、处理、管理和监督；自愿接受公司督察的监督和处理；同意"如协调不成，在出现违规行为的2日内，收购窜货产品，提出投诉申请，填写《窜货投诉状》"；如出现违规行为，同意按市场收购价格，在通知后的2日内，从被窜货经销商处回购所窜货的产品，或补偿差价，并在违规事件处理完毕之前，接受公司的停货处理；接受公司"对所有违规行为均全省通告"的规定。

2．下列内容的任何变动或修改以公司的正式书面通知为准，任何口头承诺均不产生任何效力。

3．经销商同意及确认公司对下列内容具有最终解释权。

4．本公约为《经销商协议书》的附件，与《经销商协议书》具有同等法律效力。

二、市场管理处罚规定

对于违反市场管理规定的经销商,除了扣发"市场管理奖励",还必须按市场管理处罚规定进行处理。

1．处罚方:公司市场督察部。

2．违规案件来源:经销商的投诉状,督察巡访。

3．低价销售的认定。

(1)价格:低于公司出厂价。

(2)责任:违规经销商、违规经销商所属行会会长负完全责任。

4．处罚规定。

(1)凡出现市场违规事件,均全省通告。

(2)每通告一次,处罚内容如下表所示。

成　　员	违规经销商	所属行会会长	销售人员	销售主管
窜货处罚标准	① 取消"市场管理奖励" ② 按每件窜货50元标准处罚	① 会长在经销商投诉状上签字,不予扣罚 ② 凡直接由督察处理的,或拒绝、不在规定时间内在投诉状上签字的,扣罚500元/次	扣罚100元/次	扣罚200元/次
低价销售处罚标准	取消"市场管理奖励"	扣罚500元/次	扣罚100元/次	扣罚200元/次

5．经销商投诉程序。

(1)经销商出现窜货行为后,由行会会长协调处理,在协调不成的情况下,在2日内,由受害经销商收集窜货证据,并填写投诉状。

(2)投诉经销商行会会长在收到投诉状的2日内,签上处理意见,并立即传真给公司督察或另一行会会长。

(3)被投诉经销商行会会长在收到投诉状的2日内,签上处理意见,并立即传真给公司督察。

(4)公司督察在收到投诉状的2日内处理完成,并立即发放窜货裁决书。

(5)窜货方必须在窜货裁决书发出后的2日内,按市场收购价回购窜货产品,或者经双方协商,由窜货方补偿被窜货方回购窜货产品的市场差价。否则,公司将停止供货,直到事件解决为止。(对经销商实施"停止供货和恢复供货"的决定,由公司市场督察以书面形式通知相关部门。)

(6)公司每月将市场违规经销商名单进行全省通告。

6．督察巡访发现违规案件处理程序。

（1）窜货事件处理程序如下。

① 发现窜货行为。

② 收购窜货产品。

③ 在发现窜货行为后的当日内通知窜货经销商，并发放窜货裁决书。

④ 窜货方必须在窜货裁决书发出后的当日，按收购价回购窜货产品，否则公司将停止供货，直到事件解决为止。

⑤ 公司每月对市场违规经销商进行全省通告，并记入市场违规档案。

（2）低价销售处理程序如下。

① 在批发市场上收购低价产品。

② 如属窜货，按窜货程序处理。

③ 如属于区域内经销商的产品，二批商或经销商本人低价销售，则按"低价销售处理标准"进行处罚，并发放低价销售裁决书。

④ 经销商必须在低价销售裁决书发出后的当日，按收购价回购所有低价销售的产品，否则公司将停止供货，直到事件解决为止。

⑤ 公司每月对市场违规经销商进行全省通告，并记入市场违规档案。

经销商确认（签字盖章）：

年　月　日

10.6.2　好佳公司《市场违规处罚条例》

市场违规处罚条例

为了维护全体经销商的利益，维护好佳公司产品的流通秩序，使好佳公司的全体经销商通过经销好佳公司的产品获得稳定的收益，好佳公司特制定本条例，好佳公司的全体经销商须共同遵守执行。对于经销过程中的违规行为，好佳公司将依本条例进行处罚。

一、窜货处罚。

1．窜货的定义。经销商违反与好佳公司所签订的《经销商协议书》的约定，在所指定的经销区域外销售、流通所经销的产品的行为，属于窜货行为。

2．窜货处罚的标准。经销商在所指定的经销区域外销售、流通所经销的产品超过50箱（含50箱）的，好佳公司有权按照本条第三款对其进行处罚。

3．窜货处罚的办法（好佳公司可根据情况同时采取以下办法）。

（1）窜货的经销商扣除2倍窜货数量的1.5%返利。

（2）责令窜货的经销商将窜货的产品无条件收回处理。

（3）停止对窜货的经销商供货。

（4）将窜货的经销商通报全国。

4. 经销商在经销协议期间累计窜货3次或1次窜货在200箱以上的，好佳公司有权单方解除双方所签订的《经销商协议书》。

5. 经销商有义务维护市场秩序及保护自身利益不受侵害，遇到窜货问题应积极举报，并尽最大努力协助好佳公司弄清窜货源头，共同管理市场。

二、低价销售处罚。

1. 低价销售的定义。经销商按照与好佳公司所签订的《经销商协议书》的约定，经销产品的价格低于好佳公司书面发出的协议价格或不时发出的《市场统一批发价》的，属于低价销售行为。

2. 低价销售处罚的办法。经销商有第一次低价销售行为的，须向好佳公司支付200元违约金；有第二次低价销售行为的，须向好佳公司支付500元违约金；有第三次低价销售行为的，须向好佳公司支付1 000元违约金，同时好佳公司有权单方解除双方所签订的《经销商协议书》。

三、凡经销商有窜货或低价销售行为的，好佳公司立即停止对其供货。经销商须立即停止违规行为，并积极采取补救措施。当违规行为处理完毕后，好佳公司恢复供货。

四、好佳公司有权在经销商返利、奖励中扣除违规处罚的违约金，不足部分好佳公司有权在货款中扣除。

五、本条例为《经销商协议书》的附件，与《经销商协议书》具有同等法律效力。

六、经销商同意及确认，好佳公司对本条例具有最终解释权。

经销商确认（签字盖章）：
年　月　日

10.7　厂家销售总监工具箱

在管理窜货时，销售总监要掌握以下9大工具。

（1）直接窜货和间接窜货的概念。

（2）窜货责任人的认定。

（3）引起窜货的6大诱因。

（4）4种经销商识别码。
（5）销售人员处理窜货问题的4大缺陷。
（6）市场督察部的职责。
（7）窜货处罚标准的两大参考要素。
（8）好佳公司《市场秩序管理公约》。
（9）好佳公司《市场违规处罚条例》。

第 11 章　绩效评估

问题与痛点

1. 厂家已经成立 20 多年了，还是那一批老的经销商，几乎没有发展新的经销商。这一批老的经销商除了忠诚度较高，大部分都"小富即安"，没有原来的创业激情，导致厂家的销量不断下滑，老板心急如焚，却苦于没有方法。
2. 大部分经销商都是和厂家一起成长起来的，它们从小做到大，原先都只做一个品牌。现在，这些经销商都有了一定的实力，在做好几个品牌，甚至还有竞品。它们的翅膀硬了，不再听厂家的话了，甚至开始抱怨，有的甚至威胁说不干了！老板越来越郁闷，怎么变成这样了？究竟什么地方出了问题？
3. 经销商在厂家面前越来越"牛"，甚至一些做得比较差的经销商也不分青红皂白地抱怨、指责厂家，导致厂家底气不足，管理越来越难。怎么变成这样了呢？

案例　帮老板打天下的经销商

某厂家自建立以来一直发展得很顺利，尤其刚开始时，总经理庞大兵亲自招聘了一批很优秀的经销商。正是这一批经销商的鼎力相助，才使得厂家能够稳健地发展。

十几年后，厂家的发展速度开始变慢，销售额一直得不到提升。通过分析发现，厂家的经销商网络还是刚开始那几年发展起来的，销售区域还是刚开始发展的那几个区域。十几年来，厂家几乎没有招聘新的经销商，厂家的销量主要靠那几个老的经销商在支撑，结果导致：

- 这些经销商和老板的感情越来越铁；
- 压货、完成销售任务总是这些经销商冲在前面；
- 由于产生了优越感，它们总是不断地找厂家要特殊待遇；
- 厂家对于它们的违规行为睁一只眼闭一只眼；
- 它们对厂家的销售制度指指点点；
- 新的经销商总是发展不起来；
- 销售总监的任职期越来越短，到现在只有3个月。

厂家为什么会出现以上情况呢？我们应该如何规避类似情况的发生呢？

销售总监作为厂家经销商管理的代表，应清醒地认识到评价经销商的重要性。但可悲的是，目前定期对经销商进行评价的厂家少之又少，通过评价对经销商网络质量进行提升的厂家就更少，结果是网络质量越来越差，厂家销量不断下滑，甚至导致厂家一蹶不振！若要改变这些情况，销售总监应该对经销商实施绩效管理，通过绩效考评让经销商知道自己的经营状况，并通过优胜劣汰机制给予经销商销售压力。因此，经销商的绩效评估同厂家内部的员工工作评估一样重要。

11.1 绩效评估的影响因素

保持一个良好的、高绩效的经销商网络是厂家实现营销战略的先决条件。厂家对经销商进行绩效评估的次数和范围取决于以下4个因素。

1. 厂家对经销商的控制程度

厂家对经销商进行绩效评估的广度和深度取决于其对经销商的控制程度。如果厂家对经销商的控制程度较高，如经销商是专销商，则双方关系紧密，厂家可以要求获得经销商的绩效信息，甚至包括财务方面的数据信息。同时，经销商很乐意与厂家配合，接受厂家的指导、评估与监督。如果厂家的产品只占经销商销售额非常小的份额，经销商并没有觉得厂家的产品多么重要，经销商将会很少花时间和精力为厂家提供绩效数据。同时，经销商对厂家的指导和评估也不会很配合。

2. 经销商的相对重要性

在厂家的分销渠道中，如果大部分产品是通过直供的零售商店销售的，而经销商的销售只占很少部分，厂家只需要对经销商做一个大概的评估；如果厂家的产品主要依赖经销商销售，厂家就需要做一个仔细而完整的评估。

3．产品特性

越复杂的产品，评估的范围越广；越简单的产品，评估的范围越窄。例如，对于低值高销量的产品会要求很少的售后服务，厂家在进行绩效评估时以销售数据为基础就足够了；而对一个从事昂贵和复杂机床销售的经销商进行绩效评估时，厂家就必须全方位地对经销商进行评估，如顾客满意度、售后服务水平、销售人员素质等。

4．经销商的数目

采用密集分销的厂家，由于经销商的数量较多，所以绩效评估应以销售数据为主。经销商数量较少的厂家，可以对经销商进行较为全面的评估。

梅明平对厂家销售总监说

中国大部分厂家没有对经销商进行绩效评估，而没有绩效评估的厂家就没有淘汰机制，没有淘汰机制就没有销售压力，没有销售压力就没有销量的持续提升。

厂家管理经销商的能力较弱，一切都是粗放式管理，凭关系、凭亲情、凭感情、凭义气，没有标准、没有考核、没有淘汰、没有压力、没有更新、没有销量……

厂家只有对经销商进行绩效评估，分销渠道才有竞争力，经销商团队才有激情，销量才能持续提升。因此，厂家老板要重视，销售总监要严格实施，厂家才有持续发展的可能。

11.2 绩效评估的步骤

11.2.1 制定绩效评估标准

案例 重型汽车工业中研究经销商绩效所采用的 30 种标准

定量标准	定性标准
① 总的销售金额	① 服务部门
② 总的销售利润	② 保单投诉处理

③ 库存周转率
④ 市场份额
⑤ 客户满意度
⑥ 销售费用
⑦ 投资利润
⑧ 库存费用
⑨ 对顾客服务的总体水平
⑩ 按产品类型的销售数量
⑪ 按产品类型的销售金额
⑫ 每个销售人员的销售金额
⑬ 完成销售目标百分比
⑭ 不同产品类型的利润

③ 各种设备
④ 办公室系统
⑤ 员工激励机制
⑥ 销售区域的覆盖情况
⑦ 销售人员的产品知识
⑧ 销售人员的销售技巧
⑨ 促销计划
⑩ 经营战略
⑪ 顾客投诉数量
⑫ 贷款管理
⑬ 销售预测的准确性
⑭ 销售电话数量
⑮ 现有顾客的电话数
⑯ 产品展示数量

不同行业对经销商有不同的评估标准。厂家在制定对经销商进行绩效评估的标准时，应根据厂家的特点设置科学、公正的经销商评估标准。下面就一般厂家所采用的 6 种标准进行介绍。

1. 销售绩效

在检查经销商的销售数据时，厂家应该对以下两个数据加以区别：① 厂家销售给经销商的销售量；② 经销商销售给顾客的销售量。在可能的情况下，厂家应设法将经销商销售给顾客的销售量的数据收集起来。

无论采用哪种销售数据，厂家应根据以下 3 个要点评估销售绩效。

（1）渠道成员当前销售同历史销售的比较。厂家主要比较两个方面的数据：一是经销商的总体销售额与同期比较是上升还是下降；二是对产品线进行比较，各单项产品的销售额与同期比较是上升还是下降。

（2）经销商与其他经销商的横向比较。经销商之间的横向比较对于经销商的绩效评估至关重要。如果一个厂家 20% 的经销商承担了 80% 的销售额，则说明另外 80% 的经销商的销售绩效处于较低水平。如果厂家对经销商的支持处于同一水平，则会导致居高不下的营销成本。另外，对于销售区域大小相对均衡的经销商来说，通过横向比较更能说明经销商的绩效情况。

> **案例** 经销商销售绩效示例（见表 11-1）

表 11-1　工具和相关设备同期销售额比较

产品名称	第 1 年 5 月销售额	第 2 年 5 月销售额（万元）	同期比较百分比（%）
起重设备	500	600	120
发电机	100	50	50
紧固工具	50	80	160
便携式钻孔机	20	0	0
专用设备	80	120	150
总计	750	850	113

通过表 11-1 中的数据可以看出，该经销商的总体销售额增长了 13%，其中起重设备增长了 20%，紧固工具增长了 60%，专用设备增长了 50%。但是，发电机下降了 50%，便携式钻孔机第 2 年 5 月没有销售额。

（3）经销商的销售额与其销售目标的比较。通过经销商完成销售目标的情况，可以对经销商的销售绩效一目了然。对于根据产品线分解的销售定额，则销售绩效应通过产品种类来检验。当然，如果大多数经销商完成销售目标的比例都很低，则说明销售目标不能反映实际的销售水平。

2. 维持库存

经销商能否维持一个适当的库存水平是厂家评估经销商绩效的另一重要指标。厂家要评价经销商的库存情况，需要了解以下库存信息。

（1）经销商用于产品库存的仓库面积有多大？其中，相对于竞争对手来说，提供了多少货架和面积空间？

（2）经销商的库存量和库存设施如何？

（3）经销商的库存管理和库存簿记制度是否恰当？

（4）原有库存有多少？需要多长时间才能把原有库存销售完？

（5）厂家要求经销商保持合理库存的标准是什么？

（6）按单位和金额计算，库存产品的类别有哪些？

3. 销售能力

虽然厂家通过经销商完成销售目标的情况可以大致了解其销售能力，但如果能够对经销商的销售人员的能力进行评估，则更为全面。销售人员的销售技巧和技能是评判其销售能力的基础。如果经销商的销售人员在销售技巧方面表现出越来越弱的现象，不利的影响会在未来销售绩效的数据中反映出来。

4. 态度

经销商的态度对于影响销售绩效的重要性也许无法用精确的数字反映出来，但把它列入影响绩效的因素来考察确实非常重要，尤其是经销商出现不良绩效之后。为了在经销商的态度影响销售绩效之前降低负面影响，厂家应该独立地依据销售数据评估渠道成员的态度。对于经销商的态度信息，厂家可以通过多种渠道了解，包括利用自己的调研部门、厂家外部的研究机构、经销商顾问委员会，还可以利用自己的销售队伍和对小道消息的非正式反馈来跟踪经销商的态度。

5. 竞争

厂家考察经销商的竞争主要包含两个方面的内容：一是来自同一区域内经销商同行的竞争，二是来自经销商经销的其他产品线的竞争。

在同一区域内厂家对经销商与其他经销商的竞争进行评估有两个目的。第一，有助于改善经销商的销售业绩。因为如果经销商所处的区域的竞争异常激烈，厂家将尽力提供额外支持，以帮助那些面临超乎寻常竞争的经销商。第二，当厂家准备更换现有经销商或将现有区域一分为二时，对经销商进行比较是非常有必要的。

对于经销商经营的其他产品线的竞争，厂家也必须仔细评估。当经销商给予竞争对手的产品更多支持时，这种情况可以从经销商的销售业绩中体现出来。因此，厂家应密切关注经销商注意力的变化，以便采取相应的措施。

6. 发展前景

厂家评估经销商发展前景主要考虑以下问题。

（1）经销商的整体业绩能否达到该区域的一般业务水平？
（2）经销商的员工是否不仅在数量上，还在质量上有所提高？
（3）经销商与厂家销售代表的关系是否有利于区域业务的发展？
（4）经销商过去的销售业绩是否与厂家产品的销售业绩保持同步？
（5）经销商的办公环境、助销设施、仓库等是否有明显的改善？
（6）经销商是否拥有市场扩张的能力？
（7）经销商的中长期计划包含哪些内容？

11.2.2　确定绩效评估方法

厂家制定了经销商绩效评估标准后，必须根据这些标准评估经销商的绩效。经销商绩效评估基本上有以下 3 种方法。

1．对一种或多种标准进行评估

当经销商的数量超过一定值时，如超过 300 个，而且可采用的标准是销售绩效、维持库存及销售能力时，最普遍采用的方法就是对经销商的一种或多种标准进行评估。这种方法的主要优点是既简单又快捷，一旦收集到有关经销商绩效的必要数据，评估即可完成。

案例　采用以下标准对经销商进行评估

销售绩效：总销售量、完成销售计划百分比、市场份额。
维持库存：平均库存保有量、库存周转率、库存占销量的百分比。
销售能力：经销商销售人员总数、分配给厂家的销售人员数。

2．定性评估

由于各种标准是以定性的方式组合起来的，即对每种标准的度量没有明确定出重要性或权重，也就无法计算综合绩效的定量指标，厂家需要根据经验在主观判断的基础上确定各种标准的权重。这种评估方法的优点是简单和灵活，但存在一些问题：由于缺乏正式加权程序，在综合绩效评分上可能出现很大的任意性。

3．定量评估

厂家对某个经销商的定量评估由以下 5 个步骤组成。
（1）决定评估标准。
（2）决定各种标准的权重。
（3）给每种标准打分，分数为 0~100 分。
（4）计算加权分数。
（5）计算综合绩效总分。
厂家对所有经销商的定量评估步骤如下。
（1）计算每个经销商的绩效加权分。
（2）将所有经销商的绩效加权分进行排名。
（3）列出经销商综合绩效加权分值的分布范围。

第 11 章 绩效评估

案例 某厂家对经销商的评估过程

1. 经销商的绩效评估——加权评估法（见表 11-2）。

表 11-2 加权评估法示例

评估标准	权重	评分	加权评分
销售绩效	0.50	80	40
维持库存	0.20	60	12
销售能力	0.15	80	12
态度	0.10	60	6
发展前景	0.05	60	3
合计	1.00	—	73

2. 经销商绩效加权分排行（见表 11-3）。

表 11-3 经销商绩效加权分排行

经销商	绩效加权分数	名次
A	93	1
B	87	2
C	83	3
D	80	4
E	78	5
F	73	6
G	70	7
H	68	8
I	60	9
J	50	10

3. 厂家 300 个经销商绩效加权分值的分布（见表 11-4）。

表 11-4 厂家经销商绩效加权分值的分布

绩效加权分值范围	经销商数量（个）
90～100	20
80～89	100
70～79	120
60～69	35

续表

绩效加权分值范围	经销商数量（个）
60以下	25

这种方法的主要优点是对各种标准给予了明确的权重，并且可以得出综合绩效的定量指标。厂家通过计算每个经销商绩效加权分值，可以对经销商进行排名，并确定分值的分布范围。

11.2.3 提出整改建议

在对经销商进行绩效评估之后，厂家就应该对达不到最低绩效标准的经销商提出改进措施，以便它们提高绩效。终止与这些经销商的合同是最后一招。

对于绩效差的经销商，厂家应该通过对经销商的需求和问题的分析，找出它们绩效差的原因。经销商绩效差的原因有多种，既有厂家对经销商管理的问题，也有经销商自己的问题。

（1）如果是厂家对经销商的支持不够，厂家应该采取措施，加大对经销商的支持力度。这些支持包括：① 费用支持，如进入大型卖场的进场费、条码费等；② 促销支持，由于经销商所处的商业环境较为特殊，必须经常开展促销活动才能促进销售；③ 人员支持，由于经销商没有足够的销售人员，以致影响了厂家产品的销售；④ 助销工具支持，如帮助某些经销商购买运输工具，以扩大分销区域。

（2）如果是经销商自己的问题，厂家要通过认真分析采取相应的对策：① 如果是合作态度问题，厂家就要改变经销商的态度；② 如果厂家的销售只占经销商的极少部分，厂家要尽量扩大销售份额；③ 如果是经销商销售能力的问题，厂家应加强对经销商及其所属销售人员的培训；④ 如果经销商的营销观念与厂家的营销观念不符，厂家应尽量改变经销商的营销观念。

厂家通过制定明确的整改方案，让经销商知道厂家对不同的经销商行为有明确的处理方法；厂家通过定期（一般为一年一次）的实际整改，提升整个渠道的效率，规范渠道成员的行为，树立正气，打击歪风邪气等，达到逐步提升销量、可持续发展的目的。只有在万不得已的情况下，厂家才能考虑更换经销商，因为更换经销商所带来的负面影响有时会大于更换经销商所带来的正面影响。

第 11 章　绩效评估

梅明平对厂家销售总监说

绩效评估的关键步骤是整改，厂家整改的目的是给经销商压力，淘汰不合格的经销商。

> 因此，销售总监运用绩效评估管理经销商的重要环节是年初的宣传，即在年初的经销商大会上就要把整个绩效评估的管理方法说清楚，让经销商明白做得不好就会被强制性淘汰，在年初就给经销商压力。

每年都淘汰部分不合格的经销商，久而久之，整个经销商团队的素质就会大幅度提升，可以确保厂家的业绩持续提升。

11.3　实战演练

11.3.1　销售总监如何确定经销商的评价标准

销售总监对经销商的评价标准可多可少，可以随时调整，可以定性与定量相结合。具体来讲，有以下指标可以参考。

定量指标：
- 绝对销售额；
- 完成销售目标百分比；
- 绝对销售额与上年同期比；
- 全品项销售额；
- 本厂家销售占经销商销售百分比；
- 窜货等违规行为次数；
- 退货金额占比；
- 费用占比。

定性指标：
- 与厂家的配合程度；

- 当地客户满意度；
- 经销商素质；
- 经销商经营管理能力；
- 经销商在当地的实力。

一般情况下，销售总监考核经销商的指标应遵循从简到繁、从易到难的循序渐进的过程，不要一开始就采用复杂的指标。

11.3.2　销售总监如何处理那些业绩差的经销商

绩效评估的目的是整改，所以销售总监的重要工作是确定整改方案。销售总监对评估后的经销商进行处理，以提升销售网络的质量，使厂家获得可持续发展的动力。这些整改方案包括：

- 终止合约；
- 调整授权区域范围；
- 调整经销产品范围；
- 提供更多的支持；
- 签订定期整改协议；
- 集中培训。

这些整改方案最好能写进经销商的合同中，以便根据合同进行调整。

11.4　厂家销售总监工具箱

在对经销商进行绩效评估时，销售总监要掌握以下9大工具。

（1）经销商绩效评估的4大影响因素。

（2）重型汽车工业中研究经销商绩效所采用的30种标准。

（3）经销商绩效评估的6种标准。

（4）评估经销商的销售绩效的3个要点。

（5）从6个方面了解经销商库存信息。

（6）评估经销商的发展前景的7个问题。

（7）经销商绩效评估的3种方法。

（8）经销商定量评估的5个步骤。

（9）经销商两大整改建议。

第 12 章　经销商培训

问题与痛点

1. 为了找一个好的培训师对经销商进行培训，厂家选择了一位著名高校 EMBA 中心的博士后导师。在课堂上，培训师讲得天花乱坠，经销商在下面有的打电话、有的睡觉、有的玩手机……厂家不解，难道培训师讲得不好吗？不，是培训师选错了！

2. 为了提高经销商的素质，厂家请来了国学大师跟他们讲国学，请来了风水先生跟他们讲风水，请来了成功学老师跟他们讲成功学，请来了养生老师跟他们讲保健……有用吗？有！这些经销商此后开始谈国学、谈风水、谈成功学、谈养生……就是不谈怎么把产品卖出去，不谈怎么把生意做起来，不谈怎么超额完成厂家的销售任务。怎么会这样呢？是培训课程选错了！

3. 经销商出现了很多问题，如忠诚度低、没有激情，厂家希望通过培训提高他们的忠诚度，激发他们的激情，还希望通过培训把订货会的业绩提高 60%。经过多家机构层层筛选，终于选择了一个满意的培训师，但培训的结果怎么样呢？经销商的忠诚度没有改变，激情没有被激发，订货会没有达到预期效果！难道培训师选错了吗？不，培训师没有选错，是厂家的培训要求太高了！

4. 厂家培训经销商，不知道选择哪家培训机构，不知道选择哪个培训师。其实，术业有专攻，新蓝海经销商培训学院是专门帮助厂家培训经销商的机构，不仅有全国经验非常丰富的培训师，还利用新蓝海咨询微信平台（微信号：xinlanhai01），每天推送给经销商最新的营销管理文章，帮助他们做强、做大。

为什么厂家对经销商没有凝聚力？为什么经销商对厂家的制度不理解？为什么经销商对推广新产品没有积极性？为什么经销商的素质参差不齐？为什么经销商的产品销量不断下降？

没有对经销商的培训，厂家就不能获得可持续发展的动力；没有对经销商的培训，厂家就会失去凝聚力；没有对经销商的培训，厂家就不能统一经销商的认知。因此，培训经销商越来越成为厂家管理经销商的重要工作。

厂家的经销商培训工作做得好不好，主要责任在于销售总监。但是，大多数厂家没有把培训经销商的权力交给销售总监，而是由董事长、总经理、人事部或市场部决定，无论是培训内容的确定，还是从外面聘请培训师，都由他们一手操办。这样的培训抓不住重点，培训效果可想而知。

12.1 确定经销商培训内容

12.1.1 确定经销商培训层次

第一层次：基础培训

培训目的：主要是让经销商对厂家有较深刻的了解，并通过对厂家的了解增强对厂家的认识，使经销商下定从一而终的决心。

培训内容：通过厂家介绍使经销商认同厂家的文化；通过产品介绍使经销商了解产品在市场上的竞争优势和发展前景；通过销售制度的介绍使经销商了解厂家对经销商的管理制度，增强经销商经销产品的信心。

第二层次：技能培训

培训目的：通过技能培训让经销商快速掌握销售技能，提升销售额。

培训内容：销售技巧、员工管理、业务知识（库存、报表、仓储、财务、信息）、谈判技巧、终端管理、公司化运作等。

第三层次：战略培训

培训目的：与厂家建立长久合作的伙伴关系，打造经销商的竞争优势。

培训内容：通过引导经销商进行合理的经营定位，让经销商心无旁骛、一心一意地成为厂家的专销商；通过引导经销商确定自己的愿景，让经销商带着激情从事经销工作。

12.1.2　确定经销商培训形式

经销商培训形式主要包括以下几种。

（1）集中培训。厂家主要在经销商年会、订货会上对经销商进行全方位的培训。

（2）在线培训。厂家利用互联网对经销商进行培训，培训内容包括产品信息、技术知识、销售方案、常见问题等，如惠普"HP-FIRST"互动在线培训。

（3）上门培训。厂家上门对经销商进行技术培训、市场营销方法培训，如LG定期到地市级经销商处进行上门培训。

（4）出国深造。对核心经销商进行深度培训，打造厂家的核心渠道成员，如美的选取上百位经销商到新加坡读MBA。

（5）交流会。厂家组织各地经销商活动，以经验交流的方式进行培训，如山东九阳小家电采用这种形式培训。

（6）销售地区报告会。区域经理就区域市场出现的问题、市场新动态、厂家新制度、经销心态等召集本区域的经销商举行报告会，如飞利浦照明要求区域经理经常举行报告会。

（7）样板市场参观。厂家组织经销商到优秀的经销商所在的区域参观学习，听取优秀经销商及其员工的经验介绍，让样板起到带头作用，如今晨牙刷组织经销商到重庆经销商处参观学习终端的操作技巧。

（8）资料培训。厂家要编制《经销商工作指南》《营销知识与技巧手册》《综合知识与管理技巧手册》等资料，分发给经销商学习。

（9）专家讲座。厂家聘请相关专家或培训师对经销商进行培训，如上汽大众新疆区聘请教授、营销专家、培训界名人演讲。

（10）培训学院。厂家成立自己的经销商培训学院，对经销商进行系统培训，如摩托罗拉中国客户明星学院、惠普经销商大学、大联想学院等。

12.1.3　确定经销商培训师

培训师来自两个方面，一个是内部，另一个是外部。

1．内部培训师

内部培训师来自厂家内部，有可能是在职员工或管理者，也可能是厂家的专职讲师。厂家可安排以下人员对经销商进行培训。

（1）营销部经理。可对产品知识、行业知识和厂家文化进行培训。

（2）销售部经理。可对销售技巧、销售策略、销售问题进行解答。

（3）财务部经理。可对财务管理、报表管理、对账单的对账等进行培训。

（4）法律顾问。可对经销的法律知识、合同方面的知识进行讲解。

2．外部培训师

厂家可以从外部寻找专业培训师对经销商进行培训，主要有以下人员。

（1）行业专家。例如，从行业协会聘请行业专家对行业现状进行分析，并向经销商讲述行业的发展趋势及机会。

（2）销售类培训师。聘请销售类培训师向经销商讲解销售知识、销售技巧、销售队伍管理、公司化运作、终端管理、谈判技巧等内容。

（3）管理类培训师。聘请管理类培训师向经销商讲解团队管理、领导力、执行力、战略管理等内容。

梅明平对厂家销售总监说

厂家选择培训师是提高经销商培训效果的关键。经销商有其特殊性：

- 素质参差不齐，大部分是夫妻店，起点低；
- 年龄偏大，40岁以上居多；
- 有点收入；
- 大多数是老板。

基于以上特征，厂家要找一位让经销商满意的培训师确实有些困难，至少要满足以下几点要求。

- 培训师的年龄不能太小，最好在40岁以上，因为大多数经销商40多岁。
- 培训师要有一定名气和背景，因为经销商是老板，要"门当户对"。
- 培训师讲的话要通俗易懂，没有一定功底的培训师很难把知识生活化，所以至少要找有3年以上培训经验的培训师。
- 培训师讲的内容要能够学以致用，要找有成功实战经验的培训师。没有成功实战经验的培训师，只会让经销商上课时激动、下课后心动、回去以后一动不动。

我就是一位对经销商培训的专业培训师，已成功为上千家厂家培训10多万名经销商，回头率高达80%，并且都是各行业知名厂家。我认为，对经销商培训不仅要让经销商学到知识，培训师还要幽默、风趣、控场能力强。同时，每场培训要能够帮助经销商归纳总结，让经销商回去后有所行动。

12.2 编写经销商培训资料

厂家要编写经销商培训资料，通过培训教材、光盘、网站等形式发放出去，供经销商自学。经销商培训资料包括以下 7 个方面的内容。

（1）《经销商工作指南》。该资料主要介绍经销商的日常工作，包括订货、付款、退换货规定、返利、渠道建设、团队管理、库存管理、销售管理、厂家各部门的联系方式和负责人等。

（2）《营销知识与技巧手册》。该资料主要介绍与产品相关的销售技巧，包括 4P 与 4C 理论、品牌知识、市场定位、市场调查等。

（3）《综合知识与管理技巧手册》。该资料主要介绍管理知识，包括授权、公司化运作、组织结构、岗位职责、员工激励与考核，以便经销商能迅速提升管理水平。

（4）《KA 终端销售指引》。该资料主要介绍 KA 相关知识，包括进场流程、各种终端费用、产品陈列标准、产品理货补货、退换货问题、财务结账、退场流程、客情关系指引、促销等。

（5）《终端谈判技巧》。该资料主要介绍终端谈判的相关知识，包括谈判原则、谈判技巧、谈判流程、谈判方案等。

（6）《销售技巧》。该资料主要介绍产品的销售技巧，包括产品知识、行业知识、开场白、探寻需求、异议处理、销售缔结方法等。

（7）厂家文化介绍。该资料主要介绍厂家的使命、愿景和价值观，厂家发展的历史和取得的各种荣誉，厂家的组织架构等。

案例　飞利浦照明对经销商的培训

经历了 100 多年的发展，飞利浦照明已经取得市场的领先地位。为进一步扩大中国市场，追求业务的卓越发展，飞利浦照明把对经销商的培训作为一种长期的营销战略，连续多年在全国各地区进行这项培训，取得了很好的效果。

飞利浦照明认为，衡量经销商的水平，不能仅通过销售业绩来判断，还应该通过专业、产品、服务等综合因素来评估。对经销商的培训是一种市场投资，是争取市场主动权的超前投资。

飞利浦照明在中国分为多个大区，每个区域的培训都有详细的计划，这些培训计划是根据各个区域经销商的需求来制订的。

飞利浦照明的培训主要分为两类：一类是新产品的介绍与应用，针对经销商的业务骨干；另一类是销售技巧的培训，针对经销商的营销人员。

飞利浦照明对经销商的培训主要有 3 种方式，每年有 20 多场培训。第一种是集中培训；第二种是业务经理的现场报告；第三种是发放培训资料给经销商，让他们自学，这些资料有光盘、培训资料汇编等。

梅明平对厂家销售总监说

很少有厂家为经销商编制培训资料。实际上，培训资料为经销商提供的帮助很大，为什么呢？因为厂家编制的培训资料有以下特征：

- 内容能够满足经销商的需求；
- 需要的时候就在身边；
- 保存方便，价格较低；
- 用时翻看效果最好。

我在厂家工作时，就喜欢为经销商编制培训资料。另外，为厂家做咨询时，我也会为厂家的经销商编制培训资料。

12.3　实战演练

培训主题

经销商经营管理实战训练

培训背景

经销商处于渠道链的前沿，它们希望自己与厂家共赢并获得成长，但它们常常面临很多痛点，比如：

销售业绩增长缓慢，甚至下降；经营利润越来越低，甚至亏本；新员工招不到，老员工留不住；老渠道没销量，新渠道不会做；产品积压严重，临期品太多；新产品卖不动，总嫌价格高；员工积极性低，团队没活力；客户没有忠诚度，经常流失⋯⋯

本次培训有利于经销商经营水平的不断提升，详细介绍提升要点、成长路径和方法工具。

培训收益

1. 掌握较全面的经营管理知识
2. 实现销售业绩和利润的提升

3. 让员工活力无限、充满激情
4. 老渠道、新渠道同步发展

培训模型

经营管理模型

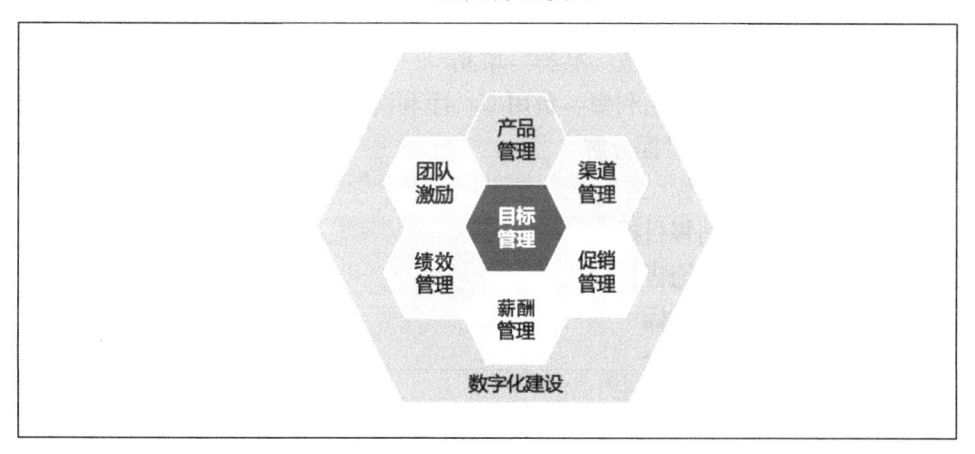

[图：经营管理模型六边形图，中心为"目标管理"，周围为"产品管理"、"渠道管理"、"促销管理"、"薪酬管理"、"绩效管理"、"团队激励"，下方为"数字化建设"]

课程大纲

第一讲 目标制定与管理

本讲要点：确定并分解厂家的年度经营目标、月度经营目标。

一、关于经营目标的核心观点

1. 老板设定目标，目标管理员工
2. 没有目标就没有效益
3. 心往一处想，劲才能往一处使
4. 目标在哪里，结果就在哪里

二、经营目标的分类

1. 销售规模：销售指标
2. 分销密度：客户指标
3. 经营效益：利润指标
4. 客户质量：订单指标
5. 费用控制：费用指标

三、厂家5大核心经营目标

1. 产线目标

2. 网点目标

3. 销量目标

4. 利润目标

5. 收入目标

四、厂家年度经营目标分解

1. 年度销售计划：渠道—品类—单品

2. 年度利润目标：毛利率—费用率—净利润率

五、厂家月度经营目标分解

1. 月度总销售目标

2. 月度分公司销售目标

3. 月度销售渠道销售目标

4. 月度品类销售目标

5. 月度客户销售目标

6. 月度业务员销售目标

第二讲 产品选择与管理

本讲要点：产品选错了，库存堆积如山；产品选对了，财源滚滚来。成也是产品，败也是产品。经销商最关键的决策是选品！

一、确定销售模式

1. 了解3种销售模式

2. 掌握每种销售模式的经营策略

【案例】帮经销商老张确定销售模式

二、明确选品5大原则

1. 名牌原则

2. 占有率原则

3. 销售模式原则

4. 能力匹配原则

5. 推陈出新原则

第三讲 渠道开发与管理

本讲要点：快速掌握5大新零售渠道，实现销量倍增。

一、全渠道详解
1. 互联网前经销商的销售渠道模型
2. 互联网时代线上销售渠道发展时间线
3. 销售渠道结构演变：从单一到系统
4. 经销商全渠道结构模型与剖析
5. 食商 Mall 购物流程图及拆解

二、斯莱沃斯基渠道详解
1. 渠道倍增模式
2. 哪里有需要就把产品铺向哪里
3. 区域天网形成策略
4. 斯莱沃斯基渠道运用案例：可口可乐
5. 斯莱沃斯基渠道的增长成果案例

三、微营销渠道详解
1. 什么是微营销渠道
2. 三级分销逻辑
3. 三级微商结构图与分佣比例

四、社区团购渠道详解
1. 社区团购基本定义
2. 社区团购系统运作流程
3. 社区团购平台的作用
4. 社区团购团长的作用
5. 全国前 5 名社区团购平台列表

五、快闪店渠道详解
1. 零售新业态之快闪店
2. 快闪店的起源与优势
3. 快闪店的发展情况
4. 快闪店的促销现场

第四讲　促销设计与实施

本讲要点：快速掌握设计促销活动的 10 大经典方法。

一、感官触点：体验式营销

二、多品触点：混合包装箱

三、组合触点：进货套餐

四、优劣触点：捆绑

五、额外触点：满加、满减、满送

六、价值触点：买赠

七、计量触点：销量返利

八、时间触点：期限返利

九、价格触点：保价措施

十、激励触点：旅游奖励

第五讲 薪酬制定与实施

本讲要点：业务分红使业务员在销售单价高低、销量的增长方面——和老板一个立场。部门总经理分红方案捆绑部门的销量目标+部门利润目标+该部门的费用——实现老板的事就是员工的事。

一、价值型薪酬体系的构成

二、基本工资

三、特殊奖励

四、利润分红

五、薪酬制定与设计

第六讲 绩效制定与考核

本讲要点：确定业务员规模和业务员工作绩效考核标准。规范业务员的行为，提升业务员的工作效率。

一、客户异动管控

1. 客户分析的二八定律
2. 业绩下滑严重的客户管理策略
3. 业绩排行前 20 名的客户管理策略
4. 问题业务员负责的问题客户管理策略
5. 客户数据分析

二、产品异动管控

1. 产品分析的二八定律
2. 核心产品管控流程
3. 找出核心品类

4. 找出每个核心品类中的核心单品
5. 找出销量表现异常的单品
6. 制定整改方案
7. 产品数据分析

三、区域市场异动管控
1. 销量上升快的区域管控
2. 销量下降快的区域管控
3. 销量与人口失衡区域管控
4. 空白区域开发

第七讲　团队激励与管理

本讲要点：各种竞争大比拼，激发员工潜能，提升团队协作能力，让员工乐在其中，大大提高员工销售的积极性。

一、淘汰机制
二、对赌机制
三、车贷机制
四、旅游机制
五、暴富机制

第八讲　经销商数字化建设

本讲要点：为经销商合理化采购提供数据依据，防止经销商盲目采购造成产品积压，或者采购数量不足造成缺货，影响销售业绩。

一、业务流程数字化
1. 采购管理数字化
2. 销售管理数字化
3. 外勤管理数字化
4. 拣货管理数字化
5. 司机管理数字化
6. 仓库管理数字化
7. 财务管理数字化

二、订货商城移动化
1. 专属商场移动化

2. 营销管理数字化

3. 线上线下一体化

三、管理决策数字化

1. 经营状况数字化

2. 客户分析数字化

3. 职员分析数字化

4. 商品分析数字化

5. 财务分析数字化

6. 管理决策驾驶舱

四、上游下游互联化

1. 联通企业内部

2. 联通上游厂家

3. 联通下游客户

12.4 厂家销售总监工具箱

在培训经销商时，销售总监要掌握以下5大工具。

（1）经销商培训的3个层次。

（2）经销商培训的10种形式。

（3）培训师的两种来源。

（4）经销商培训资料的内容。

（5）《经销商工作指南》的主要内容。

第 13 章　经销商年会

问题与痛点

1. 经销商年会就是喝酒会、感情联络会、打麻将会、旅游会、订货会、表彰会，导致经销商越来越抵制，厂家花了钱但没有任何效果。
2. 经销商年会事先没有组织、没有策划、没有布置、没有准备，匆匆忙忙通知，慌慌张张召开，经销商毫无收获离开。
3. 经销商年会上，人员进进出出，手机响个不停，音响效果差，投影仪不清晰，光线昏暗，会议室破旧，会场温度无法调节，空气混浊，导致经销商中途离场，年会没有开完，人员已经减半。
4. 厂家从外面请了一位 30 多岁的培训师在年会现场对经销商进行培训，培训师情绪昂扬、唾沫横飞，下面鼾声此起彼伏，还不如回宾馆睡觉舒服，导致经销商对年会失去兴趣甚至反感。
5. 经销商年会上没有下一年度的销售竞赛活动，没有下一年度的市场行情分析，没有下一年度的销售支持策略，没有下一年度的广告宣传计划，没有下一年度的新产品推广计划……只有下一年度的任务、任务、任务。如果这样，开年会有何意义？

厂家要想解决这些问题，必须科学地设置经销商年会的内容。经销商年会是一年一度的盛会，厂家要充分利用这个机会展示自身的实力，说明厂家的远景规划，让经销商看到厂家所给予付出努力的经销商的奖励和荣誉，以及新的一年所拥有的希望。经销商年会要实现"让经销商高高兴兴来，让经销商带着激情去"

的目的。

经销商年会是厂家与经销商实现多层面沟通的一种有效方式。经销商参加厂家的年会,首要目的是了解厂家下一年度的销售制度,向厂家咨询更多经营策略,以及学习同业经验。厂家的目的则是提升经销商的忠诚度,促使其进一步加大市场上的投入,更好地实现经营目标。同时,经销商年会还能吸引更多的潜在经销商前来加盟签约,进一步扩张厂家的销售网络。如何召开经销商年会,更好地发挥其情感沟通和信息沟通的桥梁作用,越来越被厂家所重视。

13.1 确定年会的主要内容

厂家要对经销商年会的主要内容进行精心设计,有以激励为主题的,有以培训为主题的,有以沟通为主题的,还有以合作为主题的。根据确定的主题,设计相应的内容和议程,避免面面俱到却没有突出的中心。例如,厂家的目标是主推新产品,那么年会的前期准备、会场的布置(摆放新产品的样品、易拉宝、宣传资料、POP 等),包括组织专场的新产品推介会等,都要围绕着新产品,突出新产品的主题,吸引经销商的注意力。

经销商年会一般有以下主题。

- 年度总结及表彰。
- 签订下年经销商合同。
- 宣布新的经销商管理制度。
- 宣传厂家新的发展措施,如广告计划、新厂房的建设、合作计划等。
- 宣布经销商下一年度销售竞赛计划。
- 让广告代言人与经销商见面。
- 新产品的发布会。
- 订货会。

经销商年会主题要符合当前市场实际需求,应该具有时尚、新颖、独特之处。年会目的与主题息息相关,原则上,年会的目的应该尽量单纯。

梅明平对厂家销售总监说

为了成功召开经销商年会,销售总监要做充分准备。关于年会内容,销售总监不仅要与销售部的上下级沟通,还要与其他部门相关人员沟通,如财务部、物流部、研发部、市场部、后勤部、法务部等,也许他们也想利用这次见面的机会向经销商传达一些注意事项。

我认为，经销商年会非常重要的是给经销商打气，是一个打气会、充气会、充能会。通过经销商年会让经销商充满激情，回去后就努力销售产品，这就是年会的目的。如果达不到这个目的，只是吃喝玩乐，这个年会宁可取消。

因此，经销商年会的内容要围绕给经销商打气这个目标来安排。什么内容能够给经销商打气呢？我认为，主要包含以下4个方面的内容。

- 上一年度出现的问题的解决方案，如产品断货问题、退换货问题、终端垫资款报销问题、区域广告费兑现问题等，这些积压问题如果不处理好，经销商就不会全力以赴投入下一年度的任务中。
- 下一年度厂家新的支持策略，如新产品、广告投放、终端支持、促销支持、人员支持等。这些支持策略能够给经销商带来希望，让它们感觉有强大的后盾在支持它们前进。
- 对上一年度杰出的经销商进行奖励，既热烈又隆重。目的是让经销商知道，下一年度优秀的经销商也会获得这个荣誉，甚至比现在更热烈、更隆重。
- 宣布下一年度经销商的销售竞赛计划，并告诉经销商优胜者将获得什么。例如，优胜者将获得价值30万元的汽车，同时可以带两位家人前往夏威夷旅游。将价值30万元的汽车展示在会场中，同时在大屏幕上播放夏威夷的风景，以激发经销商获胜的欲望。

13.2 确定年会时间

经销商年会要保证重点经销商都能到场，所以时间的选择和事先的充分沟通非常重要。很多厂家会选择在元旦或春节前召开经销商年会，但对于消费品经销商和厂家来讲，元旦和春节是一年中的销售黄金时间，在此之前开年会势必有多人缺席，加之节前厂家准备匆忙，年会信息传递效果会大打折扣，所以厂家可选择产品的销售淡季召开年会，这样既保证了参加会议的经销商人数，又保证了厂家有充裕的时间进行准备工作，使年会收到实效，而不仅仅流于形式。例如，武汉今晨事业有限公司在每年的4月召开经销商年会，因为4月是其产品牙刷的销售淡季。

13.3 选择年会地点

年会地点的选择应根据厂家的实力而定，一般选择的地点如下。

（1）厂家总部。如果厂家总部条件较好，可选择在厂家总部所在地开年会。

这样可以在年会期间安排参会经销商到厂家总部办公楼、荣誉展厅、生产现场等地参观，提升厂家在经销商心目中的形象。

（2）优秀经销商所在地。厂家选择在优秀经销商所在地开年会，参会经销商可以现场观摩、学习交流，同时鼓舞当地经销商。

（3）宾馆酒店。厂家可选择在四星级、五星级酒店开年会，如广州××集团在古镇五星级酒店召开经销商年会。

（4）风景名胜地。经销商在闲暇之余可以欣赏祖国名山大川、人文景观，陶冶情操，提升文化底蕴。但这种形式的年会组织工作难度大、费用高。例如，浙江小家伙食品公司将温州的雁荡山作为年会地点。

13.4　确定参会人员

根据年会性质，厂家可以邀请相应的人员参加。参会人员一般包括以下几类。

（1）经销商。厂家可以根据情况让全体经销商或部分经销商参加年会。

（2）优秀经销商的家人。根据年会性质，厂家可以考虑邀请各区域优秀经销商的家属参加，一来可以提升客情关系，二来可以促进经销商家属对厂家工作的支持。

（3）负责经销商的销售人员。他们负责在年会期间组织经销商，包括到会、签约、进餐及会场纪律的维持等。

（4）销售部的其他人员。他们负责年会的其他工作。

（5）市场部的其他人员。他们负责收集市场信息、产品信息，进行产品展示等。

（6）厂家高层领导等。他们负责致开幕词、颁奖和答疑。

13.5　会议议程策划

1. 领导致开幕词

由厂家最高领导致辞，宣布年会开始。开幕词的主要内容：欢迎大家参加年会；厂家上年工作总结；厂家目前面临的问题；厂家未来的工作重心；厂家未来的发展蓝图。

案例　某公司总经理在经销商年会上的开幕词

大家好！

欢迎经销商朋友参加一年一度的经销商年会。

在大家的共同努力下，公司产品已成为全国知名品牌。在此，我代表公司，向大家表示衷心的感谢！

今年，公司将给予经销商前所未有的大力度支持，拉开第二次飞跃的序幕。同时，为确保经销商的利益，公司制定了一系列管理制度。今天上午，我们将就这些制度与各位进行沟通。

在公司面临快速发展的大好形势下，让我们一起面对新的环境，调整自我、更新布局，以便冲出重围，在公司的发展历史上添上浓重的色彩，画上重重的一笔，让今年成为再次腾飞的起点，让我们成为再创辉煌的英雄！

最后，祝年会圆满成功！

谢谢！

2. 工作回顾

一般由销售总监、市场总监或营销副总做报告。工作回顾是经销商年会常规的内容，主要包括本年度厂家大事、销售目标完成情况总结、市场情况总结（促销、广告、激励、市场管理等）、厂家获得的荣誉。

3. 经验交流

一般由优秀经销商代表发言，内容包括区域市场操作经验、经销商心得体会、优秀零售商卖场管理经验、产品促销的经验等。

4. 下年计划

> 公布下一年度工作计划是较为敏感的话题，关系到经销商未来切身的利益，厂家应尽量提出普遍性计划，避免细节性计划，并强调支持力度。

公布下一年度工作计划是较为敏感的话题，关系到经销商未来切身的利益，厂家应尽量提出普遍性计划，避免细节性计划，并强调支持力度。一般包括下一年度目标、经销商策略、广告投入计划、新产品开发计划、下一年度销售竞赛计划等。

5. 经销商培训

（1）培训时间。一般为半天、1天或2天。

（2）培训师。由厂家人员和外聘培训师相结合。

（3）培训内容。厂家文化、产品知识、行业知识、公司化运作、员工管理、促销技巧、终端开发与管理、品牌建设、政策法规等。

厂家通过培训不仅可以统一经销商的认知，激发经销商的经营热情，还可以进一步提升经销商的管理水平及市场操作技能，增强经销商对厂家的向心力、凝聚力，从而达到厂家和经销商协同发展的战略目标。例如，全球著名的显示器制造商 AOC 冠捷通过培训的形式，不仅解决了经销商所遇到的销售问题，还加深了经销商与平台商之间的关系，并为下一年度的品牌建设、销量增长打下了坚实的基础。

由于经销商的水平参差不齐，各自的发展阶段和所处的经济区域也不尽相同，因此厂家最好能在年会前做一些问卷调查，了解经销商的真实需求，看看经销商是想听一些渠道管理的课程，还是业务管理、财务管理、人力资源管理的课程。根据经销商的普遍需求，聘请相应的培训师，设计相应的课程，只有这样培训才能收到实效。

厂家在选择培训师的时候不一定要聘请大牌培训师，他们很多时候都是讲战略、讲管理这些宏观知识，缺乏对一些市场细节的了解，因此并不一定能够满足经销商的需求。适合的才是最好的，经销商培训邀请的培训师应该是有实际市场操作经验的营销专家，他们有丰富的实战经验，在培训时往往能够将理论与实践紧密结合，从而更具有指导意义，更受经销商的欢迎。

6. 颁奖仪式

对去年的优秀经销商进行奖励，为其颁发奖杯、证书和奖品，从精神和物质上激励他们，同时极大地刺激了其他经销商。颁奖仪式包括节目表演、品牌形象代言人见面、抽奖、颁奖、晚宴等。

在奖品的设置上应避免直接将厂家产品、现金等作为奖励，防止事后影响厂家产品价格体系。可将笔记本、手机等作为奖品，也有很多厂家将旅游作为奖励。对于其他参会的经销商，厂家可赠送一些礼品。

梅明平对厂家销售总监说

经销商年会成不成功，非常重要的是颁奖仪式，颁奖仪式一定要热烈、隆重。颁奖仪式要经过精心策划，最好由专业的会务机构负责。

颁奖最好在晚上进行，因为人在晚上容易激动。

颁奖的同时，最好一边上菜、一边吃喝，还应有酒助兴。

颁奖晚会要安排几个精彩的节目，如年轻人的劲歌劲舞、魔术师的表演、流行歌曲等，使经销商的情绪逐渐高涨。

颁奖晚会要有抽奖活动，以便吸引没有获奖的经销商参与其中。奖品要有吸引力，现场抽奖要和文艺节目、优秀经销商颁奖穿插进行，最后抽大奖、颁大奖，使经销商的情绪达到高潮。

第二天早上，相关人员送上一年度的优秀经销商去机场出国旅游。

案例　某厂家经销商年会议程

会议主题：经销商年会

经销商进场	（8:45—8:55）
一、主持人欢迎和介绍领导、来宾	（9:00—9:10）
二、总经理致辞	（9:10—9:20）
三、市场部经理介绍新产品推广计划	（9:20—10:20）
四、销售总监介绍经销商销售制度	（10:20—11:20）
五、经销商代表分享经销产品的经验	（11:20—11:30）
六、经销商顾问委员会会长介绍经验	（11:30—11:40）
七、新经销商代表谈年会感想	（11:40—11:50）
八、主持人宣布经销商年会结束	（11:50—12:00）
九、经销商吃午餐（三楼国贸厅）	（12:10—13:30）
十、经销商修改《年产品限量分配表》	（13:30—15:30）
十一、经销商顾问委员会会议	（15:30—18:00）
十二、颁奖晚会（三楼国贸厅）	（18:30—20:30）

13.6　发出年会邀请

厂家在向经销商发出邀请时，一定要注意年会邀请函的设计。精心设计的年会邀请函不仅要标明年会时间、用餐地点及时间，还应有详细的年会议程、各个时段的主题和发言人。最为重要的信息是会务组工作人员的联络方式和工作分工，这些信息能大大方便参会者在需要时顺利地找到正确的人。

13.7　年会现场控制

在年会现场布置上，从户外指示牌、横幅、年会主题、签到处、年会代表牌、工作牌、座位牌到会场背景、新产品POP、造型上都需要仔细推敲。形式随意呆板会让会场气氛显得沉闷，导致经销商在大部分时间心不在焉。厂家在提高年会效率、精简年会内容的同时，还可以多多注意年会的形式，比如介绍中穿插笑话、有趣的图片、有趣的小节目、游戏、声光电结合的幻灯片等，让人轻松一刻、会心一笑，调节会场的气氛。

年会的主持人通常挑选嗓音优美、形象气质好的人。每个发言人的发言时间不能过长。年会应该注意增强互动性，进行双向的交流。如果参会人数多，可以考虑除了召开年会，再举行一些分组会议。

13.8　会后评估

厂家要及时向经销商了解年会中讨论的问题和提出的解决方案，检测年会目标是否达成，并针对问题采取行动，同时提出经销商需要在哪些方面予以配合，并给出具体的可落实到行动上的建议。

13.9　年会费用预算

不同类型的经销商年会费用预算不同，年会费用还包括年会期间的旅游和食宿费用。

年会的预算费用应该越周全越好，如会场租金、参会人员的饮食和住宿费用，以及其他的额外费用（原则上占到预算费用的 5%～10%）都应充分考虑。表 13-1 所示为某厂家小型经销商年会预算。

表 13-1　某厂家小型经销商年会预算

名称	明细	金额（元）
会场租金	酒店会议室	800
餐费	27 日晚餐	3 000
	28 日早餐	1 600
	28 日午餐：8 桌×600 元/桌	4 800
住宿费（客户）	18 间×250 元/间	4 500
住宿费（地区经理）	10 间×150 元/间	1 500
其他杂费		1 100
合计（元）		17 300

13.10　准备年会欢迎函

当经销商进入年会的地点后，厂家应准备一份欢迎函。一方面让经销商感受到厂家的热情接待，另一方面对邀请函的内容进行补充，让经销商更加明确年会期间的活动内容及时间安排,以营造一个轻松愉快的年会氛围。欢迎函包括年会期间的安排和议程。

案例　某公司经销商年会欢迎函

欢迎函

各位尊敬的来宾:

您好!

欢迎您参加××公司经销商会议,一路上辛苦了!本次年会时间一共两天,有关安排如下。

日期	时间	事项	地点
12月10日	下午 14:00	报到入住	酒店大堂
12月11日	早上 7:30—8:30	自助早餐	一楼西餐厅
	上午 9:00—12:00	会　　议	酒店三楼2号会议厅
	中午 12:15	中式午餐	二楼兰苑厅
	下午 14:00	会议结束	

年会期间您如果需要帮助,请与我公司张先生或各自销售区域经理联系,如有不当之处,敬请见谅。

注:张先生联系电话　1380××××××××

13.11　厂家销售总监工具箱

在召开一年一度的经销商大会时,销售总监要掌握以下5大工具。

(1)确定年会的主题。

(2)确定年会的时间、地点。

(3)确定年会议程。

(4)年会现场控制注意事项。

(5)年会费用预算。

第3部分 区域经理篇

导读

第 14 章　招商策略

第 15 章　招商标准

第 16 章　开发流程

第 17 章　拜访经销商

第 18 章　激励

第 19 章　压货

第 20 章　促销

第 21 章　终端管理

第 22 章　货款管理

第 23 章　投诉处理

第 24 章　窜货管理

第 25 章　更换经销商

第 26 章　业务员管理

第 27 章　日常工作

梅明平老师受邀为爱思康经销商进行培训

梅明平老师受邀为澳利龙经销商进行培训

梅明平老师受邀为天麦然经销商进行培训，图为与经销商的合影

第 14 章 招商策略

> **问题与痛点**
>
> 1. 谁是区域经理的候选经销商？到一个陌生市场，应该优先拜访谁？若要回答这两个问题，需要了解选择经销商的 3 种策略——分两步走策略、追随策略和逆向拉动策略，不同的策略针对的对象不一样。否则，只会浪费时间，像一只无头苍蝇一样到处乱窜。
> 2. 某小家电区域经理张成要开发市场、寻找经销商，他凭直觉去找经销邦乐电器的经销商加盟，采用追随策略。张成很快开发了 3 个经销商，但半年过去了还没有销量，怎么回事？经了解，邦乐电器的经销商反馈说张成公司的产品质量不错，但竞争对手邦乐产品的返利要高 3 个点，还可以支付 1 个业务员的工资，至此追随策略失败。为什么呢？因为张成不知道采取追随策略的前提。

每个区域的情况不一样，不是所有区域在选择经销商时都采用同一种策略。区域经理要根据自己区域的情况来确定选择经销商的策略。

下面介绍区域经理有效选择经销商的 3 种策略。

14.1 分两步走策略

1. 适用对象

这种策略适用于规模小的厂家或在当地没有知名度的厂家，无论是从实力还是从知名度方面，厂家都不能吸引当地有影响力的经销商。所以，在经销商的选择上，厂家不必恪守"一步到位"的原则，只能采取"分两步走"的策略。

2. 内容

第一步，在经销商选择初期，厂家接受一些低于经销商标准的合作者。

第二步，待时机成熟，产品在市场上逐步树立了畅销品的形象，厂家再逐步淘汰低层次的经销商，选择符合标准的经销商。

案例　食品公司招商策略

某食品公司开发经销商时，由于实力弱，又是新公司，于是采用稳健的分两步走策略，即"一个原则，分两步走"。"一个原则"是要求经销商商业信誉良好，有较强的实力，有一定的销售网络。"分两步走"是指公司规模小时，很多经销商尤其是实力大的经销商不愿加入，因而公司在第一阶段暂时降低选择经销商的标准，选择实力较弱、网络不成熟的经销商来经销产品。经过一段时间的市场推广，在足以引起优秀经销商的兴趣时，公司适时地提高要求。通过绩效评估，淘汰部分不合格的经销商，逐步选择网络更大、实力更强的经销商。这种选择经销商的策略使公司产品在进入市场的第一年就取得了 3.11 亿元的销售额。

梅明平对厂家区域经理说

分两步走策略要慎重使用，因为更换经销商会造成市场混乱，同时区域经理也不太好处理与经销商之间的关系，甚至会对区域经理带来不良影响。

如果产品在经销商的销售中占比较小，是否销售产品对经销商的影响不大，这样的产品可以考虑采用分两步走策略。

14.2　追随策略

1. 适用对象

这种策略适用面广，适用于所有行业。

2. 内容

厂家采用与竞争对手相同的经销商。

3. 优势

（1）更好地满足消费者需求。经销商能够将同类产品聚集起来销售，让消费者有更大的选择余地，更好地满足消费者的需求。同时，为了提高产品在市场上的竞争力，不同厂家必然会通过广告和促销活动进行交锋，而这种交锋必然会使消费者获得更大的利益。

（2）提升品牌形象。厂家通过选择竞争对手的经销商，可以在产品销售过程中紧跟竞争对手，取得"近朱者赤，近墨者黑"的效果，达到提升品牌形象的目的。

（3）获得优秀网络资源。行业中的市场领先者通常也是营销渠道网络的领先者，其经销商必定有着丰富的销售经验和良好的信誉。因此，对于作为市场跟随者的厂家来说，选择同行中的市场领先者的经销商会取得事半功倍的效果。

梅明平对厂家区域经理说

厂家采用追随策略要避免进入经销商的陷阱：经销商与厂家签订了合同，但马上把合同束之高阁，将产品"冷冻"起来，目的是减少竞争对手。

厂家在什么情况下采用追随策略最有效呢？

第一种情况：能够成为经销商的获利产品。经销商通过名牌产品建立销售网络，厂家以名牌产品为诱饵，让经销商主要经销你的产品。

第二种情况：两者比较你的优势大。如果厂家的产品与竞品属于同档次产品，则厂家对经销商的支持、返利等要大于竞品，此时可以采用追随策略。

14.3 逆向拉动策略

1. 适用对象

这种策略是厂家在某区域内招不到经销商的情况下使用的。

2. 内容

逆向拉动策略是销售人员直接进入终端市场，首先建立自己的直供网点，形成区域的销售网络，然后通过网络的优势来吸引经销商，并选择经销商，最后将销售网络交给当地的经销商。

具体来讲，逆向拉动策略是销售人员先向区域内的零售商和消费者经销，当产品达到一定销量时，二级批发商闻风而动，要求经销该产品。当二级批发商的销量达到一定规模时，一级批发商争相要求经销该产品。于是，销售人员在一级批发商之间招标，条件优惠者获得经销权。

梅明平对厂家区域经理说

行业竞争非常激烈，或者在该行业基本上已经很难招到经销商的情况下，厂家可以采用这种策略。这种策略开发经销商的速度很慢，厂家也会承担较大的风险。

14.4 实战演练

14.4.1 选不到好的经销商怎么办

1．撤退

厂家到其他区域去招商，以免浪费时间。

2．倒着做渠道

厂家采用逆向拉动策略，先在终端建立直供网络，再通过直供网络吸引经销商加盟。

3．挖名牌产品的二级批发商

对于一些名牌产品的二级批发商来说，由于没有直接经销厂家的产品，略感不足。因此，有的二级批发商在经销名牌产品的同时，希望能成为一些二流厂家的经销商。

4．找优秀的销售人员

厂家可以找名牌产品的销售人员。由于他们熟悉区域市场，而且素质相对较高，如果他们愿意经销产品，也是一个好的选择。

5．诱导其他行业的经销商转行

例如，厂家诱导销售食品的经销商销售服装，诱导销售电器的经销商销售日化等。

14.4.2 选择经销商的4大误区

1．只选择分销网络分布广的经销商

有的经销商由于经营时间长，分销网络分布广，但这样的经销商太分散，集中程度不高，无法对市场精耕细作。而且，这样的经销商往往属于"窜货大王"，将来的管理难度会很大。

2．只选择规模大的经销商

厂家衡量经销商是否优秀不在于规模，而在于营销模式。只有营销模式先进的经销商才具有发展的潜质，如果营销模式落后，这样的经销商早晚要被淘汰。

3．只选择经验丰富的经销商

厂家选择经销商时不要选择那些自诩经验和经历丰富的，因为有时候经验和经历不仅起不到好的作用，还会成为包袱。任何经验都是在特定的营销环境下形成的，当营销环境发生变化时，这些经验还有价值吗？其实，经销商有没有经验没关系，只要接受厂家的营销思想，愿意接受销售人员的培训就行。那些经验足、资历深的经销商往往抱着过去的经验不放，拒绝接受新的营销思想，不仅对厂家没有帮助，还增加了销售人员管理的难度。

案例

雷州某经销商思想观念老化，不愿意按厂家经营思路精耕细作，结果导致湛江地区连续6个月完不成销售任务，管理该经销商的销售人员也很苦恼。

4．只选择实力强的经销商

经销商有实力不一定有信用，有实力不一定重视厂家产品，有实力不一定会做市场。有些经销商就是凭借实力强大向销售人员要求特殊待遇，或者不接受销售人员的管理，或者不按照厂家的营销思路做市场。因此，过分强调经销商的实力反而可能成为厂家招商的障碍。

14.5 厂家区域经理工具箱

在选择招商策略时，区域经理要掌握以下3大工具。
（1）分两步走策略。
（2）追随策略。
（3）逆向拉动策略。

第 15 章　招商标准

问题与痛点

1. 厂家开发经销商没有明确的标准，只要经销商愿意，厂家就可以与其签订《产品经销合同》，导致开发的经销商整体素质差、销售能力弱，厂家的发展受到严重阻碍。
2. 虽然有招商标准，但区域经理不知道如何判断，招商标准形同虚设，最后还是招来一批能力弱的经销商。
3. 厂家领导要求快速开发市场，要一夜之间遍地开花。区域经理面临巨大的压力，为了完成招商任务，根本无法顾及招商标准，导致许多经销商滥竽充数，不到半年，经销商就"死了"一大半。
4. 招商魔咒：开发越慢，活得越久；开发越快，死得越早。

经销商的选择标准因不同行业、不同区域而不同，大体上包括营销思路、合作意愿、经营态度、经营声誉、信用及财务状况、销售实力、销售状况、经营规模、管理能力、管理权延续、产品线、市场占有率 12 个方面。总体来讲，主要有经营思路、经营实力、管理能力和合作意愿。

15.1　经营思路

思路就是出路。销售人员应选择与厂家经营思路相近的经销商。销售人员要了解经销商的经营思路，可以从以下 4 个方面着手。

1. 对未来的规划

通过对未来有没有明确的规划，可以判断经销商有没有发展后劲。销售人员可以通过以下问题了解经销商对未来的规划。

- 发展目标是什么？
- 5年以后是什么样的？
- 对未来有何计划？
- 有没有参加培训？

2. 经营状况

销售人员通过直接询问可以了解经销商的经营状况。不少经销商仍然是一种原始的经营状况，凭感觉进货、卖货，月底甚至年底盘账。问他各品项每天（甚至每个月）卖多少？各品项的利润率如何？应收账款比例是多少？这半个月盈利了没有？一概不知，这种夫妻店、杂货铺类的经营模式不能被赋予经销商的重任。

3. 市场状况

销售人员通过直接询问可以了解经销商对当地市场的熟悉程度。不妨以谦虚的态度向经销商请教："您好，我不是本地人，刚来这里，想了解一下市场情况，请您多多指教！"有些经销商就会给你讲："我们这儿是个穷地方，便宜的东西最好卖，其他的没什么特点。"也有些经销商可能告诉你，这个市场包含多少市、多少县，总人口多少，城市人口多少，哪个市富，哪个县穷，哪个县是三省交会之地，所以经常出现窜货、假货，但吞吐量很大，以及哪里有大厂家，哪里有批发市场，等等。经销商是否对当地的市场规模、行政区划、基础情况、市场特点有较好的理性认识，标志着其是否有比较清晰的营销理念。

4. 服务态度

销售人员通过直接询问、现场观察、询问店内其他员工和客户等方式，可以了解经销商对送货、铺货的态度，以及对客户的服务程度。销售人员可以在店里逗留一两个小时，观察一下经销商对客户的服务状态：是坐在店里等大户上门提货，小商店打来电话不但不送货还态度蛮横，还是电话接单派人送货；销售代表是放鸽子一样放出去卖货拿业绩提成，还是每人划出具体线路，周期性固定拜访；对客户是仅仅送货，还是提供订货、送货、陈列、理库存、布置广宣品、处理投诉一条龙服务；当你和他谈起经销时，他对你提出的要求是"你要给我赊销"还是"你要来人来车帮我铺货"。对铺货的重视程度、对销售网络的重视程度、对售点的周期性拜访和客户服务程度是一个经销商营销思路的直接反映。如果经销商清楚自己经营的各品项业绩和盈利状况，熟悉当地市场的基本特点，并且积极拜访售点，增强客户服务，强化自己的销售网络，那么营销思路检测这一关就算顺利通过。

梅明平对厂家区域经理说

经销商的经营思路是厂家选择经销商重要的标准。厂家了解经销商的经营思路比较简单的方法就是从以下 3 个维度切入。

第一个维度：了解经销商过去生意上的经历。通过了解经销商的过去，能够很清楚地知道经销商是一个什么样的人，如经销商是不是一个能吃苦的人，有没有毅力，有没有眼光，有没有方法。

第二个维度：了解经销商目前生意上的遗憾。通过了解经销商的遗憾，能够知道经销商有哪些愿望没有实现，判断有没有合作的机会。

第三个维度：了解经销商的愿景。通过了解经销商的愿景，能够知道他是不是一个有抱负的人，是不是一个目标远大的人，假如合作未来有没有很大的发展机会。

15.2　经营实力

厂家在选择经销商时，经营实力是很重要的标准。厂家判断经销商实力的方法有很多，主要可以从资金实力、产品线、市场占有率、知名度、员工的数量和素质 5 个方面进行判断。

1. 资金实力

资金实力是厂家选择经销商的首要条件。厂家应选择资金雄厚、财务状况良好的经销商，因为这样的经销商不仅可以保证及时回款，还可以在财务上向厂家提供一些帮助，如分担一些销售费用、提供部分应付款、向下游客户提供赊销等，从而有助于扩大产品销路。厂家要了解经销商的资金实力，可与经销商闲聊，了解经销商的流动资金和应收账款情况，也可向同行其他经销商询问，向其他厂家业务代表了解。

2. 产品线

从以下 4 个方面考虑经销商经销的系列产品：竞争对手的产品，兼容性产品，互补性产品，产品质量。

销售人员应尽可能避免选取直接经营竞争对手产品的经销商。销售人员应寻找经营兼容性产品的经销商，因其从根本上不对自身产品产生威胁。经营互补性产品的经销商也是目标经销商，因为经销商通过经营这类产品可为消费者提供更好、更全面的服务。在产品质量方面，厂家应选择经营产品质量比自己好，至少不低于自己产品质量的经销商，绝不能把自己的产品同"劣质""没名气"的产品放在一起。

3．市场占有率

销售人员判断经销商是否拥有厂家所期望的那部分市场或称市场占有率需要特别考虑的是，该经销商的市场范围是否太大，以致有可能与其他经销商重叠。简而言之，厂家应坚持"最大占有，最小重合"的原则。

4．知名度

销售人员要了解经销商的知名度，可以走访几十家零售店，并向店主打听："××经销商你们知道吧？你们平时从哪里拿货？"再走访超市、餐饮等了解同样的问题。如果该经销商在各渠道的售点知名度高，而且大多数售点都由它供货，就可以证实它的销售网络比较全面。

5．员工的数量和素质

随着产品技术含量的提高和竞争的加剧，销售人员的专业技术水平和专业推销能力越来越重要。

梅明平对厂家区域经理说

经销商的经营实力并不是越强越好，而是与厂家相匹配最好。厂家了解经销商的经营实力，最重要的是确定与自己的产品是否匹配，如产品线是否互补，销售网络是否相同，有没有资金经营厂家的产品，员工配备是否能够与厂家的要求一致。

15.3 管理能力

厂家销售人员通过直接询问、现场观察等方式，可以大致了解经销商的管理能力，具体应了解以下 3 个方面。

1．物流管理

有无仓库管理员？有无仓库管理制度？有无出库、入库手续？有无库存周报表、报损表、即期/破损/断货警示表等？即期、破损、断货现象是否严重？

2. 财务管理

有无财务制度？有无会计、出纳？有无现金账？有无销售报表？是否执行收支两条线？是否存在"自己的直系亲属，谁用钱谁自己从抽屉里拿"的现象？

3. 人员管理

如果一个经销商把自己的小店都管得一塌糊涂：库存无管理——经常断货；现金无管理——连记流水账和收支两条线都做不到；人员全是亲戚——说是业务员，其实就是送货员，还整天偷懒。这样的管理能力怎能承担起市场开发维护的重任呢？

厂家要了解经销商的人员管理情况，主要了解以下几个方面。

- 是否有业务员？
- 业务员中亲戚所占比例是多少？
- 有无人员管理制度？
- 业务员是否服从管理？
- 有无清晰的岗位职责分配？
- 业务员工作状态如何？是自己去找地方卖货，拿销量提成，还是按规划周期性拜访客户，通过综合指标（铺货率、售点生动化等）综合考评绩效？

梅明平对厂家区域经理说

管理能力是经销商能否做强做大的基础。管理能力包括物流管理、财务管理、人员管理等。

15.4 合作意愿

经销商的合作意愿表现在以下3个方面。

1. 认同产品，重视产品

经销商对产品的重视是其成为该区域经销商的必要条件。因为重视才能产生责任心，而责任心是驱使经销商努力工作的直接动力。销售人员可以直接询问经销商是否对产品有认同感。例如，询问经销商对产品的市场潜力如何看待？预估该产品能够产生多少销售额？

2. 愿望和抱负

经销商销售产品，不仅对厂家、消费者有利，还对经销商有利。分销渠道作为一个整体，每个成员的利益来自成员之间的合作。只有所有成员具有共同愿望、共同抱负，具有合作精神，才能真正建立一个高效运转的分销渠道。销售人员可以通过直接询问的方式来了解经销商是否与厂家有共同的愿望和抱负。例如，询问经销商对将来的发展有何打算？打算搭建什么样的产品结构？希望利润主要来自哪些产品？

3. 热情

经销商对销售人员是否热情接待？销售人员要求经销商热情并不是想吃他请的一顿饭，想抽他敬的一支烟，而是如果经销商真的很想和销售人员合作，自然会热情相待。

梅明平对厂家区域经理说

即使厂家与经销商的条件都很合适，但重要的是双方有没有合作意愿。就像一个美女，许多男人都喜欢，希望与她结婚，但美女不愿意。

以上谈到的标准并非适用于所有厂家的所有情况，但它们指明了厂家选取经销商时需要考虑的主要方面，仍然具有参考价值。每个厂家应该根据自己的目的、方针制定一系列相应的具体标准。

15.5 实战演练

15.5.1 汇泰龙选择经销商的5大标准

汇泰龙在发展过程中逐渐形成了选择经销商的5大标准，这些标准为汇泰龙能够选到优质的经销商安装了"慧眼"。

标准1：经销商要把经销汇泰龙的产品作为自己的主业，如经销商是经销油漆、木地板的，就不符合要求。

标准2：经销商要把经销汇泰龙的产品当作自己的事业来做，经销商要学会经营。

标准3：经销商要全面接受汇泰龙的市场定位、理念和文化，并且针对每个终端销售点制定统一稳定的终端零售价，以确保消费者不会因为在不同的销售点购买同一种产品出现价格差异。

标准 4：汇泰龙要确保经营者本人是投资者，以保证决策者与经营者不造成分离，减少内耗。

标准 5：汇泰龙对经销商资金、团队、店面的要求。

"我一直在朝着一个方向努力，那就是汇泰龙每年以 15%的速度增长，连续增长 15 年。显然，前者很多人都可以做到，但要坚持 15 年就不是那么简单了。"汇泰龙总经理陈鸿填说。

成功的经验往往是相通的，小到五金配件，大到房地产行业。陈鸿填的经验和万通集团董事长冯仑的乌龟生存哲学不谋而合。冯仑认为，乌龟之所以长命百岁，与它的特性有很大关系：其一，乌龟总是紧贴大地，不高高在上，不存在跌落的危险；其二，乌龟有壳，不怕碰撞，可以承受一定的压力，有抗风险的能力；其三，乌龟很稳，很少动，这样能积蓄能量，减少耗费；其四，乌龟是很善良的动物，从不伤害他人。

15.5.2　比尔寻找经销商

比尔是休斯可皮鞋公司（20 世纪 40 年代美国最大的皮鞋制造商之一）的总裁。1934 年，21 岁的比尔创立了休斯可皮鞋公司。

公司成立后，比尔在销售方面采用的是经销商制度，这并不新颖，但他寻找经销商的做法与众不同。

首先，在寻找经销商时，不找有经验的经销商，而是找对各种皮鞋有管理知识的经销商。比尔认为，热忱胜于经验。有经验的经销商不会把他放在眼里，不会卖力帮他推销；相反，那些新人既有知识又有热情，有助于产品推销。

其次，不找规模大的经销商。规模大的经销商重数量、重佣金。由于经销产品的品种太多，对新产品往往不会太上心。

在按既定的原则找到经销商后，比尔坚持对经销商守信用，采用了卓有成效的措施支持经销商，以保持销售体系的稳定。具体措施如下。

- 凡是不好销售或卖不出去的积压产品，公司保证回收。
- 休斯可皮鞋公司将主要精力放在市场调查工作上，尽力将产品做得符合消费者需求，并不时地引导潮流。
- 休斯可皮鞋公司做全国性的广告，帮助各地经销商拓展销路。

休斯可皮鞋公司选择经销商的标准和对经销商的支持措施很适合创业阶段，为其成为美国最大的皮鞋制造商之一打下了良好的基础。

15.6 厂家区域经理工具箱

在确定招商标准时,区域经理要掌握以下4大工具。
(1)了解经销商经营思路的方法。
(2)了解经销商经营实力的方法。
(3)了解经销商管理能力的方法。
(4)了解经销商合作意愿的方法。

第16章 开发流程

问题与痛点

1. 区域经理张成受命来到宜昌市场,厂家要求他在30天内开发一个木门经销商。张成每天早上匆匆忙忙地从所住的宾馆出来,穿着一双破旧的黑色皮鞋、一套满身油渍的白色运动装,斜跨一个棕色的电脑包,头发凌乱,胡子很久没有刮,鼻毛伸出鼻孔1厘米长,戴着一副3年没有清洗镜片的眼镜……1个月以后,张成铩羽而归。建材市场的老板一直在纳闷,厂家怎么派了一个"要饭"的销售人员过来,也不怕人笑话。

2. 某食品厂家区域经理王支支受命开发乌鲁木齐市场。王支支来到明月楼食品批发市场,批发商孙总对王支支的产品很有兴趣,对这个勤奋的小伙子也很有好感,于是相约到黄河路上的沁龙淳茶楼喝茶,以便双方进一步了解。这是一个好机会,王支支精心打扮,本来就很帅的小伙子,一经打扮就更帅了。双方在沁龙淳茶楼准时见面,批发商孙总见小伙子很有精神,联想到这个厂家肯定很有实力,才能招到这么帅的小伙子,更是满心欢喜。双方就座后,进入主题。批发商孙总满脸微笑地对王支支说,把你们的产品说明书拿来看看。王支支说,出来得很仓促——没有带。希望看看厂家的销售制度——没有带,希望了解成功的样板——没有,希望看看《产品经销合同》——没有带……不到5分钟,孙总就很生气地离开了,走时甩了一句话给王支支——你以为我是来跟你喝茶的吗?

16.1 前期准备

新的区域市场开发是每个销售人员都会面临的问题，新市场开发速度的快慢与质量的好坏，对销售人员能否被提升至关重要。新市场开发的能力是衡量销售人员个人能力的重要标准。那么，销售人员应该如何开发新市场呢？

在新市场开发前，销售人员必须做好心理准备、形象准备、资料准备。

16.1.1 心理准备

1. 信心

销售人员开发新市场要有信心。虽然有信心不一定会成功，但没有信心就很难成功。销售人员开发新市场要面临很多失意和挫折，随时都会遭遇拒绝和难堪。因此，销售人员要想成功开发新市场，必须坚定信心。

> **案例**
>
> 曾有一个销售员，在与客户谈判前进行了充分准备，但临场因为心理因素而表达不足，导致谈判失败。后来，他本人分析失败的原因时，归结为一句话，那就是缺乏信心。

2. 耐心

> **案例**
>
> 有一个刚入职的销售员，因找不到客户，自认为干不下去了，向经理提出辞职。经理问："你为什么要辞职呢？"他坦白地回答："我找不到客户，业绩很差，只好辞职。"经理将他拉到面对大街的窗口，指着大街问他："你看到了什么？"销售员回答："人啊！""除此之外呢，你再看一看？""还是人啊！"经理说："在人群中，你难道没有看出很多的客户吗？"销售员恍然大悟，不再想辞职的事。

乔·吉拉德，世界上最伟大的销售员之一，连续12年保持全世界销售汽车的最高纪录。他在介绍成功的心得时说，只要是他遇到的人，他都会毕恭毕敬地递上自己的名片，把对方看作自己的潜在客户。他成功的方法就是以积极的心态"把生活业务化，把业务生活化"，随时发现和寻找潜在客户。

销售人员开发新市场，必须有一种耐心：此处不成功，自有成功处，这家谈不成，就谈另一家，只要有一线希望，就尽120%的努力争取。只要有耐心，随处发现客户，"柳暗花明又一村"的时刻很快就会到来。

耐心是什么？实际上，耐心就是面对失败时的一种态度。只要销售人员把失败看成一件很正常的事，耐心就自然而然地产生了。

3．恒心

开发新市场，销售人员必须有坚韧不拔的恒心。销售人员在开发新市场时，要面对很多新情况、新问题，为此，绝不能"蜻蜓点水""浅尝辄止"，而应该有恒心。开发新市场就像打一场战役，比拼的不仅是厂家的实力和规模，更重要的是销售人员的恒心与毅力。开发新市场，销售人员只有具备了打苦仗、打硬仗的心理准备，才能运筹帷幄，决胜千里。

案例

蒲松龄曾有名言："有志者，事竟成，破釜沉舟，百二秦关终属楚；苦心人，天不负，卧薪尝胆，三千越甲可吞吴。"这副对联通过两个历史典故，昭示了"恒心"无坚不摧的恒久魅力。

革命的先行者孙中山有一个外号叫孙大炮，为什么呢？孙中山在一生的革命生涯中，历经10次大的战斗，但前9次都失败了。在每次战斗失败之后，孙中山都召集部下说："同志们，革命尚未成功，吾辈仍须努力，这次战斗我们一定能够成功。"可战斗一打响，又失败了。如此反复失败了9次，到了第10次时革命才取得了成功，即历史上有名的辛亥革命。鉴于孙中山的恒心及屡败屡战的精神，孙大炮的外号由此而来。

4．诚心

开发新市场，面对新客户，销售人员要以诚相待。"心诚则灵"，诚心能够缩短销售人员与新客户之间的心理距离，架起销售人员与新客户沟通的桥梁，有利于谈判、合作的成功。

案例

某区域经理为了开发一个新市场，在客户没有明确表态经销其产品的情况下，在该市场"死缠硬磨"，整整待了15天。在这半个月的时间里，该区域经理每天都随客户下到基层，帮助客户推销其代理的产品，详细调研市场，并积极与客户及其销售人员沟通、交流，但只字不提代理事宜。后来，客户感其诚心，主动提出经销该厂家产品，并集中人力、物力、财力重点推广该产品，使产品在市场上很快就畅销起来。

5. 爱心

开发新市场，销售人员要有一颗爱心。开发新市场不是去"求"客户，而是去"救"客户。销售人员就是"上帝"，要"传播"爱心，爱自己，爱客户，爱经销商，爱消费者。销售人员要通过智慧与策略为厂家创造效益，为经销商创造财富，为消费者创造满意。

案例

奥格·曼狄诺在《世界上最伟大的推销员》一书中写道："我要用全身心的爱来迎接今天。我赞美敌人。我在心中默默地为每个人祝福。我爱自己，我用清洁与节制来珍惜我的身体，我用智慧和知识充实我的头脑，因为这是一切成功的最大秘密。强力能够劈开一块盾牌，甚至毁灭生命，但是只有爱才具有无与伦比的力量，使人们敞开心扉。在掌握了爱的艺术前，我只是商场上的无名小卒。我要让爱成为我最重要的武器，没有人能抵挡它的威力。"

16.1.2　形象准备

人的形象分为外在形象和内在形象。外在形象是指一个人的仪态、服饰、举止等外在表现，内在形象是指一个人内在气质的外在表现。优雅的谈吐、翩翩的风度，将让销售人员的谈判如鱼得水，给新客户留下美好的印象，并有利于交易的成功。

> ☑ **销售人员自我形象设计**
>
> 仪态端庄，头发要梳理整齐，胡子要刮干净，皮鞋要擦亮，指甲要常剪。若是女士，可适当化淡妆。服饰不一定要名贵，但一定要干净整洁，要尽量穿职业装。

16.1.3　资料准备

曾有这样的开发新市场的销售人员，当经销商问其相关系列产品的价格、策略时，销售人员竟然忘记了，并当场翻阅笔记本查看，让人大跌眼镜。很难想象，这样的销售人员能够成功开发新市场。优秀的销售人员在开发新市场之前，对相关的资料要做充分准备。

销售人员开发新市场应准备的9类资料：厂家的发展历史资料，产业结构资料，产品价格资料，营销策略，经销商合同，经销商成功案例，名片，样品，厂家和产品宣传资料。

梅明平对厂家区域经理说

开发新市场前，销售人员要做好以下准备。

- 一双软底鞋。由于要经常在市场里转，需要一双舒服的软底鞋，这样脚就不会起泡。
- 一套职业装。穿着看起来要职业化，要像从事这个行业业务的销售人员。
- 一个公文包。公文包里要放上述9类资料，可以随时取出需要的资料。
- 一张厚脸皮。开发新客户就像追美女一样，脸皮薄了是追不到美女的。销售人员需要与新客户软磨硬泡，没有一张厚脸皮是做不到的。

16.2　收集信息

销售人员可以在以下地点或通过以下渠道收集潜在的经销商信息。

1. 批发市场

许多城市有小商品市场或日用品批发市场。销售人员到这种地方多走走，经常能看到经销商门口或店铺里面有"总经销、总代理"等各式各样的招牌。大部分经销商为了扩大自己的知名度，往往会要求厂家为其制作类似的招牌、横幅等。

另外，销售人员通过走访当地批发市场，可以得知批发市场的供货商名单。一般情况下，快速消费品的经销商除了自营一些大中型零售卖场，还通过当地批发市场的二级、三级批发商进行产品的分销。销售人员很容易从他们那里获得潜在经销商的信息。

2. 零售渠道

销售人员通过走访当地超市等KA渠道，小型零售店、士多店、夫妻店等小型渠道，可以得知KA和小型零售店的供货商名单。销售人员可以从客户的角度对经销商进行优势和劣势分析。

3. 广告

销售人员到达一个新市场，先买几份当地报纸，看看当地电视，听听广播，或者到街上走走，或许就能发现同类产品的经销商。媒体上常常有各类产品广告，且有"由××公司总经销、总代理"字样,这可以为销售人员选择经销商提供大量的信息。

另外,当地的广告公司对当地的媒体、市场情况比较了解,它们争着要做你厂家的广告代理商,必然会详细告诉你本地经销商的情况。

还可以刊登招商广告。这种方式费用多、见效快、操作水平高,可以比较全面地了解经销商的情况。

4. 电话簿

销售人员通过查询当地的电话簿,可以了解同行业的厂家及分布状况。一般情况下,当地比较有经验、有实力的经销商都会在当地电话簿上刊登公司名称、经营范围,有的甚至通过广告宣传公司。

5. 电话询问

销售人员可以打电话到同类产品厂家询问,说自己想做二级或三级批发商,或者集团购买。一般情况下,厂家会让销售人员到当地它的经销商或代理商处洽谈。

6. 行业组织

销售人员拜访当地的行业协会、商会,可以了解同行业的厂家及分布状况。另外,有的行业协会还有定期的专业出版物、行业商业厂家名录。这些机构和出版物都是获得经销商重要信息的来源,销售人员可以从中了解经销商信息。

7. 电子商务

互联网为销售人员在当地获取经销商名单提供了更为便捷的方式。销售人员既可以在互联网上查询经销商的信息,也可以在互联网上发布招聘经销商的信息。当然,这种方式主要适用于大中城市。虽然不是所有的经销商都上网,但在网络上也能查查,或许有几家。

8. 贸易展会和交流会

如果当地有贸易展会和交流会,那么这是销售人员获得经销商信息最有成效的方法之一。销售人员可以和众多的经销商聚在一起,有机会面对面地进行沟通。

9. 同行、朋友介绍

这种方式最可靠。同行、朋友与经销商相处的时间比较久,对经销商的了解比较全面,这样销售人员可节省许多时间,节省许多调查细节,并且和经销商沟通比较方便。

梅明平对厂家区域经理说

潜在客户直接影响厂家招商的质量。区域经理要很好地完成招商工作，需要采用"531 法则"，即在市场上跑 5 圈，收集市场信息，准确了解市场情况；从中选出 3 个候选经销商；最后确定 1 个可以合作的经销商。

16.3　商务谈判

16.3.1　谈判资料的准备

销售人员在与候选经销商进行谈判之前，要做充分准备。

销售人员在商务谈判时应准备的 5 种资料如下。

（1）资料。厂家资料、产品资料、招商手册和样品。
（2）方案。当地市场运作规划、首批货促销方案等。
（3）异议。经销商可能提出的异议和应对策略。
（4）合同。规范的经销合同。
（5）礼品。谈判结束后给经销商的一份有纪念意义的小礼品。

16.3.2　商务谈判的 6 大注意事项

1．保持友好的谈判氛围

销售人员说话要尽量轻松幽默，充满活力和热情，尽量避免争执，语言流畅清晰，多谈共同点，以保持友好的谈判氛围。

2．妥善进行异议处理

销售人员要认真考虑候选经销商的异议，发现关键的异议或异议背后暗示的问题。在谈判时，候选经销商会不断地提出异议，销售人员要仔细聆听，要注意观察候选经销商的表情和举动。在谈判结束时，销售人员不仅要总结与候选经销商谈判达成的共识，还要总结候选经销商提出的异议，分析哪些异议是候选经销商最为关心的。有时还要通过分析候选经销商资料、调查候选经销商周边人员、进行换位思考等方法，深入分析候选经销商异议产生的真正原因，并有针对性地制定下一步谈判策略。

3．切实显示诚意

所有的人都喜欢与有诚意的人合作。销售人员在与候选经销商谈判时，从仪表到言谈举止都应显示出对候选经销商的尊重，显示出对候选经销商的重视和合作的诚意。在讨价还价过程中，销售人员一要向候选经销商表示所有承诺都必将兑现，以显示对候选经销商的负责；二要在不违背厂家规定的前提下，尽可能多地为候选经销商争取优惠，以显示对候选经销商的关心和支持。

4．强调合作利益

销售人员要让候选经销商感觉到你带给他的是利益，而不是风险。当然，任何生意都会有风险，但你要让候选经销商感觉到与你合作的风险很低或者可控。候选经销商需要的不仅是适销的产品，更重要的是各种市场问题的解决方案。如果你的方案能够赢得候选经销商的认同，并对可能出现的后果提出合理、具体的处理意见，候选经销商自然会觉得合作前景很好，那么谈判成功的概率自然就会很大。

5．制定价格策略

讨价还价，适当让步。没有讨价还价的谈判是不正常的，也会让人无法理解。在与候选经销商进行谈判之前，销售人员要充分考虑候选经销商可能提出的各种或合理或无理的要求，并制定应对策略。销售人员要用数据、事实、道理说服候选经销商。在谈判中双方多找共同点，仔细讨论异议点。销售人员对无理要求坚决拒绝，并讲清理由；对合理要求可以适当让步，让候选经销商在谈判中找到成就感，同时可显示出合作诚意。

6．做到言而有信

销售人员一定要说到做到，而不是朝令夕改，言而无信。在与候选经销商谈判过程中，销售人员不要随意承诺。双方达成一致的任何条件都要在正规、书面的文件或合同中体现，不应随意更改和言而无信。否则，合作很难成功，厂家的形象也将受到影响。

16.3.3 谈判步骤

以上工作准备就绪后，销售人员就可以安排拜访、谈判工作了。一般先电话预约，或者通过圈内的朋友介绍，确定时间、地点，再登门拜访。应注意的是，谈判尽量选择在候选经销商较为空闲的时间进行。

1．电话预约

销售人员在登门拜访之前，一定要电话预约。电话预约不仅表示对对方的尊重，通过初步的电话沟通、了解，还可以让候选经销商对厂家、产品等有一个大致的认知，便于下一步确定谈判的侧重点，以及判断其对产品的兴趣及经销该产品的可能性有多大，便于自己有效安排时间，不要"眉毛胡子一把抓"。

2．洽谈

（1）见面时的注意事项。在决定了拜访哪几个候选经销商后，销售人员就可以规划线路图，对候选经销商登门拜访了。在上门谈判时，销售人员要善于察言观色，除了适时呈上自己的名片、资料、样品，以及遵循"礼在先，赞在前，喜在眉，笑在脸"的原则渲染、制造气氛，还要注意"三不谈"，即候选经销商情绪不好时不要谈，候选经销商下属分销商在场时不要谈，竞品厂家销售人员在场时不要谈。

（2）切入正题前的话题。在切入正题以前，销售人员可谈些轻松及双方都感兴趣的"题外话"，如国家宏观经济政策、行业发展态势、未来市场走向等，以营造与候选经销商谈话的良好氛围。

（3）切入正题。销售人员要注意，经销商接受新产品首先考虑的不是赚钱，而是如何不赔钱，以及没有经营风险。销售人员打消其顾虑是重要的前提条件。

商务谈判的 7 大主要议题如下。

① 厂家的历史及现状。

② 厂家的产品线。

③ 厂家经销商的成功案例。

④ 即将投放的电视广告。

⑤ 产品的价格策略及在市场上的优势。

⑥ 产品进入市场的操作模式，如产品的定价，促销的设定，渠道的拉动等。

⑦ 展示未来的市场蓝图，让经销商充满憧憬和希望。

（4）注意事项。在洽谈过程中，销售人员要注意聆听。一方面表示对对方的尊重，另一方面有利于了解对方和回答对方的问题，并发现对方对市场操盘有无思路。同时，对不同类型的候选经销商，销售人员要采取不同的交流方式。对于老年人，要像对待父母一样表示尊重，说话语速要放慢，洽谈要像谈心一样，处处表现出你的稳重；对于中年人，要极尽赞美之能事，通过洽谈让其感到将产品交给他做一定能成功；对于青年人，要放开谈自己的思路、运作模式、营销理念，让其心驰神往、口服心服，从而主动要求加入。

梅明平对厂家区域经理说

在商务谈判中，经销商十分关心以下 3 个问题。

第一，合作的安全性。比如能否退货，厂家有没有实力，产品有没有市场，质量有没有保证，开业有没有支持等。

第二，能否赚钱的问题。证明能不能赚钱，重要的方法是成功案例，没有成功案例就不容易证明赚钱，就不容易打动经销商的心。

第三，首批进货能否很快销售一空。区域经理要有详细的首批货的促销计划，能明确告诉经销商，首批进货在多长时间内能销售一空。

区域经理在谈判前，一定要对以上 3 个问题做充分准备，认真收集详细资料。

16.4 签订合同

通过以上的洽谈，销售人员选择并确定可以合作的经销商后，要趁热打铁，签订《产品经销合同》。《产品经销合同》注意事项如下。

1. 销售区域

销售区域是指允许该经销商在多大范围内销售厂家的产品。厂家确定销售区域既能保证自身的利益不受损害，也不允许经销商将产品跨区销售。明确的区域范围是厂家处理窜货的依据。因此，在签订《产品经销合同》时，最好将本区域的地图附上，并用红笔在（复印的）地图上明确标注经销商经销的范围。

销售区域要写清是某省还是某市、某县，以免产生销售交叉区域或销售盲区。

2. 经销方式

合同要明确是独家经销还是非独家经销。如果是独家经销，还要明确是专销、专营或独家经营。

3. 合同的产品范围

有些厂家的产品比较单一，渠道也一样，则该经销商所经销的产品就是该厂家的全部产品。但是，也有一些厂家的产品品牌较多，品类也比较丰富，渠道也有很大的区别，一个经销商不能经销该厂家的全部产品。因此，合同应明确标注经销商经销的产品名称、规格、型号等。

在同一个区域，厂家可以招聘多个经销商，每个经销商专门负责某些品类的销售。例如，在湖南常德地区，可以招聘一个经销商专门负责 A 系列产品的销售，另一个经销商专门负责 B 系列产品的销售。

4．销量

销量指标是产品经销合同中一个不可忽视的指标，它可能导致合同终止，还是经销商获得奖励的依据。销量指标的内容有每次购货量、首次购货量、单位时间销货量（如年销售计划和月销售计划）等。

在招商之前，厂家应事先确定每个区域的销量指标，以免经销商贪大。例如，在湖南常德地区，应将销量指标分解到每个市及县，可定为常德市年销售额 50 万元、澧县 30 万元、桃源县 20 万元、安乡县 15 万元、临澧县 10 万元，常德地区销售额合计 125 万元。这样，可有效地规避经销商一味贪大的意图。

5．经销的渠道

对同一种产品，有的经销商擅长终端渠道（各大中型卖场、超市），有的经销商擅长流通渠道（批发市场、小型夫妻店等），而该产品在这两种渠道都畅销。厂家在不能找到一个覆盖两种渠道的经销商的情况下，为使该产品在当地达到有效覆盖最大化，可以选择两个经销商，一个负责终端渠道，另一个负责流通渠道。因此，在《产品经销合同》上，要注明产品经销的渠道。

6．返利的形式和条件

返利有很多种，如月返利、季返利和年返利。返利的依据不一样，有的依据销量，有的依据完成销售任务的情况，有的根据不同的产品有不同的返利，等等。销售人员应明确告知经销商怎样才能使返利最大化。

7．结算方式

是现款现货还是先货后款？是部分付款还是全额付款？铺底货款何时结算？有无结算奖励？

8．合同期限

一般合同期限是 1 年，但也有很多厂家以每年 12 月 31 日为合同终止期，第二年再续签合同。

9．运输、库存等条款

在合同中，一定要明确运输方式（海运、汽车运输、火车运输等），运费的支付方式（现金、支票、到达后付款、起运前付款等）。另外，还要确定周转量、结算方式、货物仓储及货物破损补偿方法、质量处理、索赔责任及方法等。

10．退换货

退换货条款首先要讲明退换货的原因或条件，如质量问题、型号错误、未能售完、产品破损等。注明退换货的条件，以方便执行。退换货直接涉及双方的利益，双方对此条款应当认真对待。例如，有的厂家允许退换货比率为上月销售额的 2%。为了鼓励经销商不退换货，厂家可以规定对于没有退换货的经销商，奖励其上月销售额 1%的产品。

11．确定违约责任及处理方法

违约一般包括以下行为：窜货，低价销售，排他性条款等。合同应明确违约责任、处理程序及处理标准。

12．费用分摊

厂家需要经销商做一些辅助性工作，如购置产品维修、保养设备，对产品进行促销，开发新的渠道，提供售前、售后服务，垫付当地的广告费用等。这些工作引起的费用应该由谁负责，应事先约定好。

13．权利和义务

详见第 8 章相关内容。

梅明平对厂家区域经理说

合同签订之后，经销商就需要完成首批进货。首批进货的时间最好在签订合同后 3 日内。时间拖得越久，越不利于双方的合作和产品的销售。

16.5　实战演练

16.5.1　在招商谈判中如何让经销商感到安全

1．展示厂家的诚意

销售人员在与经销商的接触过程中，让经销商感觉到你对他的情况了如指掌，说明你在与他沟通前做了很细致的工作。此外，刚开始沟通时不要谈敏感问题，如销售要求、招商条件等。

2. 大打诚信牌

让经销商感觉到厂家的合同条款非常明确、细化，招商手续非常严密。同时，厂家对经销商的促销支持有协议，退换货有签收，对账有周期，返利有规定，厂家有诚信宣言等。

3. 论证产品适合市场

通过竞品销量分析、整体消费态势分析、特殊消费群体分析、市场特性分析、宏观政策分析，证明厂家的产品有非常广大的市场。

4. 论证产品比竞品有优势

通过与竞品的对比，说明厂家的产品价格低、质量好、包装好、利润高，厂家人力投入大、广告投资多，产品有内涵、符合新的消费趋势等，以增强经销商的信心。

5. 证明销售有保障

通过预先冲货的销量、当地小店的销量、临近城市产品的销量、厂家的大好形势等方面证明产品在本区域的销售潜力，让经销商实实在在地感觉到市场的销售潜力。

6. 保证价格稳定

让经销商了解价格方面的违规处罚规定，并用当前市场稳定的价格实例举证，使经销商对市场价格的掌控有信心。

7. 给予独家经销权

销售人员告诉经销商目前厂家只签特约经销合同，该经销商有优先签约权，让其在自己的区域放手经营。

16.5.2 在招商谈判中如何让经销商感到一定会赚钱

1. 展示过去能赚钱

通过与经销商同类型市场的样板对比，如招聘县级经销商，就找一家目前做得很成功的县级经销商，对其进行盈利分析，以活生生的案例告诉经销商，经销厂家的产品一定会赚钱。

2. 展示现在能赚钱

通过对厂家的各种经销商管理制度发展变化的分析比较,让经销商了解现在的制度越来越好,在原本就能盈利的基础上,辅以更好的管理制度,经销商盈利的可能性进一步提升。例如,经销商管理制度有返利制度、终端卖场支持制度、人员支持制度、广告支持制度、退换货支持制度、年终旅游制度等。

3. 展示将来能赚钱

通过对行业发展趋势、厂家近期投资(新建的厂房、电视台的广告投放、新引进的设备等)、厂家愿景等方面的分析,向经销商证明将来一定会赚钱。

16.6　厂家区域经理工具箱

关于招商流程,区域经理要掌握以下7大工具。
(1)销售人员的心理准备。
(2)销售人员自我形象设计的要求。
(3)销售人员开发新市场应准备的9类资料。
(4)收集信息的9种渠道。
(5)商务谈判的6大注意事项。
(6)商务谈判的7大主要议题。
(7)《产品经销合同》注意事项。

第 17 章　拜访经销商

问题与痛点

1. 拜访前没有准备，对厂家新的促销策略一无所知，对经销商上个月的销售情况一无所知，对拜访的目的一无所知……这样的区域经理大有人在，伤害自己、伤害厂家、伤害经销商。
2. 区域经理电脑里都是游戏，脑子里都是游戏。在飞机上玩，在火车上玩，在住的宾馆里玩，甚至做梦都在玩。这样的区域经理几年之后就会成为四无人员：无车、无房、无官、无老婆。
3. 区域经理好不容易回到总部，这是与领导、同事沟通的好机会，也是收集资料和信息的好机会，结果却忙着和同事打麻将、喝酒、报销费用。久而久之，他在领导、同事心中的形象就会越来越差。
4. 有位区域经理叫李大鹏，他拜访经销商的主要工作是：
   - 在宾馆里睡大觉，中午 12 点起床；
   - 在宾馆里看电视，凌晨 2 点还不睡；
   - 在宾馆里玩游戏，24 小时不休息；
   - 与经销商喝酒，养成了酗酒的习惯，不醉不归；
   - 与经销商聊天，张家长李家短，就是不谈工作；
   - 寻找"浪漫的邂逅故事"，大街小巷到处乱窜。

   慢慢地，经销商都知道区域经理李大鹏没有任何价值，都对他敬而远之。

第 17 章　拜访经销商

拜访经销商是销售人员重要的日常工作，几乎占据了销售人员 2/3 以上的工作时间。因此，提高对经销商的拜访效率，是提高经销商销量的重要途径。在一定程度上讲，没有拜访就没有销量，但这并不是说销售人员去拜访经销商就一定能提高销量。销售人员如何做才是有效的经销商拜访呢？

在实行经销制的厂家，区域经理分管几个地区、一个省甚至几个省的市场，每个月要拜访大量的经销商，这样对每个经销商拜访的时间则很短。在有限的时间内，区域经理应做好哪些工作，才有助于销售业绩的提升呢？

17.1　拜访准备

区域经理在拜访经销商之前，要做充分的准备，为有效的拜访奠定良好的基础。

1．了解厂家新产品和各种策略

区域经理不了解厂家的销售策略，就无法用销售策略去吸引经销商；不了解新产品，就无法向经销商推销新产品；不了解当月的促销计划，就无法让经销商尽快下单。尤其在厂家推出新的销售策略、价格策略和促销策略时，区域经理更要了解各种策略的详细内容。当厂家推出新产品时，区域经理要了解新产品的特点、卖点是什么。

2．有明确的拜访目标

经销商拜访目标分为销售目标和行政目标。销售目标包括要求老经销商增加订货量或品种，向老经销商推荐现有产品中尚未经销的产品，向老经销商和新经销商介绍新产品，要求新经销商下订单等。行政目标包括收回账款、处理投诉、建立客情关系等。

3．整理好个人形象

区域经理要通过良好的个人形象向经销商展示品牌形象和厂家形象。

4．带全必备的销售工具

凡是能促进销售的工具，区域经理都要带上。

销售工具包括产品说明书、厂家宣传资料、名片、计算器、笔记本、笔、价格表、宣传品、样品、有关剪报、订货单等。

梅明平对厂家区域经理说

区域经理回到总部，一定要收集各种资料，以便在拜访经销商时使用。但多数情况下，区域经理回到总部，主要是做以下几件事。

- 喝酒。好不容易与同事见一次面，晚上一定要喝个痛快，结果半夜才回到酒店休息，导致第二天昏昏沉沉，无精打采。
- 打麻将。同事之间打麻将既交流了感情，又可以相互较量一下，不是打到半夜就是玩个通宵，哪有时间收集资料。
- 报销费用。报销差旅费、交际费、手机费，还不包括经销商的一些费用，占用了区域经理很多时间，哪有时间收集资料。

区域经理难得回总部一次，除了必须做的事情，如报销、汇报工作，还要抽时间收集资料，以提高拜访经销商的效率。

17.2 拜访任务

区域经理拜访经销商的任务主要包含5个方面：完成销售任务，维护市场秩序，建设客情关系，收集市场信息，指导经销商。

1. 完成销售任务

这是区域经理拜访经销商的主要任务。无论是区域经理还是经销商，每个月都有销售任务，而完成销售任务的比例高低直接关系到区域经理和经销商的利益。因此，在每次拜访中，区域经理都要询问经销商产品销售的情况，了解销售中存在的问题，制定促进销售的方案和措施。区域经理主要通过以下工作完成产品的销售任务。

（1）分析上月销售情况，包括厂家规定是否按要求落实了，未完成的任务是否跟踪处理了，经销商承诺是否兑现了。

（2）对经销商的销售数据进行分析，包括历史的同期数据、分品类的数据、当年销售数据等。

（3）对经销商的库存进行分析，包括上月库存、本月进货、本月库存，以及当月出货量。

（4）对厂家促销计划进行分析，包括渠道促销计划、消费者促销计划，以及促销品在本区域的畅销情况等。

（5）对返利制度进行分析，看看返利周期是月、季还是年，看看返利依据是按计划还是按销量，看看返利分不分品种等。

（6）对产品的销售周期进行分析，判断产品是处于淡季还是旺季，或者处于淡旺季的转折期。

（7）提出订货建议。

2．维护市场秩序

区域经理要处理市场运作中的问题，解决经销商之间的矛盾，理顺渠道间的关系，确保市场价格的稳定。区域经理维护市场秩序主要做以下工作。

（1）进行价格比较。对不同经销商销售价格、同一经销商不同时期价格、进货与零售价格等进行比较，并了解竞品价格。

（2）考察窜货情况。对本区域的窜货情况进行实地考察，看看有没有其他的货窜进来，同时要防止经销商向其他区域窜货。

（3）了解终端产品在流通市场中的销售情况。有些厂家对销售终端产品有额外的补贴，经销商为了获得额外的补贴使终端产品进入流通市场销售，从而影响终端产品的市场价格，不利于终端产品在终端卖场的销售。因此，区域经理应及时了解终端产品在流通市场中的销售情况。

（4）处理经销商投诉。经销商有任何不满意都会进行投诉。区域经理应及时解决经销商的投诉，以避免经销商越级投诉，造成不良影响。

3．建设客情关系

区域经理要在经销商心中建立自己的品牌形象，这有助于取得经销商对工作的配合和支持。区域经理与经销商建立良好的关系，主要做以下工作。

（1）让经销商感觉到区域经理在帮他赚钱，这是核心。让经销商感觉到区域经理在真心诚意地帮他，这就为双方进行良好的沟通打下了基础。

（2）真正了解经销商关心的销售问题，做好销售支持工作。经销商认为区域经理手中有厂家的资源，希望区域经理以此来帮助他提升销量，所以区域经理应利用厂家的资源，如促销品、赠品、宣传画、广告补贴、人员支持、终端支持等，帮助经销商提升销量。

（3）做一件令经销商刮目相看的事情。

案例

区域经理李勇由于年纪小且貌不惊人，即使经销商口中不说，也能看出几分对他的不信任。李勇管理该区域后，直接到乡镇去调查市场，经过几天走访，回来后和经销商详细沟通,并且制定了一套适合本市场的促销方案,实施后效果大出经销商预料,令经销商相当满意。后来,李勇说什么就是什么,经销商非常配合,两人也成了无话不谈的朋友。

(4)在感情上用心。没有人能拒绝真正为他着想的人。

案例

区域经理梅豪得知经销商的孩子骑摩托车把别人撞伤了,经销商正在着急,梅豪主动帮忙解决问题,最后这件事情顺利解决了。经销商非常感动,双方在以后的合作中非常顺利。

还有一次,梅豪在山东淄博市场帮助某经销商做促销,当时在场的还有其他厂家的区域经理。一天,经销商生病在医院输液,其他厂家的区域经理知道后都回宾馆休息了,梅豪却立即买了营养品去医院看望经销商。经销商非常感动,因为其他厂家的区域经理都没有到医院看他。经销商出院后决定要主销梅豪厂家的产品,当年梅豪厂家的产品在该经销商所经销的同类产品中销量第一,以后几年的工作在这个经销商处开展得都很顺利。

4.收集市场信息

区域经理要随时了解市场情况,监控市场动态,同时要注意收集以下几个方面的信息。

(1)经销商信息,包括个人信息、厂家信息、财务信息等。

(2)产品信息,包括客户对产品质量和价格的反馈信息。

(3)竞品信息,包括竞品的价格、促销、销量、渠道等。

(4)区域市场信息,包括人口、经济、渠道分布、经销商群体等。

(5)销售经验,包括经销商的销售经验、有效的促销方法、先进的管理方法等。

(6)小道消息,包括经销商的负面报道、市场见闻等。

5.指导经销商

区域经理主要分为两种类型:一种是只会向经销商要订单的人,另一种是给经销商出主意的人。前一种区域经理获得订单的道路会很漫长,后一种区域经理会赢得经销商的尊敬。

区域经理在拜访经销商时,帮助经销商发现问题,提出解决办法,是双赢的做法。某厂家一位区域经理在每次拜访经销商时,不是坐在经销商办公室里和经销商东拉西扯说闲话，而是到经销商的店面和仓库看看，到批发商和零售终端转转，和经销商手下的人谈谈，再回到经销商办公室里和经销商一起想办法解决问题，扩大销量。优秀区域经理的经验就是，请经销商吃百顿饭，不如为经销商做一件实事。区域经理对经销商的指导包括以下两个方面。

（1）对经销商销售人员进行培训，培训内容包括销售技巧、产品陈列技巧、理货技巧、谈判技巧、拜访技巧等。

案例

某公司一位区域经理业绩很好。他的成功经验就是，每次拜访经销商时，都抽出一两个小时培训经销商的销售人员。他有8年的销售经验，很爱学习，讲的都是跑市场、做销售的实战方法，很快就赢得了经销商的好感。每次他去拜访经销商时，从老板到销售人员都尊称他为"老师"。试想一下，当经销商把你当作老师时，他们肯定会大力推销你的产品吧？

（2）对经销商进行培训，主要是组织经销商进行样板市场参观，组织区域集中专题培训（仓库管理、财务管理、员工管理等），举办经验分享活动。

梅明平对厂家区域经理说

拜访经销商占用了区域经理大部分时间，优秀区域经理和普通区域经理就是在拜访经销商的过程中拉开差距的。

拜访经销商除了完成上司交代的工作，更重要的是，拜访是提升区域经理工作能力很重要的方法。格力董事长董明珠就是在拜访中成长起来的，并在拜访中体现出卓越的管理经销商的能力，如把合肥一个老奸巨猾的格力经销商大户管理得服服帖帖，这也是董明珠被上司提拔的原因之一。

17.3 拜访总结

拜访结束后，区域经理要做好以下6项总结工作。

（1）了解潜在经销商资料。厂家的经销商队伍是不断调整的，区域经理要了解当地市场上潜在经销商的资料，确保当厂家调整经销商时，有后备的经销商资源可以使用。

（2）了解并落实条幅广告、POP等，组织现场促销。

（3）填写《区域经理拜访经销商记录表》。

（4）落实对经销商的承诺。

（5）评估销售业绩。对拜访目标和实际结果进行比较分析，把重点放到销售成果上，同时提醒自己多思考改进的方法，并且在下一次的拜访中落实这些方法。

（6）回顾此次拜访效果，主要包括：是否达成拜访目标，如果没有达成，检讨分析为什么；想想自己的优点是什么；思考哪些方面还需要改进。

梅明平对厂家区域经理说

- 拜访结束后，一定要有书面的总结报告，一份交给经销商，一份交给上司。
- 交给经销商的总结报告可以起到什么作用呢？能让经销商感觉到你工作的用心程度，能让经销商感觉到你和其他厂家区域经理的区别。同时，经销商会从报告中了解自己工作的情况，存在的问题和不足，以及接下来的工作重点。久而久之，经销商就会自觉地配合你的工作，把资源放到你的产品上，使更多的经销资源为你所用。
- 交给上司的总结报告可以起到什么作用呢？能让上司了解你的工作情况，包括做了什么工作，有没有按照厂家的要求去做，工作重心与厂家的方向是否一致，工作结果如何等。如果想让上司提拔你，首先要让上司了解你。

17.4 实战演练

17.4.1 区域经理拜访经销商记录表

区域经理拜访经销商记录表如表 17-1 所示。

表 17-1 区域经理拜访经销商记录表

区域经理： 经销商名称：

拜访时间	
库存情况	产品 1： 产品 2： …… 产品 n：

续表

分析计划完成情况	上月完成：（金额）　　　　　　（百分比） 本月销售计划：
销售人员工作情况	
市场秩序情况	
竞品情况	
费用使用情况	
制订要货计划	
通知促销计划	
本次拜访总结	

17.4.2　区域经理拜访经销商工作流程检查表

区域经理拜访经销商工作流程检查表如表17-2所示。

表17-2　区域经理拜访经销商工作流程检查表

步骤	内容
第一步：准备拜访	拜访目的□　　　　　　　　　预约拜访时间□ 必备销售工具： 名片□　计算器□　价格表□　订货单□　笔□ 样品□　笔记本□　宣传品□　对账单□　促销策略□ 必备销售知识： 开场白□　　　探寻需求语言□　　　产品FAB□ 缔结语言□　　反对意见处理□ 拜访路线□
第二步：上次拜访回顾	销售计划落实情况□　　　市场工作落实情况□ 销售制度落实情况□　　　其他事项落实情况□
第三步：比较市场价格	不同经销商的价格比较□　　进货价与零售价的比较□ 与上期出货价格的比较□　　竞品价格的波动情况□

续表

步骤	内容	
第四步：了解库存	库存产品占本月销售计划的比例□	
	自己产品占库存产品的比例□	
	最近30天周转加快的产品□	最近30天周转减慢的产品□
第五步：了解销售情况	厂家产品销售情况□	促销活动落实情况□
	宣传资料使用情况□	
第六步：核对经销商账物	核对铺底数量□	核对进货情况□
	核对付款情况□	核对返利情况□
第七步：收集市场信息	经销商变动信息□	竞品厂家产品销售情况□
	竞品厂家促销活动□	其他信息□
第八步：经销商沟通	介绍厂家信息□	介绍销售信息□
	介绍竞品信息□	分析其他经销商的销售情况□
	分析本年、上月、本月完成销售计划情况□	
第九步：订货	本期销售计划□	目前库存□
	本月促销利益分析□	月度或季度返利分析□
第十步：培训与指导	对经销商销售人员的培训与指导□	
	本次培训主题□　销售经验分享□　疑难问题解答□	
第十一步：行政工作	填写销售报表□	填写拜访经销商记录表□
	本次拜访得失分析□	下次拜访重点确定□

17.5 厂家区域经理工具箱

在拜访经销商时，区域经理要掌握以下3大工具。
（1）拜访前的4大准备事项。
（2）拜访经销商的5项任务。
（3）拜访结束后的6项总结工作。

第 18 章　激励

问题与痛点

1. 区域经理不了解厂家的返利制度，不了解每个经销商每月的销售任务，如何建议经销商每月的进货量？
2. 区域经理对厂家当月的促销活动不清楚，如何知道促销活动带给经销商的利益？如何建议经销商参与促销活动？
3. 区域经理不了解每种物料对销售的辅助作用，如何判断经销商对每种物料的需求？如何利用物流刺激经销商多进货？
4. 区域经理既不懂产品知识，也不懂销售技巧，如何培训经销商的员工？
5. 区域经理不懂促销知识，如何帮助经销商清理库存？如何帮助经销商提升销量？
6. 区域经理从心里瞧不起经销商，见到经销商就浑身不自在，如何能与经销商打成一片，获得经销商对厂家的支持？
7. 区域经理不习惯表扬别人，只希望别人表扬自己，如何激励身边的人？如何让经销商为你"燃烧"？

销售人员对经销商进行激励，主要应体现在日常管理之中、细微之处，体现人性化，如表扬、道贺、感谢，建立和谐的伙伴关系，尽量减少批评和指责等。具体来讲，销售人员可以从利益、服务、精神3个方面对经销商进行激励。

18.1 利益激励

在日常管理中，销售人员是如何让经销商获得最大利益的呢？

销售人员虽然不能从返利等制度上给予经销商更多的利益，但可以从日常工作中增加经销商的利益。

1. 返利计算

根据厂家的返利制度，销售人员可随时关注经销商的销售情况，使经销商获得更多的月返利、季返利或年返利。

案例 让经销商王总获得更多的月返利

金达服装公司对经销商的月返利制度如下：

月销售额<10万元，返利3%；

月销售额≥10万元，返利5%。

经销商王总在6月28日，月销售额为9.9万元。这时，销售人员李兵应该怎么办呢？

我们先算算9.9万元，经销商所获得的月返利是：

$$99\ 000\ 元 \times 3\% = 2\ 970\ 元$$

如果经销商在6月30日追加了1 000元的货款，这时经销商王总在6月的销售额达到10万元，则经销商王总可获得的月返利为：

$$100\ 000\ 元 \times 5\% = 5\ 000\ 元$$

如果经销商没有达到5%的返利销售额，则经销商王总就会损失2%，即：

$$99\ 000\ 元 \times 2\% = 1\ 980\ 元$$

为了不让经销商受到损失，李兵应该密切关注经销商的销售数据，尤其在月底（如每月25日后）、季底和年底3个重要时段。同时，李兵要对公司的返利制度有充分的了解，如果是按照销售额返利，他就要关注经销商销售额的情况；如果是按照销售计划完成率返利，则要关注经销商的销售计划完成率。

因此，李兵的正确做法如下。

（1）在6月28日至30日期间，拜访王总或给王总打电话。

（2）告诉王总本月的销售额为9.9万元。

（3）按照公司的返利标准，目前可以获得月返利2 970元。

（4）如果王总此时追加1 000元的销售额，可以获得5 000元的月返利，即可以多获得 2 030 元（5 000 - 2 970）的月返利。

（5）如果不追加 1 000 元的销售额，将损失 1 980 元的月返利。

（6）要求经销商王总下订单。

通过以上案例可以看出，厂家对经销商的返利制度是销售人员说服经销商提高销售额的非常好的理由。因此，销售人员要做到以下 3 点。

（1）了解厂家的返利制度。经销商的返利是以销售额、销售计划为依据，还是分品种、分类型（专销商、专营商），销售人员要有明确的了解。

（2）了解经销商的销售计划。如果按照销售计划返利，销售人员就需要了解每个经销商的销售计划，以便随时与实际的销售情况进行比较。

（3）了解经销商当月的销售数据。销售人员只有了解了经销商当月的销售数据，才能更好地计算经销商所获得的利益，并将此作为要求经销商继续下单的依据。

2. 物料配送

对于销售人员来说，总有一些物料可以帮助经销商，这些物料包括促销赠品、新年挂历、堆头围画、宣传手册、易拉宝、吊旗、宣传画、新产品的样品、试用装、紧俏产品、库存处理品、促销品、海报等。

这些物料是销售人员管理经销商的一种资源，用好了可以帮助销售人员管理好经销商，用不好可能会起到反面作用。

一般情况下，销售人员为经销商提供物料支持的方法是采用平均主义，但这样做会产生以下后果。

（1）经销商认为这些物料是自己应该得到的。

（2）经销商认为销售人员分配不公。

（3）销售人员与经销商的关系越来越紧张。

（4）对销售没有激励作用。

（5）不利于提升经销商的忠诚度。

（6）经销商不能充分利用这些物料。

（7）经销商认为这些物料一文不值。

有一句谚语叫作"No Free Lunch"，即"没有免费的午餐"。从理论上讲，厂家和经销商的关系是经营关系、买卖关系，经销商给货款，厂家给产品，厂家既没有义务也没有责任免费向经销商提供助销的物料。也就是说，如果厂家不向经销商提供物料，经销商也不能责怪厂家、投诉厂家。

但是，在实际中，厂家提供必要的物料支持会大大促进双方工作的开展。有时候销售人员总埋怨手上没有资源，殊不知物料就是一种很好的资源，只要合理充分地利用好了，就会取得很好的效果。

销售人员如何充分合理地利用这些资源呢？下面给出一些建议。

（1）总体思路是将这些物料作为奖品奖励给经销商。

（2）奖励给销售排行榜中的优胜者。

（3）奖励有突出贡献者，如对销量的贡献、对处理库存产品的贡献等。

（4）奖励有较大进步者，如与上年同期相比增长最快的或与上月相比增长最快的。

（5）支持特殊的经销商，如新加盟的经销商、给予厂家建议的经销商、及时反馈市场信息的经销商等。

（6）支持受到损失的经销商，如受窜货影响、竞品影响、自然灾害影响导致销量下降的经销商。

（7）销售人员应将分配方案通过《经销商快讯》公布出去，做到公平、公正、公开，以免经销商私下议论。

3. 费用支持

有许多费用可以支持经销商，这些费用包括广告费、运输补贴、仓储补贴、人员支持、个性化促销、DM费、进场费、条码费、堆头费、陈列费等。

这些费用也是销售人员管理经销商的一种资源，用好了可以帮助销售人员高效管理经销商，提升对经销商的话语权。

关于这些费用的使用，如果厂家有明文规定，销售人员要严格按照厂家的规定执行；如果厂家没有明文规定，则销售人员可以考虑把这些费用作为管理经销商的一种重要资源。

这些费用的使用同上面的物料一样，不能"分配"给经销商，应当"奖励"给经销商。让经销商明白：想要得到就必须有所付出！

梅明平对厂家区域经理说

厂家与经销商的关系说到底就是利益关系，经销商最关心自己所得到的利益，而不是厂家的产品，也不是厂家的任务。区域经理与经销商沟通时，如果能紧紧抓住这一点，就会取得事半功倍的效果。

- 利用厂家返利制度要求经销商多进货。厂家有月返利、季返利和年返利，区域经理要熟悉厂家的返利制度、每个经销商的销售任务，还要随时了解当月经销商回款情况，以便给经销商提出进货建议。
- 利用促销活动要求经销商多进货。厂家会不时推出促销活动，针对每个促销活动，区域经理要分析经销商的利益，并针对每个经销商的实力给予相应进货建议。
- 利用助销物料要求经销商多进货。针对厂家配送给经销商的一些物料，区域经理可以有条件地给予支持，如达到多少销量配送多少物料等，以激励经销商多下订单。
- 利用厂家的积压品帮助经销商赚钱。有时候，厂家会处理一些积压品，价格比较低，数量有限，只限小范围。当区域经理知道这个消息后，要马上把这个消息告诉经销商，利用积压品帮助经销商赚钱。

18.2 服务激励

销售人员通过为经销商提供销售服务激励经销商的销售行为，促进经销商的业绩增长。

1．提供培训

在日常拜访时，销售人员收集经销商及其员工的培训需求，编制培训资料，与经销商协商培训计划，并在以后的拜访中实施培训。

2．协助促销

为提高经销商的销量，销售人员需要帮助其开展促销活动，如开展节假日促销、应对竞品的促销、消化积压品的促销、店庆促销、新品促销等。

3．账目核实

销售人员及时与经销商核对账目，可避免因账目错误而导致的返利减少或推迟结算。

4．反馈的问题及时解决

积压品的处理、货款的查询、窜货的投诉、当地质监部门的公函回复等问题要及时解决。

5．经验分享

为帮助经销商找到推广产品的好办法，销售人员可以定期把区域内好的销售经验汇总后发给经销商共享。

6. 库存产品交换平台

销售人员可以在自己所管辖的区域内设置一个货物交换平台，经销商之间可以进行货物调剂，以帮助经销商解决部分库存积压。

梅明平对厂家区域经理说

区域经理的价值就是为经销商提供服务，哪种服务是经销商喜欢的呢？以我的经验，主要有以下两种。

- 帮助经销商培训员工，受欢迎指数★★★★★。培训是一件很有价值且很有必要的工作，如产品知识培训、促销技巧培训、陈列技巧培训等，但大部分经销商都不具备。
- 分享优秀经销商的销售经验，受欢迎指数★★★★★。经销商很难了解其他经销商的销售经验，而同行的经验很容易复制，可以快速提升销量。

18.3 精神激励

销售人员通过对经销商进行精神激励，可大大提升经销商的销售积极性。

1. 尊重

销售人员如何让经销商感觉被尊重呢？

（1）沟通上尊重。销售人员与经销商沟通时要注意倾听，勿跷"二郎腿"，不谈对方不愿讲的话题，不揭对方的伤疤等；以咨询而不是命令的语气沟通；征求对方的意见或看法；站着交谈时，不要用脚连连打地；挂电话时，等对方挂断后再挂。

（2）礼仪上尊重。蓬头垢面，不仅有损自己的形象，也是对经销商的不尊重；衣服穿着得体；握手时身体往前倾5度左右。

（3）承诺上尊重。销售人员和经销商约好的拜访应如期进行，承诺的事情要兑现。

（4）场合上尊重。经销商办喜事，别说不吉利的话；办丧事，不要兴高采烈。

（5）心理上尊重。每个经销商在人格上都是平等的，不因业绩的好坏区别对待。

（6）年龄上尊重。销售人员要了解经销商的年龄、身份、语言习惯等。假如经销商是位年长者,在称呼上要礼貌,在语气上要委婉,在语速上要舒缓,在话题上要"投其所好"。

(7)招呼上尊重。打招呼时不要"喂喂……",或者叫绰号;以"您"而不是"你"来称呼经销商。

(8)特殊的日子上尊重。比如生日、新店开张、店庆日、生病住院、婚丧嫁娶、添子添孙等,在这些重要的日子,销售人员要亲自前往,以示尊重。

2. 问候

销售人员要及时问候经销商,以增强与经销商的感情交流。问候也是尊重经销商的一种表现,虽然一句轻声的问候看似没有太大的作用,但没有问候可能导致一定的负面影响。

(1)短信问候。短信问候是节假日常用的方式,大部分人都采用短信群发的方式进行问候,但这样的问候既不能体现你的真心,也不能表现出你的礼貌行为。因此,短信问候要有经销商的称呼,要有与经销商个人相关的内容,还要写上本人名字。例如,"王总,您好!祝贺您取得了3 288万元的好业绩,再次荣登全国销量排行榜榜首,我为您感到自豪,也非常感谢您对我们区域的特殊贡献。在新年来到之际,祝您及全家新年快乐,幸福吉祥!王军贺。"

(2)电话问候。电话问候要注意打电话的时间、谈话时的语气语调、谈话的内容。电话问候的时间要注意,有几个时间点最好不要打电话:吃饭时,午休时,新闻联播时,晚上10点后和早上9点前。挂电话时要注意,当听到经销商挂断电话的声音后再挂电话。

(3)当面问候。例如,春节刚上班的前几天,销售人员要挨家挨户地问候经销商,并买一些礼物,如果篮、礼包等。

3. 表扬

销售人员应及时表扬经销商,以达到激励经销商的目的。

表扬时间:每月的月初,如1日。

表扬对象:上月业绩好的经销商,如销量排行榜前6位的经销商。

表扬方式:电话表扬、短信表扬、当面表扬、偕同领导当面表扬等。

表扬奖品:奖牌、鲜花、锦旗、奖状、物料支持、费用支持等。

4. 娱乐活动

销售人员可以邀请经销商聚餐、唱歌、郊游等。

梅明平对厂家区域经理说

任何人都需要精神激励！精神激励就像太阳，照到哪里哪里亮。父母需要精神激励，夫妻需要精神激励，上司需要精神激励，下属需要精神激励……更何况经销商呢？

精神激励什么最重要呢？以我的经验，激励指数如下。

- 从心里尊重经销商，激励指数★★★★★。
- 节假日问候经销商，激励指数★★★★☆。
- 经常表扬经销商，激励指数★★★☆☆。
- 娱乐活动，激励指数★★☆☆☆

尊重的激励指数最高，所以区域经理要像尊重父母一样尊重经销商，因为经销商是区域经理的衣食父母。

18.4 实战演练

18.4.1 区域经理提升经销商积极性的8种方法

（1）引导经销商获得最大的返利。
（2）每次拜访培训一个专题。
（3）每季与经销商核实一次账目。
（4）每月10日前汇总本区域的销售经验让经销商共享。
（5）每季帮助经销商促销一次。
（6）反馈的问题在48小时内要有结果。
（7）特殊节日问候经销商。
（8）有优秀表现的经销商在12小时内给予奖励。

18.4.2 如何调整经销商的销量以提升返利

金龙服装公司对经销商制定了如下返利标准：
完成销售计划<80%，返利3%；
80%≤完成销售计划<100%，返利5%；
100%≤完成销售计划<120%，返利7%；
完成销售计划≥120%，返利9%。
在这样的返利标准下，金龙服装公司在广东省茂名地区的经销商陈总，1~3月完成的销售计划如表18-1所示。

表 18-1　茂名地区经销商实际完成月销售计划比率及获利情况

月份	1	2	3
月销售计划（万元）	20	15	25
月销售额（万元）	15.8	14.7	29.5
完成比率	79%	98%	118%
返利比率	3%	5%	7%
返利额（万元）	0.474	0.735	2.065

经销商陈总在 1~3 月期间，共完成销售额 60 万元，获利 32 740 元。如果你是负责陈总区域的销售人员，该如何调整经销商的销量以提升经销商的返利呢？如表 18-2 所示。

表 18-2　调整后茂名经销商完成月销售计划比率及获利情况

月份	1	2	3
月销售计划（万元）	20	15	25
月销售额（万元）	16	15	30
完成比率	80%	100%	120%
返利比率	5%	7%	9%
返利额（万元）	0.8	1.05	2.7

通过计算得出：调整后该经销商在 1~3 月期间，共需要完成销售额变为 61 万元，获利 45 500 元。

上述两组数据的分析说明，只要经销商在 1~3 月的销售额增加（最少）1 万元，其返利则增加 12 760 元。

可以看出，销售人员是否关注经销商完成销售计划的情况，会产生截然不同的结果。

18.5　厂家区域经理工具箱

在激励经销商时，区域经理要掌握以下 3 大工具。
（1）利益激励的 3 种途径。
（2）服务激励的 6 种途径。
（3）精神激励的 4 种途径。

第19章 压货

现状与对策

　　区域经理谭红平的经销商大都经营多个品牌，尤其是经营竞争对手的产品。谭红平所在公司的产品属于季节性产品，每年9月到次年3月是产品销售旺季。按照往年情况，9月应该是公司产品的销售旺季，但是到9月中旬，经销商还没有动静，什么原因？最后一打听，谭红平吓了一跳，原来竞争对手在8月16日就行动了，他们提前把经销商召集到广州，召开产品订货会，并在会上公布了一项非常吸引经销商的销售制度：如果经销商在8月31日打款进货，除了正常的返利4%，还额外获得3%。一时间，经销商纷纷把款打到了竞争对手的账户，至此竞争对手压货大获成功。当年谭红平公司的产品销量只有上一年度的70%，损失惨重。

　　第二年，谭红平所在公司吸取了教训，抢先召开了订货会，订货会非常成功，经销商把许多资金打入公司账户，公司以为今年会高枕无忧。可谁想到，竞争对手棋高一着，他们知道经销商已经没有资金了，就采用釜底抽薪的方法，要求经销商把终端客户召集过来，在会上宣布，当场订货买10箱送1箱，力度空前。终端商纷纷订货，结果谭红平公司的产品在经销商仓库里分不下去，因为终端商的仓库已经塞满了竞争对手的产品。谭红平所在公司又一次以失败告终。

　　区域经理谭红平知道，这一切都失败在压货上……

第 19 章　压货

压货是在销售过程中常遇到的一种行为。压货通常指的是经销商供应大于正常销售周期内库存的一种行为。

19.1　压货的目的

一般情况下，压货有以下4种目的：完成任务、塞满渠道、增加压力和清理库存。

1．完成任务

销售人员每月都有销售任务，而且销售任务往往与销售人员的奖金挂钩，销售人员完成任务的情况直接影响收入的高低。因此，销售人员往往为了完成自己的销售任务给经销商压货，尤其在月底最为明显。

2．塞满渠道

> 塞满渠道占用渠道的流动资金和仓库，打压竞争对手。当经销商所销售的产品中，既有厂家的产品，也有竞争对手的产品时，销售人员往往采用这种策略。

塞满渠道占用渠道的流动资金和仓库，打压竞争对手。当经销商所销售的产品中，既有厂家的产品，也有竞争对手的产品时，销售人员往往采用这种策略。当产品的销售旺季到来之前，如果经销商只有100万元的流动资金，当经销商用100万元购买了你的产品，就没有资金购买竞争对手的产品了。而旺季开始销售的产品直接影响到后续产品的销售，厂家给予经销商的返利等奖励也与经销商的销量有关，销量越大获利就越多，所以旺季到来前经销商的进货直接关系到整个旺季产品的销量。聪明的销售人员大多想方设法在旺季到来之前，尽量多地占用经销商的资金和仓库。俗话说，"好的开始就等于成功了一半"，就是这个道理。

3．增加压力

促进销售的方式有两种，一种是拉动销售，另一种是推动销售。拉动销售一般是通过广告提升品牌形象后，让消费者自动自发地购买产品。采用拉动销售的产品一般是大品牌，需要许多资金才能产生拉动效应。而更多的产品通过推动来实现产品的销售。推动销售是从上往下一级一级地推。例如，厂家给予销售人员压力，销售人员不得不将产品推给经销商，给予经销商压力；经销商不得不将产品推给零售商，给予零售商压力；零售商不得不将产品推给消费者。没有压力就没有推力，没有推力就没有销售力，没有销售力就没有销量。因此，销售人员给予经销商压力是提高销量的有效途径。

4．清理库存

由于产品的保质期等因素，厂家需要及时处理积压产品，否则厂家会有一定的损失。因此，销售人员可以给经销商分配一定额度的积压产品，让经销商共同消化库存，减轻厂家的库存压力。

梅明平对厂家区域经理说

区域经理要清楚压货的目的，要有针对性、有计划、有步骤地实施压货，这样压货才有效果。

如果是完成销售任务的压货，区域经理就需要把厂家销售计划的完成情况与每个经销商的销售计划的完成情况综合起来进行分析，寻找压货的产品、压货的经销商和压货的理由。

如果是塞满渠道的压货，区域经理就需要在旺季前、月初进行，要比竞争对手早，否则就压不下去。同时，还要通过利益的诱惑让经销商主动满仓。

如果是增加压力的压货，区域经理就需要用威胁手段，该方法适用于品牌很牛的厂家，或者经销商重视的品牌，这样的压货经销商才会配合。

如果是清理库存的压货，要与大力度的折扣结合起来，并且要限量供应，才能吸引经销商参与。

19.2　压货的方式

一般情况下，销售人员会通过以下3种方式向经销商压货。

1．利益驱动法

很多销售人员为了让经销商完成销售任务，通常会给压货的经销商申请一些优惠。这些优惠对于经销商来说无疑是一个利益陷阱，经销商明明知道里面有"猫腻"，还是忍不住往下跳。

2．压力逼迫法

销售人员由于占有厂家的有利地位，常常迫使经销商接受压货的产品。例如，销售人员以经销商所签订的《产品经销合同》中的某条款为依据，警告经销商，如果不压货完不成合同上既定的销售任务，明年就会缩小其独家销售区域，甚至取消经销商的资格，以此逼迫经销商压货。

3. 客情压货法

销售人员由于手上有不少优惠可以向经销商倾斜，因此销售人员和经销商之间有不错的客情关系。如果销售人员要求经销商压一定数量的货，且压货压力在经销商可承受的范围内，经销商一般都会配合或提供帮助。

货物压下去了，销售人员的销售目的达到了，但这仅仅是做好销售工作的开始——货物放在经销商的仓库里并不等于销售，只有产品到达消费者手中才真正完成了销售的过程。因此，如何帮助经销商消化压货后的库存就成了销售人员的必修课。如何消化这些库存呢？销售人员可以从以下3个方面着手。

第一，了解相关客户的心态，制定消化库存的方案。

第二，提升相关业务员的积极性，增加业务员的销售压力。

第三，把货物直接从经销商的仓库销售到零售终端，销售到消费者手中。

梅明平对厂家区域经理说

区域经理压货有3种方式，成功指数各不一样。
- 利益驱动法，成功指数★★★★★。
- 客情压货法，成功指数★★★★☆。
- 压力逼迫法，成功指数★★★☆☆。

以上是在一般情况下压货的成功指数，压货的具体效果还要参考品牌力的强弱。品牌力强的产品采用压力逼迫法最有效，品牌力弱的产品采用客情压货法最有效。

19.3　给经销商施压

虽然经销商接受被压的货物，但每个经销商压货后的心态并不是一样的。有的是为了享受压货的优惠；有的是为了囤货居奇，赚取高额利润；有的是财大气粗，根本没有把压的这些货物放在处理日程上；有的是在等待，等待销售人员想办法处理，完全是一种依靠的心态。

销售人员摸清了经销商的压货心态后，针对经销商的心态，适当增加经销商的销售压力，这是帮助经销商解决压货问题的第一步。销售人员给经销商施压主要有以下3种方法。

1．提前告知促销信息

如果经销商想囤货居奇、赚取暴利，销售人员可以告诉经销商："下个月，我们还会有更大的促销活动，有更好的销售措施，如果货物不及时处理，可能会影响您以后的销售。"以此刺激经销商加快销售节奏。

2．数据分析法

如果经销商财大气粗，暂时还没有感觉到压货对其资金和仓库造成的压力，销售人员可以拿出压货的数据，与经销商一起分析压货资金的利用率。如果这些资金存入银行可以换取多少利息，如果乘机把压货销售出去可以换取多少利润等分析给经销商，让经销商有销售紧迫感，立即投入消耗压货的行动中。

3．打消依靠念头

如果经销商在等待供货商提供优惠，完全是依靠的心态的话，销售人员就必须告诉经销商未来不会有什么优惠，打消经销商等待的念头，并立即与经销商一起制订分销计划，同时引导经销商独立自主地考虑这些问题，让其自动自发地进行分销活动。

总之，了解经销商的心态，根据经销商的心态因势利导是销售人员解决压货的重要环节。

梅明平对厂家区域经理说

只有给经销商施加压力，经销商能把产品卖出去，压货才有意义，经销商才有资金再次进货。区域经理用什么方法最有效呢？数据分析法最有效，其次是让经销商打消依靠念头，最后是提前告知促销信息。

19.4 给业务员施压

做好经销商的前期工作后，销售人员需要对分销的进程进行掌控。在分销环节，最重要的是执行分销策略的当地业务员。当地业务员有两类：一类是厂家派给经销商的驻地业务员，另一类是经销商自己招聘的业务员。如何让当地业务员既有热情又有压力地去推动销售是销售人员需要思考的问题。对于不同的业务员，销售人员应该注重不同的环节和采用不同的方法。

1. 厂家的驻地业务员

对于厂家的业务员，除了考核销售业绩，还应该考核经销商的出货量，这样会使业务员产生压力。与此同时，针对特定的压货情况，销售人员可以给业务员提供专门的销售奖励或制定专门的考核指标，给业务员适当的压力和动力。

2. 经销商的业务员

大多数情况下，执行分销任务的往往是经销商的业务员。激发经销商业务员的积极性，增加他们的销售压力，也是销售人员应该注意的问题。

因为经销商的业务员的费用不由厂家支付，所以销售人员只可以针对压货分销应该给予经销商业务员的奖励和相关的考核提供建议，帮助经销商制定合理的考核标准和奖励方案，提升经销商业务员的积极性。如果经销商所给予的动力不足，销售人员也可以向厂家申请某些特殊费用专门给经销商的业务员。

梅明平对厂家区域经理说

业务员是产品销售的最后一个环节，只有业务员有压力，产品才能实现销售。以下两种方法可以给业务员施加压力。

一是每天考核业务员的出货量，制作月累计销售排行榜，并将排行榜情况告知经销商和业务员本人，给业务员造成压力。

二是奖励，给予考核合格的业务员现金和荣誉奖励。

19.5 加强终端分销

加强终端分销是减轻产品库存压力的好办法，下面提供5种加强终端分销的方法。

1. 渠道分销

解决压货最好的办法就是把货物往经销商的下级分销商分销，让货物充斥整个分销渠道。如何往下分销呢？销售人员可以参考前面所讲的几种压货办法，帮助经销商往下级分销商、分销网点分销。例如，采用搭赠的销售方式，购货多少送多少；采用购货折扣的方式，达到多少销售额度给予多少折扣；采用定时、定量销售奖励的方式，达到设定的销售指标，给予某些优惠；让下级分销商做某些产品的垄断或区域垄断以让他压货，等等。这样就直接把经销商的压货压力转嫁给了其下游客户，让产品在整个渠道的销售压力增加。

2．拓展销售区域

在厂家规定允许的情况下，销售人员可以鼓励经销商把货物销往空白区域，或者销往非主控渠道。这样既可以帮助经销商拓展分销渠道，也可以提高产品的铺货率，同时减轻经销商的压货压力，增加销量。

3．提高铺货率

不是每个经销商和每个产品都可以掌控区域内的每个零售点。经销商为了减轻压货压力，可以向没有供货的零售点铺货。例如，可以采取"车销""直销"的形式，把货物直接铺向这些零售盲点，提高销量。为了铺货成功，可以向零售盲点赠送陈列工具，提供陈列费用等，让更多的零售盲点加入产品的销售行动中。

4．针对消费者的促销

对于经销商直接掌控的终端，可以设计某些直接针对消费者的促销活动。例如，既可以在某个商场做特价、上海报、摆堆头，也可以在某个展销点做全品展销活动，还可以直接把产品卖到消费者手中。

5．各种广告促销

为了加强产品销售，可以采用各种广告的形式，如电视广告、户外广告、报纸广告、终端店内广告等推广产品，帮助经销商缓解压货压力。

总之，销售无定式，销售人员可以采取很多办法帮助经销商把货物推广到下游的各个销售环节，甚至直接到消费者手中，以解决经销商的压货问题。

梅明平对厂家区域经理说

产品最终流向哪里？哪里的空间最大？区域经理可以从以下渠道进行分析。
- 现有渠道。有多少现有渠道？现有渠道能够消化多少？
- 新渠道。还能开发多少新渠道？新渠道能消化多少？
- 促销。通过促销活动能销售多少？

19.6 厂家区域经理工具箱

在给经销商压货时,区域经理要掌握以下5大工具。
(1)压货的4种目的。
(2)压货的3种方式。
(3)给经销商施压的3种方法。
(4)给业务员施压的两种方法。
(5)加强终端分销的5种方法。

第 20 章　促销

问题与痛点

1. 白酒经销商郑总好不容易从中百仓储得到了一个堆头促销的机会，希望区域经理胡纯帮他设计一个促销活动。3天后，活动方案出来了：所有产品一律9折。一周下来，销量很不理想，和平时不做堆头的销量差不多。问题出在哪儿？经反馈，同类产品上周促销是"买1送1"，你才9折，谁买你的？区域经理胡纯所做的堆头促销失败了。
2. 两个月后，经销商郑总想开一个订货会，希望通过会议促销，让二批商、零售商多进些货。郑总在这方面没有经验，希望区域经理胡纯帮忙。区域经理胡纯也很积极，答应帮郑总这个忙。经过一周的策划，会议流程、促销力度（吸取了上次的教训，加大了促销力度）、会议组织、会场布置都准备得非常充分，经销商郑总也很满意。两天后，订货会如期举行。会议计划是，二批商、零售商下午1点报到，2点开始开会，可是等到下午3点，原计划到200人，才稀稀拉拉到了不到20人。区域经理胡纯又一次失败了。
3. 经销商郑总好不容易从两次促销失败的噩梦中清醒过来，可又发生了一件很棘手的事——市场有货窜进来了！很快，市场价格连续下降，二批商、零售商纷纷退货，经销商郑总该怎么办呢？

经销商是一个经营实体，为了提升产品的销量，提高产品的销售额，增强竞争力，经销商需要开展促销活动，以适应本区域市场的特殊情况的要求。然而，经销商的素质参差不齐，促销能力差别很大，为了使经销商积极有效地开展促销活动，销售人员需要进行协助。

销售人员不仅要协助经销商制订促销计划，还要协助其实施促销计划，以达到促销的目的。销售人员协助经销商开展促销活动，主要包括以下几个方面。

20.1　KA 卖场堆头促销

由于 KA 卖场的堆头有限，经销商要向 KA 卖场提前申请开展促销活动，所以能够获得堆头的销售机会实在难得，应好好珍惜。做堆头就要有促销，没有促销的堆头不仅不会带来较大的销量，反而还要支付高额的堆头费。因此，堆头的销量与是否有促销有很大的关系，经销商应通过有效的促销活动来提高堆头的销量。

1．堆头促销方式

堆头促销的目的是提高销量。虽然堆头促销方式有很多种，但最有效、最直接的方式主要有买赠促销和折价促销两种。

（1）买赠促销。采用"买 1 送 1"等促销形式，如买 1 包休闲食品，送 1 瓶矿泉水，等等。

（2）折价促销。折价促销是最有效、最直接的方式之一，如"7 折销售"或"原价 18 元，现价 15 元"等。

2．堆头促销注意事项

（1）注意随时补货。因堆头促销的销量较大，经销商要随时补充，以免出现断货的现象。

（2）制作精美的 POP 海报。有些厂家习惯手写 POP 海报，但容易出现字迹不工整、模糊不清、不美观的问题，建议用电脑制作 POP 海报。

梅明平对厂家区域经理说

区域经理一定要弄清楚堆头促销的目的，否则效果会大打折扣。堆头促销最重要的是扩大产品影响力，使非用户转向使用厂家的产品，老用户更多地购买厂家的产品，扩大顾客群。因此，堆头促销的力度一定要大，销量要高，但不一定赚钱，有时甚至亏本。

20.2 铺市促销

有时，厂家只要求经销商达到多少铺市率，至于如何提高铺市率，怎样做才能取得好的铺市效果，一般情况下，厂家不会进行具体指导，具体怎么执行由经销商自己决定。为提高铺市率，销售人员应协助经销商设计能够吸引下游客户（包括批发商和零售商）的促销方案。

1. 铺市促销方式

（1）优惠礼包。将下游客户经常销售的品种组合在一起，以一定的优惠价格销售给客户，以达到提高铺市率的目的。

（2）赠送。例如，赠送挂历、试用装、日常用品等。

2. 铺市促销注意事项

（1）确定厂家费用分摊比例。由于铺市促销会涉及铺市费用，销售人员应事先与经销商沟通费用由谁承担。如果费用由厂家与经销商共同承担，则应确定费用承担的比例各是多少。

（2）安排每天铺市路线。铺市路线要具体安排到每天。

（3）确定铺市目标。确定每天铺市的数量和产品的销量。

（4）铺市人员奖励计划。铺市是一件很辛苦的工作，为提高铺市人员的积极性，应制订铺市人员的奖励计划。例如，每铺市一家，奖励1元；完成铺市任务后，每铺市一家，奖励1.5元。

梅明平对厂家区域经理说

怎么铺市才有效呢？小打小闹的铺市不会起到任何作用。铺市要有效果，必须是大范围的、铺天盖地的、迅速的，能够在短时间内达到60%以上的铺市率。因此，铺市之前要有周密的计划，包括铺市人员、铺市对象、铺市线路、铺市产品、铺市促销、铺市时间、铺市竞赛等。

20.3 应对竞争对手的促销

1. 应对竞争对手的促销方式

应对竞争对手的促销方式，应主要针对竞争对手的促销方式来进行。经销商在设计促销方案时，要注意比竞争对手的促销力度稍大。例如，竞争对手8折销售，则我方应 7.5 折销售；竞争对手送玻璃杯，则我方应送玻璃碗；竞争对手采用临时促销员促销，则我方也采用临时促销员促销，且促销人员数量应超过对方。

2．应对竞争对手的促销注意事项

（1）如果双方促销现场相距很近，则我方促销人员不能与竞争对手的促销人员发生冲突。

（2）在促销时，我方促销人员不可诋毁对方的产品和人员。

梅明平对厂家区域经理说

如果双方品牌力很接近，渠道相同，客户相同，就会出现"你死我活"的竞争。区域经理不要主动挑起竞争，但也不要害怕竞争。区域经理一定要有预案——一旦发生争执，甚至发生肢体冲突，应如何处理。

20.4 会议促销

对于季节性较强的产品，在产品销售旺季到来之前，为使自己厂家的产品塞满渠道成员的仓库，占据竞争优势，销售人员应与经销商沟通，协助经销商开展会议促销。通过召开产品订货会，把经销商的网络成员召集到一起，通过强有力的促销吸引下游客户大量进货。

1．会议促销方式

（1）递增式促销。进货量越大，获利越多。例如，进货 100 件，赠送某产品 1 件（100 送 1）；进货 200 件，赠送某产品 3 件（100 送 1.5）；进货 300 件，赠送某产品 6 件（100 送 2）……

（2）现扣。现场进货，则优惠一定百分比，如倒扣 2 个点，即产品按 9.8 折销售。

（3）联合促销。由于经销商大多经销多家产品，通过对各个厂家提供的促销资源进行整合，可以取得良好的促销效果，如"购六神花露水，送白猫爽身粉"。由于这两种产品都属于畅销产品，这种促销对下游客户会产生巨大的吸引力。

2．会议促销注意事项

（1）为参加会议的客户报销路费。

（2）每位参会者发放一份礼品。

（3）会议时间为半天，最好选择下午召开会议。

（4）会上有抽奖活动。
（5）提供晚餐。
（6）晚餐后送客户回家。
（7）厂家领导参与并讲话。
（8）样品展示，以便客户订购产品。
（9）会议费用由厂家与经销商共同承担。

梅明平对厂家区域经理说

会议促销的重点在哪里？区域经理一定要清楚，会议促销的重点既不在于促销方案是否有吸引力，也不在于促销流程是否合理，重点在于促销对象——他们是否会抽时间参加会议。

因此，区域经理要花大量时间来确认是否有客户参加会议？有多少客户参加会议？如何吸引客户参加会议？

20.5 新产品促销

新产品促销是经销商必须具备的能力。只有厂家所有的经销商都具备了新产品促销的能力，厂家推出的新产品才能获得市场的认同，否则经销商只会一味推销畅销产品。一旦畅销产品出现窜货引起的价格波动，或者畅销产品将进入衰退期，就会影响经销商的利润，给经销商造成很大的打击。因此，帮助经销商开展新产品的促销，让经销商逐渐学会推广新产品，帮助经销商获得推广新产品的丰厚利润，是销售人员的重要工作。

1．新产品促销方式

（1）买赠。买新产品赠送畅销产品。

（2）样品试用。通过现有的渠道，将新产品的样品发放出去，让人们有机会免费试用。

（3）礼包促销。将新产品放在礼包内销售。

2．新产品促销注意事项

（1）不能急于求成。销售人员应与经销商沟通，让经销商明白：新产品都有一个投入期，要有耐心。要有至少半年的市场推广计划，每月都要有推广新产品的促销方案。产品培育需要一个过程，但新产品一旦被市场接受就会带来丰厚的回报。这是因为厂家对新产品的支持力度会比老产品大,返利也会高一些。同时,由于新产品的窜货少,市场价格稳定,利润率高,获利自然就多。

(2)用畅销产品带动新产品。由于人们在购买新产品时担心有一定的风险,所以可以用在市场上有一定知名度的畅销产品来带动新产品的销售。

梅明平对厂家区域经理说

对于经销商来说,新产品就等于风险,新产品就等于积压品,所以提高经销商对销售新产品的信心是区域经理重要的工作。区域经理要想使新产品促销有效果,就需要捆绑畅销品,并与铺市促销同时进行。

20.6 应对窜货的促销

无论如何,窜货总是时常发生。面对窜货,受害经销商总是无可奈何,被动接受因窜货给自己造成的危害。如果销售人员面对的是这种心态的经销商就会疲于奔命,整天处理经销商的投诉问题。

销售人员应该告诉经销商,在窜货问题上,经销商自己也有责任,为什么货总往你的区域窜?实际上,凡是窜货严重的地方,都是经销商的网络不健全的地方,经销商没有真正地掌控终端。如果经销商所属区域有1 000个零售网点,其中有900个网点由经销商所控制,窜来的货往哪里销售呢?当然,这里不讲窜货的原因,只讲如何设计应对窜货的促销方案。

1. 应对窜货的促销方式

(1)集点促销。当下游客户累计销售达到一定量时,经销商将赠送一定金额的产品,或者返还一定金额的现金,以此来吸引下游客户长期进货,培养下游客户忠诚度,降低窜货所带来的少量利益对下游客户的诱惑。

(2)对下游客户进行分类,根据不同类别开展促销,如将现有客户分为A、B、C 3类。在分类时,一般采用的标准:A类客户数量占10%左右,销量占70%左右;B类客户数量占20%左右,销量占20%左右;C类客户数量占70%左右,销量占10%左右。经销商应将管理重点放在A类客户上,并将重要的资源分配给这些客户。例如,对于紧俏产品,则只供应A类客户;对于厂家的促销产品,优先满足A类客户,以培养经销商与这些关键客户的感情,降低窜货对这些客户的诱惑。如果市场上A类客户不接受窜货的产品,窜货还有多大的市场呢?

（3）以牙还牙促销。首先要了解是谁把货窜过来的，然后针对这个经销商，将他所经营的主要产品，以较低的市场价格少量抛售，扰乱其产品的市场价格。最后，双方坐下来，通过互相妥协来防止同样的窜货事件出现。

（4）加大赠品力度，以降低窜货的利益对下游客户的诱惑。这种方法需要销售人员的支持。销售人员通过向厂家申请赠品（产品或促销品），在产品销售时，采用买赠的方式吸引下游客户。另外，销售人员可以建议经销商将自己仓库中的一些可用作赠品的产品拿出来开展买赠活动。

2. 应对窜货的促销注意事项

（1）运用以上第一、第二种应对窜货的促销方式，贵在长期坚持，短期内效果不会明显。

（2）运用以上第三、第四种应对窜货的促销方式，贵在快速，抢在窜货商家的前面，或者在第一时间通过电话通知下游客户，告知其现有的促销计划，防止窜货商家抢占客户。

梅明平对厂家区域经理说

窜货的特征是"打一枪换一个地方"，没有连续性，也不知道1年有多少次窜货。区域经理应对窜货的绝招是用连续性破解——给下游客户累计进货量奖励，1年奖励1~2次。这种累计进货量奖励一定要比单次窜货所获得的利益更有吸引力。

20.7 编写促销方案

通过与经销商的沟通，在确定促销类别的基础上，销售人员要进行促销前的各项准备工作。其中，协助经销商填写《促销方案制定表》（见表20-1）是一项很重要、很细致的工作。这份表格包括促销的方方面面，经销商需要认真填写相关内容，只有在完整填写这张表格的基础上才能开展促销活动。

20.8 实战演练

20.8.1 促销方案制定表

促销方案制定表如表20-1所示。

表 20-1 促销方案制定表

制表人：_____

促销主题	
促销时间	从____年____月____日起，到____年____月____日止
促销会议	经销商员工　促销前动员会议时间：____月____日____时 　　　　　　　促销后总结会议时间：____月____日____时

促销类别	在所选择的促销类别后面打"√"				
	堆头促销		铺市促销		应对竞争对手的促销	
	会议促销		新产品促销		应对窜货的促销	

促销目标	在所选择的促销目标后面填写具体促销目标				
	销量目标		市场占有率目标		铺货数量目标	
	清理库存目标		新产品销售目标		增加新网点目标	
	减少窜货危害		削弱竞争对手的影响		其他目标	

促销渠道	在所选择的促销渠道后面打"√"				
	KA卖场		批发市场		中小零售店	

促销形式	在所选择的促销形式后面打"√"				
	免费赠送		联合促销		折扣券	
	抽奖		连带促销		特价	
	会员积分		定量促销		刮刮卡	
	打折		限量促销			

促销方案描述	

促销目标分解	甲组计划	费用（元）	乙组计划	费用（元）	丙组计划	费用（元）
	甲组员工1计划		乙组员工1计划		丙组员工1计划	
	甲组员工2计划		乙组员工2计划		丙组员工2计划	
	甲组员工3计划		乙组员工3计划		丙组员工3计划	
	甲组合计		乙组合计		丙组合计	
	促销目标合计：					

员工奖励计划	

续表

	项目	费用（元）	项目	费用（元）	项目	费用（元）
促销费用	电视广告		宣传单页		折扣	
	报纸广告		易拉宝		餐饮	
	POP 海报		条幅		员工奖励	
	邮寄费		赠品		加班费	
	运输费		礼品包装费		其他费用	
	促销费用合计：					
费用分摊	厂家与经销商费用分摊的比例为：					
	其中厂家应负担：				经销商应负担：	

20.8.2 促销大礼包带动辅销产品销售

金辉牙膏厂的销售代表李辉发现经销商王总库存中有较多的辅销产品，于是决定通过大礼包的形式加快辅销产品的销售。

李辉将大礼包的信息通知经销商下属的二批商，发现很受他们的欢迎，不到半个月，库存的 500 包 310g 牙膏（辅销产品）就销售一空，经销商对李辉大加赞赏，以后双方的合作越来越顺利。

李辉设计的促销大礼包为：畅销产品 105g 牙膏 2 包（每包 9 支牙膏，每支牙膏批发价 2.17 元）+ 辅销产品 310g 牙膏 1 包（每包 9 支牙膏，每支牙膏批发价 3.2 元）。

原价：67.86 元（畅销产品 39.06 元，辅销产品 28.8 元）。

促销价：50 元。

优惠：17.86 元。

投资回报率：35.72%。

20.9 厂家区域经理工具箱

在帮助经销商促销时，区域经理要掌握以下 7 大工具。

（1）KA 卖场堆头促销。

（2）铺市促销。

（3）应对竞争对手的促销。

（4）会议促销。

（5）新产品促销。

（6）应对窜货的促销。

（7）编写促销方案。

第 21 章 终端管理

问题与痛点

1. 常德食品经销商钱总有 20 个超市促销员和 5 个业务员。钱总觉得管人是一件很麻烦的事,这些员工经常迟到、早退,出工不出力,懒懒散散,铺货、陈列、促销、客情关系,样样都做不好。一天,钱总对区域经理梅勇说:"梅经理,你能不能告诉我,如何管理员工?"梅勇一脸愕然,不知所措。因为梅勇只知道如何与经销商打交道,对于如何帮助经销商管理员工,从来没有考虑过,也没有经验。

2. 一日,区域经理梅勇巡访市场,发现超市零售价格比厂家规定的最低零售价格 68 元还低 10 元,批发价格比厂家规定的 58 元还低 8 元,怎么办呢?梅勇一筹莫展,不知如何是好。是管还是不管?如果要管,该如何管呢?

3. 一日,区域经理梅勇巡访卖场,发现产品陈列比规定的少了 3 个单品,而且品种陈列分散、没有集中,经仔细观察发现产品上有灰尘,还有一个卖场货架上只有 2 件产品,按要求应该至少陈列 10 件产品。卖场促销员不见踪影,经询问了解到他今天临时请假……照此下去,非撤柜不可。梅勇该怎么办呢?

> 销售人员应花更多的时间和精力协助终端管理能力弱的经销商进行终端管理。对厂家来讲,只有在零售终端完成的销售才是最终的销售。

销售人员应花更多的时间和精力协助终端管理能力弱的经销商进行终端管理。对厂家来讲,只有在零售终端完成的销售才是最终的销售。对销售人员来讲,经销商零售终端做得好,销售目标完成得就好。因此,对零售终端的规范和管理是经销商销售工作中重要的内容，也是销售力的重要体现。

21.1 终端队伍管理

由于销售工作的特殊性，终端销售代表 70%以上的工作是在办公室以外进行的，经销商很难进行现场监督。同时，终端销售代表日复一日地在固定的零售终端之间巡回，容易产生厌倦情绪，甚至丧失工作兴致。一旦经销商对终端销售代表的管理失控，终端人员消极怠工、自由散漫的工作作风就会随之生成和蔓延，这不仅会使零售终端管理流于形式，还会严重影响整个销售团队的工作氛围。因此，厂家销售人员协助经销商对终端销售代表进行有效管理是零售终端管理中的重要内容。经销商对终端队伍的管理表现在以下 4 个方面。

（1）报表管理。经销商运用工作报表追踪终端人员的工作情况，是规范终端销售代表行为的一种行之有效的方法。严格的报表制度可以使终端销售代表产生压力，督促他们克服惰性，使终端人员做事有目标、有计划、有规则。主要报表有经销商直供网点一览表、销售代表直供网点拜访日报表（周报表、月总结表）、竞争产品调查表、终端岗位职责量化考评表、样品及礼品派送记录表、终端分级汇总表等。

（2）人才培养。一方面，加强岗前、岗中培训，增强终端销售代表的责任感和成就感，促使其独立工作；另一方面，厂家销售人员应与经销商一起拜访终端销售代表，并给予其理论和实践的指导，发现问题及时解决，使终端销售代表的业务水平不断提高，以适应更高的工作要求。这种培养还可以促进厂家销售人员对经销商终端人员各方面工作情况的了解，并且对制订经销商销售代表的培训计划有不可忽视的作用。

（3）终端监督。厂家销售人员要定期、不定期地走访市场，对市场情况做客观的记录、评估，并公布结果。终端市场检查的结果直接反映了终端人员的工作情况。同时，建立健全竞争激励机制。对于成绩突出的人员，厂家销售人员要充分肯定成绩，并鼓励他们向更高的目标冲击；对于成绩一般的人员，厂家销售人员既要帮助经销商改进工作方法，又要督促他们更加努力地工作；对于那些完全丧失工作热情、应付工作的人员，厂家销售人员要向经销商建议辞退。

（4）终端协调。厂家销售人员应告诉经销商重视终端销售代表所反映的问题，摸清情况后尽力解决，这样既可体现终端人员的价值，增强其归属感、认同感，又可提高其工作积极性，还可鼓励他们更深入、更全面地思考问题，培养自信心。

经销商拥有一套完善的终端人员管理制度，通过它来约束终端人员的行为，终端管理的工作才能有所保证。终端销售代表对零售终端网络的管理,可分为以下3个步骤。

第一步,终端分级。根据各终端所处位置、营业面积、社区经济条件、营业额、知名度等情况,把个人所管辖区域内的零售终端进行分级。各方面条件最好的为 A 类终端,至少要占终端总数的 1/5,作为工作重点;条件一般的为 B 类终端,至少要占终端总数的 1/3,作为工作次重点;其余为 C 类终端。

第二步,合理确定拜访周期。根据终端类别设置拜访周期,突出重要的少数,提高工作效率。A 类终端每周至少拜访一次,B 类终端每两周至少拜访一次,C 类终端每月至少拜访一次。

第三步,明确目标、具体任务。单纯的终端工作不像销售工作那样,可以根据销售量和回款额的多少直观地评价,但这并不表示终端工作就没有标准可循。一个优秀的终端销售代表应该明确自己的工作目标。例如,每天拜访多少家终端,每家的产品陈列要做到何种水平,各类终端产品铺货率要达到多少,等等。终端销售代表应每天总结自己的工作,评价目标完成情况,不断积累经验,提高工作能力。

梅明平对厂家区域经理说

销售管理就是数字管理!因此,销售报表是区域经理管理销售队伍的重要工具。区域经理要养成良好的习惯——每天看报表,并通过报表找出问题,实施管理。

21.2 终端业务管理

一般情况下,终端业务管理大致包括产品铺市、产品陈列、POP 促销、价格控制、通路理顺、客情关系、报表反馈 7 项工作。

1. 产品铺市

终端销售代表要把产品铺市工作放到首位,因为产品放在仓库里永远没有展示在店头所得到的销售机会多。特别是通过中间商向终端铺货的厂家,其终端销售代表在工作中更要重视产品铺货率,不能因为自己不直接和终端产生商业关系而忽视产品铺货率。只有保证了较高的产品铺货率,产品销量持续稳定增长才能有保障。

2. 产品陈列

在固定陈列空间里，使经销商所经营的每种产品都能取得尽可能大的销量和广告效果，这是产品陈列工作的重要目的。终端销售代表在每个零售终端都要合理利用货架空间，在保持店堂整体陈列协调的前提下，向店员提出自己的陈列建议，并详述其优点和可以给店家带来的利益。得到允许后，终端销售代表要立即帮助店员进行货位调整，用自己认真负责的工作态度和饱满的工作激情感染对方。如果对方有异议，先把他同意的部分加以调整，没有完成的目标可在以后的拜访中逐步完成。

通常，产品陈列有以下 6 个原则，应妥善运用。

原则一：与狼共舞。将产品与其他竞争品牌放在一起，易于被消费者选取，并且要尽可能与领导品牌放在一起，越靠近领导品牌越好。

原则二：垂直集中。垂直集中陈列不仅可以抢夺消费者的眼球，还容易做出生动有效的陈列面，因为人们的视觉习惯是先上下、后左右。垂直集中陈列符合人们的视觉习惯，使商品陈列更有层次、更有气势。

原则三：全品项。尽可能地将产品全品项分类陈列在一个货架上，既可满足不同消费者的需求，增加销量，又可提升厂家形象，提升产品的影响力。

原则四：重点突出。在有限的货架空间内，一定要突出主打产品的位置，这样才能主次分明，让消费者一目了然。除了主打产品，在某个时期需要重点突出的产品还包括新产品和促销装。

原则五：价格醒目。标示清楚、醒目的价格牌是增加消费者购买的动力之一，这样既可增加产品陈列的宣传效果，又可让消费者买得明白。可对同类产品进行价格比较，还可以写出特价和折扣的数字吸引消费者。

原则六：陈列动感。利用展架、POP 等助销工具，对产品陈列展示进行售点生动化处理，使其对进入售点的消费者形成一种强烈的视觉刺激，进而促进消费者的购买。

另外，陈列要能从各个方向吸引消费者的目光，端架陈列应尽可能做到"3个面"。

3. POP 促销

终端销售代表应充分利用厂家给经销商配送的各种 POP 工具营造吸引消费者的卖场氛围，让经销商的产品成为同类产品中消费者的首选。终端销售代表在放置宣传工具时，应先征得终端人员同意，并争取他们的全力支持，以避免宣传工具被同行掩盖。如果好的位置已被同行占用，并且终端人员不支持替换，可先找稍次的位置放下，以后加强与终端人员的沟通，寻找机会调整。能够长期放置的宣传工具，放好之后要定期维护——注意其变动情况并保持整洁，以维护厂家形象。终端销售代表要珍惜厂家精心设计的 POP 工具，合理利用，亲手张贴或悬挂，放置在醒目的位置，并尽量和货架上的产品陈列相呼应，以取得良好的展示效果。用于阶段性促销的 POP 工具，促销活动结束后必须换掉，以免误导消费者，引起不必要的纠纷。

4．价格控制

在每次终端拜访过程中，厂家销售人员应要求经销商的终端销售代表密切注意厂家产品售价的变动情况。如果终端销售代表遇到反常的价格变动，要及时追查原因，并及时告诉经销商和厂家销售人员。监督厂家产品市场价格的情况，是终端工作不可缺少的一项内容。

5．通路理顺

维持顺畅、稳定的销售通路，是销售活动顺利进行的基本保障。消费品经营便利，中间商数量众多，通路混乱现象经常发生。区域之间窜货、倒货乃至假货横行等问题的出现，不仅危及销售通路中各环节的利益，还直接削弱了厂家对市场的控制能力，因此必须理顺各终端的进货渠道。对于没有从经销商处进货的零售终端，终端销售代表要向他们言明利害关系，使他们充分意识到从非正规渠道流入的货物得不到厂家售后服务，易出现劣质产品等问题，必将带来较大损失。

6．客情关系

与各零售终端保持良好的客情关系，是终端销售代表顺利完成各项终端工作的基本保证。长期维持良好的客情关系，能使厂家的产品得到更多的推荐机会，同时可以在客户心目中保持良好的厂家、产品、个人形象。在零售终端，营业员的推荐对产品的销售起着举足轻重的作用，因此终端人员在和营业员进行交流和沟通时，要对他们的支持表示感谢。另外，巧妙运用小礼品，对加深客情关系很有益处。

7．报表反馈

报表是经销商了解其员工工作情况和终端市场信息的有效工具。同时，认真、准确地填写工作报表，是销售人员培养良好工作习惯、避免工作杂乱无章、提高工作效率的有效方法。工作日报表、工作周报表、月计划和总结等，销售人员要根据实际情况填写，工作中遇到的问题要及时记录并向经销商反馈。

经销商要求定期填写或临时填写的用于反映终端市场信息的特殊报表，终端销售代表一定要按时、准确填写，不得编造，以防信息不实而误导经销商决策。

梅明平对厂家区域经理说

终端业务管理是终端销售队伍管理的重要内容，区域经理要把以上7项工作进行量化，甚至将工作要求编成顺口溜或歌曲，便于记忆。我在厂家担任销售总监时就将考核的业务编成顺口溜，要求相对应的员工牢记，在巡访市场时随时抽查，取得了很好的效果。举例如下。

- 旗舰店促销员12345：
  - ✓ 1张报表。每天填写1张报表《旗舰店促销员销售日报表》。
  - ✓ 2张海报。每天确保有2张产品宣传海报在张贴栏。
  - ✓ 300张折页。每天派发300张产品折页宣传资料。
  - ✓ 4 000元销售额。每月确保4 000元的销售额。
  - ✓ 5项技能。掌握陈列、产品知识、推销技巧、客情关系、报表管理5项技能。

- 业务员1234567：
  - ✓ 1张海报。所有铺货零售商张贴1张产品海报。
  - ✓ 2套体系。旗舰店+零售商，200家铺货。
  - ✓ 3项汇报。每天汇报市场出货价、出货量和巡访数量。
  - ✓ 4箱出货。每天销售4箱A产品。
  - ✓ 5天巡访。每周必须保证5天在市场上。
  - ✓ 6项技能。掌握铺货、巡访、宣传品利用、市场秩序控制、促销员管理、报表管理6项技能。
  - ✓ 7天循环。每个零售商7天巡访一次。

- 销售经理12345：
  - ✓ 1张表。每次巡访时，必须填写《销售工作检查表》。
  - ✓ 2种渠道。每次巡访时，不仅要检查旗舰店工作，还要检查流通渠道工作。
  - ✓ 3类人员。与经销商、客户经理、促销员进行沟通，了解市场信息。
  - ✓ 4处抽查。对于铺货、宣传品张贴，应四处检查。

✓ 5 项技能。掌握销售计划、价格管理、窜货管理、培训、费用管理 5 项技能。

21.3 终端价格管理

区域市场价格的稳定与否，关系到经销商利益的得失，关系到产品形象的好坏。区域市场的价格管理主要包括两个方面：一是对零售市场上的零售价格的管理，主要针对零售价高于或低于厂家的市场指导价的管理；二是对批发市场上的批发价的管理，主要针对批发价低于厂家的市场指导价的管理。

21.3.1 对零售价高于厂家的市场指导价的管理

1．表现形式

区域市场的零售价高于厂家的市场指导价的表现形式主要有两种：一是厂家的市场指导价下调而市场的零售价仍然维持下调前的价格；二是零售商没有执行厂家的市场指导价，有意将零售价标高。

2．危害

如果区域市场的零售价高于市场指导价，将造成多种危害。对于厂家降价而零售商不降价而言，厂家降价的目的没有达到。一般情况下，厂家降价是为了提高销量，增强竞争力。较高的市场价格将导致销量增长缓慢，竞争对手会乘机扩大市场占有率。

3．管理方法

（1）厂家将调整后的零售价直接印刷在包装盒上，让消费者一目了然。不过，这种方式很容易遭到经销商的抵制。

（2）厂家通过报纸、电视、杂志等媒体，将价格信息传播出去。

（3）销售人员在零售点张贴 POP 海报，将价格信息传播出去。

（4）销售人员应经常巡访市场，对于零售价不符合规范的零售点，直接通知其更改。

21.3.2 对零售价低于厂家的市场指导价的管理

1．表现形式

（1）超市的促销价格低于出厂价。特别是那些与厂家直接签订供货协议的全国性大型连锁超市，经常开展一些令厂家担忧的促销活动，以制造轰动的效果。

（2）市场零售价普遍低于市场指导价。这种情况主要是厂家在某段时间内对消费者促销导致的。例如，对于畅销产品8折促销，促销期过后，市场零售价迟迟恢复不到以前的水平。

2．危害

（1）超市促销的危害。超市促销如不慎，则可能导致该区域市场的价格紊乱，销量下降，甚至严重损害品牌形象。

（2）厂家促销的危害。为支持当地经销商的销售工作，提高区域市场产品的销量，销售人员往往向厂家申请开展区域市场的促销活动。对于快速消费品厂家来讲，这种情况并不少见。但是，正是这种原因导致区域市场价格低于市场指导价。不仅使经销商在当地的销量下降，还影响了零售商的利益，使零售商的进货价与零售价的价差减少，导致零售商的积极性下降，最终导致产品销量下降，品牌形象严重受损。

3．管理方法

（1）对于超市促销导致的价格下降，有以下3种管理方法。

① 如果是直接与厂家签订供货合同的超市，厂家应在签订合同时注明促销的最低价格。当促销低于合同约定的最低价格时，经销商应在1天内向厂家申请，由负责该渠道的销售人员与该超市交涉，令其立即停止促销活动。同时，负责该区域的销售人员也应在1天内，直接到该超市交涉，令其停止促销活动。

② 如果是经销商供货的超市自行促销导致的降价，销售人员应立即与经销商一起前往该超市制止促销活动。

③ 如果是经销商开展的促销活动，销售人员应立即告诉经销商停止促销活动。

（2）对于厂家促销导致的价格下降，销售人员应在促销结束后立即协助经销商恢复市场价格，并通过巡访市场，现场恢复零售价格。同时，销售人员协助经销商印制《××地区零售价格调整信息通告》，表扬已经调价的零售商，并为没有调价的零售商制定最后期限。同时，销售人员建议经销商或向厂家申请对已调价的零售商进行奖励。

21.3.3　对批发价低于厂家的市场指导价的管理

1．表现形式

（1）因窜货导致的市场批发价低于厂家制定的市场指导价。对于畅销产品来讲，窜货无处不在，而窜货又与低价紧密联系在一起。

（2）因促销导致的市场批发价低于厂家制定的市场指导价。这里主要是指销售人员为了提高区域市场产品的销量，为当地的经销商申请的针对批发市场的促销活动，而这种促销活动往往导致产品价格的下降。

2. 危害

（1）窜货原因导致的市场批发价过低，其危害是不可估量的。窜货会从根本上扰乱厂家整个销售网络的价格体系，引发价格战，导致该区域的市场价格混乱，损害厂家的品牌形象。

（2）促销原因导致的市场批发价过低，其危害也是很大的，会影响渠道各成员的利益，对后续的销量产生负面影响。

3. 管理方法

（1）因窜货导致的价格下降的管理方法。负责该区域的销售人员，应在发生窜货的3天内，找出窜货的来源，弄清窜货的性质，向上级申请按照窜货的处罚程序进行处理。同时，按照前面章节所介绍的应对窜货的促销方法制订计划，降低窜货对该市场造成的负面影响。

（2）因促销导致的价格下降的管理方法。销售人员在申请区域促销之前，应尽量限制促销产品的数量。如在正常情况下，某区域正常销售某畅销产品10 000件，在开展促销时，应将经销商的促销产品数量限定在5 000~10 000件，让产品在市场上的消化速度与厂家的促销期相同，否则就会导致促销产品很难在一个促销期消化完毕的情况。

当促销结束后，销售人员应尽快与经销商一起，通过市场走访，或者通过给予批发商一定的促销赠品，迅速恢复市场价格。如在促销期间，二批商进货可获得5%的价格优惠，当促销结束后，为激励二批商进货，可以采用赠送价值相当或略低的赠品，并要求其恢复正常价格。

梅明平对厂家区域经理说

区域经理巡访市场时，一项很重要的工作就是检查市场价格，包括零售价和批发价。以我的经验，区域经理检查市场价格要有方向、有重点。例如，对于名牌产品，主要防止价格过低，以免损害经销商的利益。但有些偏远区域要防止价格过高，以免影响产品竞争力。对于特殊产品，主要防止价格过高，以免影响产品的销量。

21.4　厂家区域经理工具箱

在管理终端时,区域经理要掌握以下4大工具。

(1)从4个方面管理终端队伍。

(2)终端业务管理7项工作。

(3)市场零售价管理方法。

(4)市场批发价管理方法。

第 22 章 货款管理

问题与痛点

1. 经销商归还厂家货款已经逾期 60 天了，没有引起区域经理的重视；经销商延期发放员工工资已经两个月了，区域经理视而不见；经销商已经 45 天没有进货了，区域经理觉得很正常；经销商仓库的货越来越少了，区域经理看不出什么异样……最后，经销商跑了，区域经理傻了。
2. 经销商为了快速提升销量，不断开发新的卖场，导致卖场应收账款越来越多；经销商为了提高市场占有率，大量铺货，导致小店应收账款越来越多；经销商为了打击竞品，与竞争对手抢二批商，对二批商提供赊销服务，导致二批商的应收账款越来越多……最终，经销商的销量确实在快速提升，正在高兴之余，经销商突然发现没有钱进货了。要知道，超市缺货是要罚款的，小店缺货是要被骂的，二批商缺货竞争对手是要乘虚而入的，怎么办呢？一个字：借。找谁借？现在谁有闲钱借给你？终十有一天，高利贷找上门了。几年后，经销商破产了，区域经理因完不成任务被开除了。

22.1 降低货款风险

由于零售终端通常都要求经销商赊销或铺底，自然就产生了终端货款风险。

如果厂家与经销商之间是现款现货，厂家就把货款风险转嫁给了经销商。一旦经销商的货款回笼出现问题，经销商的销售积极性就会大大降低，经销商的经营就会受到影响,自然也会间接影响厂家的销售。

如果厂家与经销商之间不是现款现货,经销商不能如期从零售商那里收回货款的话,就会影响经销商向厂家的回款,对厂家来说存在货款风险。

既然如此,无论厂家与经销商之间是不是现款现货,销售人员帮助经销商降低终端货款风险都显得非常重要。只有销售人员把经销商的利益看成自己的利益,销售人员和经销商是利益共同体,经销商才会把厂家的产品当作自己的产品去经销。

销售人员如何帮助经销商降低终端货款风险呢?

22.1.1 协助经销商加强应收账款管理

1. 建立应收账款管理制度

经销商的不少应收账款变成坏账往往是管理滞后造成的。如果经销商对零售商没有进行详细、科学的分类,经销商没有建立全面的应收账款管理制度,甚至哪个零售商收了款、哪个零售商没收款、负责人是谁都不清楚,更没有对零售商进行信用评估,自然就容易形成坏账。

2. 完善零售商信用评估体系

销售人员要协助经销商建立完善的信用评估体系,加强应收账款管理。只有有了完善的信用评估体系,经销商的货款风险才能降低。

经销商要考察零售商的资产情况、经营状况、每次进货情况和货款回收周期等,评定它的信用等级,并根据这个等级确定它的赊销额度。

同时,经销商还要经常跟同行交流,了解零售商与其他经销商合作的信誉情况,并根据以上情况为零售商评估信用等级。

为零售商评估信用等级是一项综合性的工作,首先要求经销商尽可能多地掌握零售商的资料,然后为每个零售商建立档案。这个档案要尽量详细,基础信息要保证真实可靠。在与零售商的业务往来中,每次交易都应及时录入,对于零售商的变化也要及时发现并采取措施。这样的工作虽然烦琐,但对于管理零售商,尤其是货款管控是非常有益的。

这样的零售商档案和信用评估体系建立之后,就能相应降低经销商的货款风险。经销商可以根据零售商的资信状况决定发货量大小、赊销额度,以后可根据零售商的销售状况及回款情况做相应调整。

22.1.2 不要过分要求高铺货率

如果产品铺货率提高，销售机会就会增加，但应收账款和经营风险也会增加；如果降低铺货率，经营风险虽然降低了，但达不到销售的目标。因此，销售人员应协助经销商根据产品不同的销售阶段、不同的销售策略和市场推广力度的强弱来采取不同的铺货策略。

1．铺货率越高，越容易导致货款风险

销售人员为了提高产品的铺货率，势必希望经销商能够在市场上多铺货。因此，经销商往往把产品铺进新开张的零售店和其他没有进行信用评估的零售店，导致风险较大。在某种程度上，可以说产品的坏账率与铺货率成正比。

经销商要把货铺开，无论如何都会涉及赊销，而赊销是一种风险很大的销售模式，滥用它往往会给经销商带来很大的货款风险。销售人员考虑的应该是协助经销商启动终端市场，做好现有的销售网点，并通过广告宣传和终端推广活动，尽量促使零售商现款进货和减少赊销铺底量。

2．不要给经销商过大的库存压力，不要盲目给经销商压货

很多销售人员为了完成自己的销售任务，往往给经销商定不切实际的高额销售任务，或者硬性要求经销商大批量进货，导致经销商库存压力很大。经销商为了冲销量，就会把大批量的货压给零售商。零售商消化能力有限，在产品销售了很长一段时间后，零售商又会把产品退给经销商。由于量太大，经销商也不可能把产品全部退回厂家，这样风险无疑就转嫁到了经销商身上。

3．少量多次，避免经营损失

销售人员要经常提醒经销商注意货款风险，建议经销商对零售商采用少量送货和多次拜访的策略。尤其是对新零售客户，赊销的量一定不能太大。多次拜访能对零售商进行及时跟踪，一有风吹草动，经销商就能采取相应措施，从而把货款风险降到最低。

22.1.3 厂家与经销商共担铺货风险

有些销售人员出于市场或竞争的需要，希望有很高的铺货率，但高铺货率必然带来较大的货款风险。在这种情况下，为了降低经销商的经营风险，厂家可以承担一定的铺货风险，支付给经销商一定的铺货风险金。

铺货风险金应根据铺货金额、铺货网点数而定，合适的比例应为总铺货金额的 5%以下。铺货结束后，经销商向销售人员提供详细的终端铺货明细表，由销

售人员对整个市场的铺货状况抽查、验收。如果符合标准,销售人员就按合同约定支付铺货风险金。

虽然铺货工作贯穿于产品营销的全过程,但厂家不可能承担全部铺货损失,通常只对第一次铺货支付铺货风险金。

22.1.4 用返利模式来降低货款风险

销售人员可以协助经销商制定返利的销售制度,即经销商对选定的零售商按其销售能力、信用级别给予适当的货物铺底,超过经销商铺底的部分由零售商支付现款。铺底货款暂不收回,但零售商销售产品的部分利润或全部利润扣留在经销商手中,作为以后兑现的返利,待零售商把货款付清后,经销商再将返利补给零售商。

返利模式的销售制度有两个好处:一是货物铺底额可以事前控制,不会导致在以后的交易中经销商的应收账款越来越多;二是零售商销售产品的利润扣留在经销商手中,在信用期限内,零售商销得越多,扣留在经销商手中的利润也就越多。当零售商的销售达到一定量时,其在经销商手中的利润就会越来越接近货物铺底额,相当于经销商的应收账款在不断减少,这样经销商的货款风险也就降低了。

22.1.5 关注零售终端的欠款信号

在日常拜访中,检查零售终端的经营状况是销售人员的重要工作。当零售终端出现下列状况时,销售人员就要特别谨慎,这是零售终端经营不善的信号,应及时将此信息告诉经销商,避免经销商的经营损失。

(1)不正常的盘点。

(2)频繁地有商家退出经营。

(3)没有人气。

(4)产品大打折扣(低于供应商的底价)。

(5)货架出现大量的空位。

(6)无法支付正常的营运费用(如房租、水电、工资)。

(7)商场业务员频繁更换。

(8)大量使用礼品券抵供应商的货款。

(9)大量无法兑付的空头支票。

(10)商场负责人无正当理由地突然失踪。

梅明平对厂家区域经理说

目前，厂家和经销商之间基本上都是现款现货，但部分行业的经销商和零售商、批发商之间存在赊销行为，如农药、化肥、太阳能热水器等行业。食品经销商的超市渠道采用的是定期结算。无论是赊销还是定期结算都会造成经销商的应收账款越来越多，资金周转速度越来越慢，现金流越来越少，最终导致无钱进货。

现在，资金压力大部分集中在经销商身上，所以区域经理一定要帮助经销商降低货款风险。

22.2 严格管理应收账款

对于不是现款现货的厂家，销售人员应对经销商的应收账款进行严格管理，防止经销商拖欠货款。因此，销售人员在对经销商的应收账款进行管理时，应做到以下几点。

22.2.1 加强原则性

销售人员在同经销商维持良好的客情关系的同时，一定要加强原则性，也就是明确同情心和职业道德之间的关系，不折不扣地执行厂家的销售制度，做好经销商应收账款的管理。

22.2.2 加强回款意识

销售人员在回款事务上应该养成良好的习惯。货款回收期限前一周，电话通知或拜访经销商，告知其结款日期。期限前3天确定结款日期，如自己不能赴约，就应通知对方自己的某位同事会前往处理；如对方不能赴约，应建议对方授权其他人跟进此款。在结款日按时前往拜访经销商。

22.2.3 在销售合同中明确账款条款

销售人员在与经销商签订销售合同时要注意以下事项，以避免日后处理应收账款时与经销商产生分歧导致经营风险。

（1）明确各种交易条件，如价格、付款方式、付款日期、运输情况等。

（2）明确双方的权利和违约责任。

（3）确定合同期限，合同结束后视情况再签订。

（4）加盖经销商的合同专用章（避免个体行为的私章或签字）。

22.2.4　严格执行经销商开户制度

当厂家开发新的市场或对目标市场进行细分时，对经销商进行充分、科学的评估是必要的，这不仅为将来的销售寻找一个合作伙伴，还降低了日益激烈的市场竞争所带来的经营风险。因此，厂家对经销商进行评估就显得尤为重要。评估的内容应包括以下几个方面。

1．资信状况

资信状况包括经销商发展状况，在行业中的口碑，历史交易记录，在销售通路上游、中游、下游的评价等。

2．财务状况

财务状况包括经销商性质、注册资金、资金来源、固定资产、流动资金、欠债情况、还债能力、应收账款等。

3．经营状况

经营状况包括经销商发展方向，负责人经营理念，主营分销渠道，是否有本行业的经验，是否经销竞争产品，是否代理畅销产品，销售队伍、销售规模，仓储、物流配送系统情况等。

4．负责人的个人资料

负责人的个人资料包括经销商负责人的社会地位、家庭背景、个人背景、家庭成员、婚姻状况、个人爱好、不良嗜好等。

22.2.5　定期协助经销商与财务对账

财务要有定期的对账制度，每隔1个月、3个月或半年就要同经销商核对一次账目。以下几种情况容易造成单据、金额等方面的误差，销售人员要特别重视。

（1）产品结构为多品种、多规格。

（2）不同的产品回款期限、返利标准不一样。

（3）产品出现平调、退货、换货时。

（4）经销商不能按单对单（销售单据或发票）回款时。

（5）经销商拒绝用货款垫支其他款项（客户返利、破损产品货款、广告款、终端销售推广费用等）。

以上情况会给应收账款的管理带来困难，因此厂家要制定一套规范的、定期的对账制度，避免双方财务上的差距像滚雪球一样越滚越大，甚至导致呆账、坏账。同时，对账之后要形成具有法律效力的文件，而不是口头承诺。

22.2.6　关注经销商欠款信号

在日常经营管理中，如果经销商出现了以下情况，说明可能会产生欠款，销售人员必须提高警惕。

（1）对厂家财务人员经常性地回避。
（2）多次破坏付款承诺。
（3）负责人发生意外。
（4）银行退票（余款不足）。
（5）应收账款过多，资金回笼困难。
（6）低价抛售产品（大大低于市场价）。
（7）付款比过去延迟，经常超出最后期限。
（8）转移办公地点。
（9）离职人员增加。
（10）受到其他公司的法律投诉。
（11）不正常地不回复电话。
（12）突然下太大的不需付款的订单（远远超出所在区域的销售能力）。

当经销商出现以上情况时，销售人员应采取果断、迅速的应变措施，以降低应收账款的回收风险。

梅明平对厂家区域经理说

看一则新闻：福建省福州市长乐区人杨某到广西柳州市经商，在柳邕路"顺达通"综合批发市场成立了食品批发部。可是，最近不少厂家发现杨某的行为有些古怪，不接电话、手机关机，最主要的是拖欠着近 15 万元的货款。经过公安机关侦查，杨某存在合同诈骗行为，被柳州铁路运输法院以合同诈骗罪一审判处有期徒刑 3 年，缓刑 5 年，并处罚金 8.5 万元。

销售人员判断经销商资金是否出现问题的一个重要指标就是现金流，判断现金流是否正常的一个重要指标就是员工工资。如果经销商连员工工资都无法正常发放，那么该经销商的资金很可能出现问题了。

22.3 应收账款处理方法

22.3.1 正常应收账款的处理方法

俗话说:"会卖货的人是徒弟,会收款的人是师傅。"销售人员的货款回收能力与工作能力成正比,优秀的销售人员在日常工作中非常关注货款的回收情况。为了使货款尽快回笼,销售人员应做好以下工作。

(1)核查经销商的销售资料(收货单据、发票等)是否齐备,内容是否准确无误。

(2)及时将发票交给经销商,同时与经销商确认收到发票,以便尽早收回货款。

(3)及时收款。若让经销商到期付款,应按时上门收款或电话催收,即使过期一天也应马上追收,不应有等待的心理。

(4)销售人员要向经销商传达一个明确的观念:我们对所有欠款都是非常严肃的,是不能拖欠的。

(5)认同及理解经销商的困难和投诉,同时可以利用自身的优势帮助经销商解决困难。

22.3.2 已被拖欠款项的处理方法

如果货款已被拖欠,则销售人员应与厂家一起做好以下被拖欠款项的追收工作。

(1)检查被拖欠款项的销售文件是否齐备。

(2)要求经销商提供拖欠款项的原因,并收集资料证明其准确性。

(3)根据情况的不同,制定3种不同程度的追讨文件——预告、警告、律师信,按情况及时发出,建立完善的账款催收制度。

(4)要求经销商了解最后的付款期限及其后果。

(5)将欠款交给较高级的管理人员处理,增加追款压力。

(6)成立内部的法律部,以法律部的名义发出追讨函件,警告经销商已经到最后期限。

(7)采用分期付款、罚息等方法分期收回欠款。

(8)使用法律手段维护自己的利益。

22.3.3 呆账和坏账的处理方法

当出现呆账和坏账时,销售人员应协助厂家做好以下善后工作。

(1)折让。
(2)收回货物。
(3)处理抵押品。
(4)寻求法律援助。
(5)诉讼保全。

梅明平对厂家区域经理说

这里的应收账款是指经销商欠厂家的钱,区域经理要以高度的责任心及时收回应收账款,避免夜长梦多。

22.4 实战演练

22.4.1 销售人员应了解的追款方式

为提高追款效率,销售人员应了解以下追款方式。

(1)追讨函件。
(2)建立丰富、完善的客户资料档案。
(3)让对方写下支付欠款的承诺函件,并加盖公章。
(4)与负责人直接接触。
(5)录音。
(6)向警方求助。
(7)增加自己关于财务、银行等方面的知识,如支票、电汇、汇票、承兑汇票、退票等。

22.4.2 拖欠时间与追收成功率的关系

拖欠时间与追收成功率存在密切的关系,所以销售人员应尽快追收货款,因为时间是欠款者的保护伞,时间越长追收成功率越低。

拖欠时间与追收成功率的关系如表 22-1 所示。

表 22-1 拖欠时间与追收成功率的关系

拖欠时间(月)	1	2	3	6	9	12	24
成功率(%)	93	85	73	57	42	31	25

经销商拖欠的时间不应超过回款期限的 1/3，若超过销售人员应马上采取行动追讨。例如，回款期限是 30 天，最后收款期限不能超过 40 天；回款期限是 60 天，最后收款期限不能超过 80 天。若不马上追讨，相当于将回款的机会让给别的厂家，本厂家的经营风险就会上升。

22.5　厂家区域经理工具箱

在管理货款时，区域经理要掌握以下 10 大工具。
（1）从 4 个方面帮助经销商降低终端货款风险。
（2）用返利模式降低货款风险的方法。
（3）零售终端的 10 种欠款信号。
（4）在销售合同中确保账款安全的方法。
（5）从 4 个方面严格执行经销商开户制度。
（6）容易造成单据和金额误差的 5 种情况。
（7）经销商的 12 种欠款信号。
（8）正常应收账款的处理方法。
（9）已被拖欠款项的处理方法。
（10）拖欠时间与追收成功率的关系。

第 23 章 投诉处理

问题与痛点

1. 区域经理抱怨，他的经销商天天投诉，弄得他焦头烂额。经销商投诉什么呢？主要是 3 大问题：垫付费用的报销问题，返利兑现问题，缺货问题。这 3 大问题至于让区域经理焦头烂额吗？
2. 对于经销商的投诉，区域经理要分清轻重缓急，处理不好会伤害厂家，甚至导致厂家倒闭的后果。针对经销商的投诉，哪种投诉要引起高度重视呢？如产品质量、窜货、缺货、送货延迟、服务、费用垫付、返利等。

经销商投诉是很正常的事情，这说明经销商在经营过程中遇到了问题，而这些问题往往与厂家有关。经销商希望通过投诉解决这些问题。对于销售人员来说，有效地处理经销商的投诉是其应该具备的重要技能。

23.1 处理投诉的 6 种原则

23.1.1 先处理人，后处理事

销售人员要妥善处理经销商的投诉，首先应稳定经销商的情绪，然后了解和处理投诉，这样做能较好地解决问题。

销售人员要妥善处理经销商的投诉，首先应稳定经销商的情绪，然后了解和处理投诉，这样做能较好地解决问题。美国一家汽车修理厂有一条服务宗旨叫作"先修理人，后修理车"。什么是"先修理人，后修理车"呢？一个人的汽车坏了，他的心情会非常不好。维修人员应该先关注这个人的心情，再关注汽

车的维修。

当接到经销商的投诉时，销售人员千万不要紧张，更不要马上与经销商辩论问题的责任人，应先稳定经销商的情绪。稳定情绪的方法有微笑、说话用柔和的语调、请对方坐下、端茶送水、请抽烟、请他不要着急等。等对方的情绪稳定后，再处理问题。

23.1.2　限时答复

对于经销商的投诉，销售人员要限时答复，如在24小时内、48小时内给予答复等。

答复并不等于全部解决了经销商的投诉问题。对于能明确给予答复的投诉，则要在规定的时间内给予答复；对于需要上级讨论或涉及其他部门，如财务部、运输部的投诉，则需要一定的时间，但这并不表示等其他部门处理完了才给予经销商答复，而是要在规定的时间内告诉经销商正确的处理流程，以及解决问题的期限等。

23.1.3　从倾听开始

倾听是解决问题的前提。在倾听经销商投诉的时候，不仅要听他表达的内容，还要注意他的语调与音量，这有助于销售人员了解经销商语言背后的内在情绪。同时，通过重复经销商刚才反映的情况，让经销商知道你真正了解了他所说的问题，同时显示你对他的尊重，以及你真诚地想解决问题的态度。

23.1.4　认同经销商的感受

经销商在投诉时会表现出烦恼、失望、泄气、发怒等情绪，销售人员不应该把这些表现当作对你个人的不满。特别是当经销商发怒时，有些销售人员可能心里会想："凭什么对着我发火？我的态度这么好。"要知道愤怒的情绪通常都需要发泄出来，因此经销商只是把销售人员当成了发泄对象。

经销商的情绪是完全有理由的，是理应得到极大的重视和最迅速、最合理的解决的，所以销售人员应该让经销商知道，你非常理解他的心情，关心他的问题。无论经销商是不是对的，至少在经销商的世界里，他的情绪与要求是真实的。销售人员只有与经销商的内心世界同步，才有可能真正了解他的问题，找到最合适的方式与他交流，从而为成功地处理投诉奠定基础。销售人员有时候会不习惯说道歉的话，因为这似乎是在承认自己有错。其实，说声"对不起""很抱歉"并不一定表示你或厂家犯了错误，这主要表示你对经销商不愉快经历的同情。你不用担心经销商因得到你的认可而越发强硬，相反，表示认同的话会将经销商的思路引到关注问题的解决上。

23.1.5　表示愿意提供帮助

当经销商关注问题的解决时，销售人员体贴地表示乐于提供帮助，自然会让经销商感到安全、有保障，从而进一步消除对立情绪。当问题澄清了，经销商的对立情绪消除了，接下来销售人员要做的就是为经销商提供解决方案。

23.1.6　确实解决问题

针对经销商投诉，销售人员应有各种预案或解决方案。销售人员在提供解决方案时要注意以下几点。

1．为经销商提供选择

通常一个问题的解决方案并不是唯一的，销售人员给经销商提供选择会让经销商感觉被尊重。同时，经销商选择的解决方案在实施的时候会更认真和用心。

2．诚实地向经销商承诺

销售人员能够及时解决经销商的问题当然最好，但有些问题可能比较复杂或特殊，销售人员不确定该如何为经销商解决。如果销售人员不确定，不要向经销商做任何承诺，而是诚实地告诉经销商情况有点特殊，你会尽力帮经销商寻找解决办法，但这需要一点时间，然后约定给经销商回话的时间。你一定要确保准时给经销商回话，即使那时你仍不能帮经销商解决问题，也要准时打电话向经销商解释问题进展，表明你所做的努力，并再次约定给经销商答复的时间。同向经销商承诺你做不到的事相比，你的诚实更容易得到经销商的认可。

3．适当给经销商一些补偿

为了弥补厂家操作中的失误，可以在解决经销商问题之外给一些补偿。但要注意：一是将问题解决；二是改进工作，以避免今后发生类似的问题。

梅明平对厂家区域经理说

无论区域经理通过哪种方式解决经销商的投诉，但确实解决经销商的问题，想方设法解决经销商的问题，并让经销商知道你在想方设法帮他解决问题，是处理投诉的核心原则，重要指数★★★★★。

23.2 产品质量投诉

产品质量问题处理不好，将会带来灾难性的后果。面对产品质量的投诉，销售人员应尽快收回有质量问题的产品，并在自己的权限范围内，立即妥善处理，以化解经销商的抱怨。如果不能在自己的权限范围内解决，应立即请示上司，寻找新的解决途径。

当销售人员面对产品质量的投诉时，应尽快息事宁人，大事化小，小事化了，将影响限定在最小的范围内。

当处理完经销商的投诉后，销售人员应以书面的形式，将此次的产品质量问题反映上去，以引起厂家领导的重视，并尽快采取措施，防止同样的问题再次发生。

梅明平对厂家区域经理说

产品质量投诉是经销商所有投诉中最重要的投诉，是需要立即解决的投诉，重要指数★★★★★。区域经理要有高度的敏感性，一旦发生产品质量投诉，应立即汇报给上司，同时稳住经销商的情绪，避免事情越闹越大，最终引起社会关注，因为这对厂家来讲是灾难性的。

23.3 窜货投诉

窜货是经销商经常投诉的内容。当经销商投诉时，销售人员应首先要求经销商收集窜货证据，然后填写《窜货投诉状》。为防止经销商从其他经销商的区域购买产品，陷害其他经销商，在经销商收集窜货证据时，应有证明人、收购地点的出货证明等。

为什么要求经销商收集窜货证据并填写《窜货投诉状》呢？主要是因为经销商的口头投诉太多，一旦遇到投诉，销售人员的手机就会被经销商"打爆"，而且在很多情况下，经销商的投诉都是捕风捉影。因此，销售人员必须要求经销商收集窜货证据，同时应要求经销商填写《窜货投诉状》，以便窜货能够被迅速处理。

更多详情请参考窜货管理相关章节的内容。

梅明平对厂家区域经理说

窜货投诉处理起来很麻烦、很花时间、很伤脑筋，也很难处理得大家都满意。

区域经理千万不能被经销商绕进去,不要没事找事。

区域经理聪明的做法是要求投诉的经销商拿出证据,否则不会处理;区域经理最笨的做法是帮助经销商收集证据。

窜货投诉重要指数★★★★☆。

23.4 延迟送货投诉

当经销商预计的厂家送货时间未到货时,经销商就会打电话向销售人员投诉和抱怨。这时,送货车往往在路上,或者快到了,或者遇到什么事情耽搁了。

销售人员遇到这种情况时,只要告诉经销商送货车现在所处的地点及预计何时到达就可能平息经销商的怒火。

销售人员应知道厂家储运部负责人的电话,通过他来了解货运情况,也可以通过与厂家签约的货运公司调度员来及时与送货司机联系,以了解其现在所处的地点。

梅明平对厂家区域经理说

一旦发生延迟送货问题,区域经理除了应立即了解货运情况,最好从附近调货以解决燃眉之急。

23.5 服务质量投诉

销售人员有时还要处理经销商对厂家其他服务人员的服务质量的投诉。经销商除了与销售人员打交道,还经常通过电话与厂家其他服务人员联系,如询问货款收到没有、要货订单收到没有、货发出没有,以及促销情况等。如果这些服务人员的服务态度不好,或者所提供的服务不能满足经销商的需求,经销商就会向销售人员投诉。由于这些投诉已超出销售人员的处理范围,销售人员应及时以书面形式向上司反映,并期望尽快给予答复。当上司答复后,销售人员应将信息及时反馈给经销商,同时对经销商表示感谢。

梅明平对厂家区域经理说

一旦发生经销商投诉厂家其他部门的服务质量的问题,区域经理应立刻将所了解的情况报告给上司,以便上司在部门之间召开协调会时,将情况反映给相关部门负责人。

23.6 对厂家驻地业务员的投诉

这里的"厂家驻地业务员"是指厂家为支持经销商的销售工作，为经销商在当地招聘的业务员。这种业务员主要代表厂家在当地开展销售工作，专门负责销售厂家的系列产品。经销商对他们的投诉主要是工作态度不好、经常迟到早退、销售能力太差、素质太低、人际关系处理不好等。销售人员面对这种投诉，应分析是什么原因导致经销商投诉的。如果属于工作态度问题，则应在思想上给业务员做工作；如果属于销售技能问题，则应加强对业务员的培训，让他们参加厂家的定期培训，或者就地培训，或者送到其他区域进行培训等。同时，销售人员要与业务员一起制订绩效改良计划，限期整改，以提高工作绩效，达到工作标准。对于确实需要更换的业务员，销售人员应当机立断，予以更换，但应做好相应的善后工作。

梅明平对厂家区域经理说

经销商投诉业务员，如果性质不严重，区域经理就要批评业务员。如果性质很严重，经销商强烈要求更换的话，区域经理应当机立断，有两种处理方法：辞退或调到其他经销商处。

23.7 垫付费用投诉

经销商会经常垫付一些市场费用。厂家为了支持经销商的终端销售，往往会承担进场费、条码费、堆头费、端架费、陈列费、店庆费等终端费用，但先由经销商垫付。有时，厂家为了支持经销商开发和维护销售网络，会承担铺市车辆所需的汽油费、过路费及临时铺市人员的工资。整个铺市活动结束后，厂家报销原先承诺的费用。

这些费用都先由经销商垫付，销售人员再到厂家报销。而报销这些费用需要经过许多审批程序，如先由销售人员申报，内勤组审核，再由大区经理签字，销售总监签字，最后上报财务报销。销售人员要完成报销程序，少则半月，多则半年。

因此，销售人员应在费用发生后，及时收集报销凭证，按照厂家要求的方式填写有关报销凭证，并及时（用快递等方式）递交给上司签字。

当经销商投诉所垫付的费用还没有报销时，销售人员应通过电话或短信了解报销单的报销进程。首先询问上司是否已经签字，如没有签字，询问何时能签字；如已签字，然后询问销售总监是否签字。如果觉得询问销售总监不太方便的话，则询问内勤组负责经销商费用报销的人员，或者直接询问财务人员是否已经报销，把所了解的情况反馈给经销商。销售人员要告诉经销商所报销的费用正在处理中，在多长的时间内能处理完毕。

梅明平对厂家区域经理说

垫付费用是一件很棘手的事情，与区域经理的工作无关，一般是厂家财务部的事情。但经销商往往会在区域经理面前抱怨。区域经理只需要拿出财务部或厂家关于经销商费用报销的通知，其他的话就不用多说了。

23.8 对账单投诉

返利、费用报销，以及缺货（货款已付，但某种规格的产品暂时缺货）等原因，导致经销商账户上的金额经常变动。而大多数厂家半年后才打出对账单，往往不能满足经销商的要求。为此，经销商经常向销售人员抱怨。

有经验的销售人员应利用回厂里的机会，经常在计算机上或到财务部查询经销商的账户情况，以便及时将账户上的信息告诉经销商。另外，如果销售人员不能经常回厂里，则通过电话或短信委托上司或内勤人员帮忙查询经销商账户变动的信息。

梅明平对厂家区域经理说

如果经销商对对账单有异议，区域经理（或通过上司）应与财务部协调，安排人员配合经销商核实账目。另外，区域经理应通知经销商安排相关财务人员到厂家财务部，双方坐在一起，解决对账单问题。

23.9 兑现返利投诉

对于有些厂家来说，经销商的返利迟迟不能兑现，往往会引起经销商的抱怨和投诉。返利能在何时兑现不是销售人员能控制的事情。面对这种投诉，销售人员只能耐心向经销商解释，告诉经销商目前有关返利的信息，并让经销商相信会尽快解决。

梅明平对厂家区域经理说

何时返利是厂家财务部的事情，与区域经理的工作无关。区域经理只需要拿出财务部或厂家关于上年度经销商返利的通知，其他的话就不用多说了。

23.10　实战演练

23.10.1　处理投诉时留下文字资料的4大好处

对于经销商的投诉，销售人员最好通过文字资料给予经销商处理结果，有以下4大好处。

（1）给经销商较正式的感觉。用信函来处理经销商的投诉，让经销商感觉到厂家的销售人员对其很尊重，也很正式。

（2）能慎重地处理经销商的投诉。由于采用了文字形式，通过白纸黑字来解决问题，销售人员不得不慎重，以防被经销商抓住把柄。

（3）能有效地保护自己。对于经销商的每次投诉，销售人员都有明确的答复，即使经销商越级投诉，上司追究下来，销售人员有已经处理的记录，说明销售人员已尽到了自己的职责，能够有效地保护自己。

（4）能让上司更加信任。销售人员做事谨慎，有条有理，这样更能获得上司的信任。同时，在处理经销商的投诉时，销售人员要征求上司的意见，这样多次与上司沟通，对投诉处理的结果也属于上司的意见，上司对销售人员处理事情的风格一清二楚，便于上司了解销售人员的工作能力。

23.10.2　投诉处理所采用的标准格式

为了规范对投诉的文字处理，建议用统一的格式，举例如下。

To（给谁）：信义公司王总（经销商的称呼）。

Cc（抄送）：张总（销售人员的上司）、其他应该告知的人员。

Fm（发自）：梅明平（销售人员的名字）。

Dt（日期）：6月8日。

Re（内容）：关于信义公司王总投诉窜货的答复。

…………

23.11 厂家区域经理工具箱

在处理经销商投诉时,区域经理要掌握以下10大工具。

(1)处理经销商投诉的6种原则。
(2)处理产品质量投诉的方法。
(3)处理窜货投诉的方法。
(4)处理延迟送货投诉的方法。
(5)处理服务质量投诉的方法。
(6)处理对厂家驻地业务员的投诉的方法。
(7)处理垫付费用投诉的方法。
(8)处理对账单投诉的方法。
(9)处理兑现返利投诉的方法。
(10)处理投诉时留下文字资料的好处。

第 24 章 窜货管理

问题与痛点

1. 经销商刘总发现有一批货窜进了市场，立即给厂家的区域经理谭红平打电话，要求厂家立即处理。谭红平认为窜货事件很严重，很快来到刘总所在的市场。刘总要求谭红平查清窜货的来源、价格和数量。为了查清货源，谭红平在批发市场挨家挨户查看，突然发现有个批发商的门店后面的仓库有厂家的产品，他就直接进入仓库，偷偷照相取证，结果被仓库的人发现了，照相的手机被砸了，人也被打了，住进了医院。
2. 区域经理祝智君接到经销商胡总的投诉，说其他经销商的货窜进来了。祝智君来到经销商胡总的市场，经查看发现货来自隔壁县经销商杜总那里。于是，祝智君凭着与杜总的交情，将经销商胡总、杜总召集在一起，酒过三巡，祝智君凭自己多年培养的说服力，终于说服经销商杜总将货收回去，此次窜货事件得到了圆满解决。但祝智君的上司很不满意，没过多久，区域经理祝智君就被调去开发新市场了。

销售人员的本职工作就是解决销售工作中出现的各种问题。面对窜货，销售人员不能手足无措，更不能随意下结论，或者匆匆忙忙请求上司支持。优秀的销售人员会以平常心（平常心不等于不重视）看待窜货事件。

那么，销售人员面对窜货应该怎么办呢？下面介绍销售人员处理窜货的步骤。

24.1 查出窜货真相

销售人员处理经销商窜货的第一步就是查出窜货事件的真相,包括窜货的事实、窜货的原因、窜货的来源3个方面。

1. 窜货的事实

窜货的事实包括:确认区域内的商家是否真有窜货行为发生;如有窜货行为发生,那么窜货的品种、型号、数量、价格各是多少;当前市面上的窜货产品有多少,已经销售多少,库存的窜货产品还有多少。

2. 窜货的原因

商家从外地窜货,是价格的因素,还是货源紧缺的缘故;是厂家对该商家的市场支持不够,还是与当地经销商有矛盾。销售人员必须准确掌握商家窜货的原因,这样才能采取相应的对策,防止类似事件再次发生。

3. 窜货的来源

对于窜货的来源,厂家应该让经销商自己收集。如果让销售人员收集的话,销售人员可以通过实地拜访、请教当地其他商家(有窜货行为商家的竞争对手)及查证产品条形码来确定窜货的来源。在查证窜货事件真相的过程中,销售人员必须做到以下几点。

一是亲自查访,不能有半点虚假。

二是多方求证。销售人员不仅需要和有窜货行为的商家直接接洽,还需要与区域内其他商家多沟通,争取从他们口中得到一些有用的信息。

三是直面窜货商家。从窜货的商家那里可以得到更多有用的信息,而且这些信息决定了销售人员下一步应对的方法。

四是速度要快。销售人员一旦接到有关窜货的信息,必须在第一时间完成查证的工作,否则越拖影响越坏,解决起来难度越大。

五是收集窜货证据,填写《窜货证据认定书》(样例见表24-2)。

梅明平对厂家区域经理说

查清窜货事实、收集窜货证据是很危险、很复杂、很困难的一件事,最好由经销商完成,区域经理不要参与,即使参与也只是协助经销商,而不是以区域经理为主。

24.2　判断窜货影响

销售人员处理经销商窜货的第二步是判断窜货事件的影响。窜货并非总是坏事，在某些时候，窜货对厂家、对销售人员是有利的。销售人员首先应该仔细判断窜货事件对厂家、对整个市场的影响，然后决定采取什么措施。判断窜货事件的影响，销售人员应从以下3个角度来考虑。

一是从厂家的角度来考虑。

二是从当地销售机构及销售人员的角度来考虑。

三是从当地市场的角度来考虑（包括当地市场中各个商家的利害关系）。

其中，第二点最关键。凡是有损当地销售机构及销售人员利益的窜货行为，销售人员都应该坚决反对，这是基本准则。

24.3　上报给直接领导

销售人员处理经销商窜货的第三步是上报给直接领导，同时提出解决窜货问题的建议和具体方案。这是相当重要的一步，销售人员在解决窜货问题时，需要获得直接领导的支持。

销售人员这么做具有以下好处：一是在领导面前展现自己的才华；二是显得尊重领导，满足了领导的"自豪感"，易于取得领导的信任；三是容易获得领导在各方面的支持；四是可以让领导帮忙分担责任。

对于一些影响较大、超出销售人员职权范围的窜货事件，销售人员经直接领导批准后，可以向更高层领导乃至总部汇报，寻求总部的支持，这是迫不得已的做法。

梅明平对厂家区域经理说

任何市场情况必须汇报给领导，要勤汇报。区域经理要多听上司的建议，多按照上司的指引去做，即使出了问题，上司也会与你一起应对。

24.4　确定处理方案

确定处理方案是销售人员处理经销商窜货的第四步。经与直接领导、总部沟通，销售人员应该确定处理方案。这个方案应该充分考虑各方面因素，并尽量将影响控制在最小范围。

根据窜货发生的原因及窜货的主体，销售人员可以将窜货事件归纳为以下 5 类，同时提出相应的对策。

1．由区域内非合作商家主导的窜货事件

该类窜货的原因与对策如表 24-1 所示。

表 24-1　由区域内非合作商家主导的窜货事件的原因与对策

原因	对策
为了合作。个别商家为了成为厂家的经销商，从外地窜货过来销售，并希望借此成为厂家的经销商	销售人员可以采取"顺水推舟"的手段，直接吸纳该商家，同时让它遵循当地市场统一的价格体系
为了牟利。由于厂家某种产品在当地畅销，商家为获利从外地窜货过来销售	只要该商家遵循统一价格，销售人员可以做出一些让步。在特殊情况下，如当地市场有独家代理商，这时销售人员就可以通过降价等手段对其打压
为了报复。竞争对手或厂家原有的经销商出于报复等原因，故意从外地窜货过来低价叫卖（实际上并不出售，而是攻击这个厂家的产品，主推自己的产品）	对于这种情况，只能坚决打压，包括从当地市场撤出所有同型号产品，用新产品打开市场，同时对原有型号产品大幅度降价，使窜货者"偷鸡不成蚀把米"。如果情况严重，销售人员可以直接向总部汇报，请求总部对窜货来源地进行严惩

2．货源紧缺或工程项目、集团采购等原因导致的窜货事件

这类窜货在许多时候是可以接受的。不过，为了自身利益最大化，销售人员在碰到类似窜货事件时，还应该做好其他辅助工作。

对于货源紧缺导致的窜货，销售人员应该尽快从其他地区运货过来，同时鼓励商家将同类型的产品作为替代品。销售人员甚至应该追究窜货商家的违规操作，并给予其他商家一定的补偿。

对于工程项目或集团采购导致的窜货，销售人员应与负责窜货经销商的销售人员联系，从窜货经销商处给予被窜货经销商相应的补偿。

3．同一区域内新、老经销商关系恶化导致的窜货事件

销售人员碰到这种情况应该谨慎对待，处理方法有以下几种。

一是保护好的商家。谁的实力强，谁对厂家忠诚，销售人员就维护谁的利益。

二是惩罚有窜货行为的商家。销售人员应加强与窜货商家的沟通、协调，尽快恢复整个市场统一的价格，将影响限定在最小范围，同时承诺给予受损害的商家额外的补偿（市场支持、媒体传播、营销策略、展台形象等）。

三是尽快提高经销商的能力,尤其是帮助那些经营思路老化的经销商转变经营观念,适应快速变化的市场环境。

四是坚决打压某些不服管理的捣乱经销商,甚至取消其经销权。

4. 合作经销商因贪图小便宜发生的窜货事件

一些商家感觉到被厂家冷落,或者市场支持和营销策略不到位,加上外地货源价格更便宜,便从外地窜货过来,希望得到一些小便宜。对于这类窜货事件,销售人员不应该以"大棒"镇压,相反,销售人员应该通过人性化管理来解决问题。

例如,销售人员加强与商家的情感交流,有事没事打个电话问候;象征性地多给商家一些特价产品或更优惠的营销策略;支持商家开展一系列促销活动;维护整个市场统一的价格。

5. 一些本性难改的经销商引发的窜货事件

有些经销商从来就不乐意安安心心经销产品,总想拿到全国最低价格的产品,获取最大的利润。因此,无论厂家的制度多好,或者市场支持力度多大,它们都会"坚持不懈"地从外地窜货,这样的商家虽少却存在。对于这类商家,销售人员只有一个解决办法——坚决撤销它们的经销资格。

梅明平对厂家区域经理说

处理窜货,区域经理最好不要做得太多,一切按照处理窜货的流程进行。如何处理窜货的经销商,按合同上规定的方式,或者按照厂家制定的处罚规定进行。区域经理千万不要掺杂自己的感情,或者厚此薄彼,否则将会引火烧身。

24.5 实施应对措施

销售人员处理经销商窜货的第五步是实施应对措施。在应对措施确定之后,销售人员应该及时、迅速地实施应对措施,如沟通、协调、撤销、反击等,在最短时间内将窜货问题解决。

24.6 做好善后工作

销售人员处理经销商窜货的第六步是做好必要的善后工作。

一是惩罚窜货的商家。严格按规章制度办事,同时给蒙受损失的商家一个圆满的答复。

二是给受到损害的商家必要的补偿。当然不是直接给现金，而是承诺在后期提供更多的市场支持和更优惠的营销策略。

三是更好地均衡同区域内各个商家的利益，避免再次出现类似事件。

四是谨记教训，完善制度，未雨绸缪，让窜货事件尽量消失于无形之中。

24.7 实战演练

1. 销售人员处理窜货应坚持的原则

（1）维护自身利益最大化。面对窜货，销售人员遵循的准则是维护自身利益最大化！忘记这条准则的销售人员绝对不是一个好的销售人员！

（2）"两害相权取其轻"，保护好的商家。窜货事件发生后，必然会对两个经销商（或两个市场）造成影响。对于厂家来说，两个经销商（或两个市场）可能有一个好、一个差，销售人员处理窜货应该以保护好的经销商（或市场）为基础。

（3）当断则断。有的经销商始终不服管教，时不时就窜货。这样的经销商无论实力多强，销售人员都应该有壮士断腕的决心，坚决撤销它的经销资格。

（4）用高超的手段平衡区域内各商家利益。几乎所有的厂家在稍大的区域都有多个经销商，窜货事件必然会影响区域内多个经销商的利益。因此，无论是防患于未然，还是消除窜货事件造成的影响，销售人员都应该学会用高超的手段来平衡各商家的利益。简要地说就是"以利诱之，以害迫之"。

2. 窜货证据认定书

表24-2所示为《窜货证据认定书》的样例。

表24-2 窜货证据认定书

投诉经销商：

所辖地域：

被认定窜货经销商：

窜货途径（是批发市场放货，还是被带货等）：

已认定窜货货物清单：

单品名称	窜货数量	窜货价格	窜货金额	箱体标记	收购地点
合计					

续表

以上情况属实，签名认定 区域经理： 市场秩序监控小组： 本认定书一式三份，被窜货经销商一份，窜货经销商一份，××厂家一份 认定时间：

24.8　厂家区域经理工具箱

在管理窜货时，区域经理要掌握以下9大工具。

（1）处理窜货的6个步骤。

（2）查出窜货真相的3个方面。

（3）查找窜货来源的5大要点。

（4）《窜货证据认定书》的样例。

（5）判断窜货事件的影响的3个角度。

（6）上报给直接领导的4个好处。

（7）5类不同窜货的处理方案。

（8）由区域内非合作商家主导的窜货事件的原因与对策。

（9）做好善后工作的4个方面。

第 25 章　更换经销商

问题与痛点

1. 好味道食品属于食品中的畅销产品,可在澧县的销量总是上不去,主要原因:经销商李总是老客户,经销这一品牌已有 5 年之久,经营思想僵化,不能很好地贯彻厂家意图,且与厂家的配合不力;乡镇网络较差,配送服务跟不上,有时根本不去乡镇送货,给竞争对手可乘之机。区域经理黄华该怎么办呢?
2. 区域经理黄华将此事上报厂家,厂家决定取消经销商李总的经销权。李总的合约被取消了,出于报复心理,李总经常从别的区域倒货,恶性低价扰乱市场,造成价格的混乱。李总还经常出言贬低厂家和新经销商,给厂家和新经销商的名声都造成了很大的负面影响。价格的混乱导致终端客户进货时都持观望态度,很少进货。区域经理黄华该怎么办呢?
3. 厂家决定和李总谈判,让其做新经销商的特约二级经销商,且享受厂家的销售返利,但不再享受厂价。但李总出于脸面的原因,根本接受不了。厂家要求新经销商加大投入,加强服务工作,尽快建立自己的网络,加强终端的维护工作,新经销商虽然看好该产品的前景,但由于目前厂家与原经销商李总的矛盾没有解决,其经营的积极性不高,处于动荡、犹豫、观望的状态。区域经理黄华该怎么办呢?

当经销商跟不上厂家的发展步伐,达不到厂家要求的时候,与经销商停止合作，开发新经销商就成为销售人员不得不面对的问题。为在更换经销商过程中达到平稳过渡的目的，销售人员必须采用较为科学的步骤。

25.1 前期准备

25.1.1 签订整改备忘录

> 厂家在决定更换经销商之前，应再给经销商最后一次机会，与其签订《经销商整改备忘录》。

厂家在决定更换经销商之前，应再给经销商最后一次机会，与其签订《经销商整改备忘录》。销售人员应该针对经销商的情况，结合厂家要求与其详细地洽谈，指出合作的困难所在，并告知现状如不改变可能出现停止合作的情况。在沟通时，销售人员应技巧地采用"如果您可以……的话，我们还可以继续合作"的谈话方式。销售人员需要注意的是，整改的内容和期限要明确和具体，并对谈话内容做好备忘录（见表25-1），以白纸黑字的形式给经销商一份，自己留一份备案，希望能引起其足够的重视，让其心理上有接受的过程，并尽量化解在终止合作时经销商的严重抗拒心理和可能出现的报复行为。

表25-1 经销商整改备忘录

经销商	武汉××贸易公司	销售人员	广州××日化公司
签约地点	武汉天安酒店	签约时间	5月26日上午11点
整改时间	6月1日至8月31日		
整改内容及标准	经双方沟通，现就整改内容及标准达成以下共识。 1. 在8月31日前，将终端铺货数量从现有的100家增加到200家，铺货区域从现有的12个乡镇增加到20个乡镇 2. 每月完成销售计划如下： 6月，完成80%以上； 7月，至少完成90%； 8月，至少完成100%		
整改结果	整改结束后，由双方对以上内容进行逐项检查后填写		
处理意见	解除合同或保留		

经销商签字： 销售人员签字：

☑ **关键点：销售人员的心理障碍**

在对经销商负责区域的调整过程中，销售人员都会不同程度地存在以下常见的心理障碍。

（1）碍于和经销商的情面，拉不下脸面。
（2）自己不能做到公正，受制于经销商。
（3）害怕承担责任，担心经销商负责区域的调整带来业绩的下滑。
（4）多一事不如少一事，得过且过，对区域市场没有追求销量最大化。

25.1.2 确定候选经销商

1．选择候选经销商

销售人员接触当地比较优秀且符合厂家发展要求的经销商，对它们进行考察并进行综合评估，为迅速找到新经销商做好准备。

2．接触现有经销商的分销网络

销售人员接触现有经销商的分销网络，增进厂家与渠道之间的感情，维护厂家与渠道之间的关系。每个经销商都有自己的分销渠道，包括零售终端和二级批发商。产品要继续在这个市场上销售就必须运用这些渠道。厂家需要与零售终端和二级批发商搞好关系，为日后更换经销商时顺利过渡打好基础，降低更换经销商带来的负面影响。

3．稳定现有经销商的情绪

销售人员需要稳定现有经销商的情绪，维持与现有经销商之间的感情，以便顺利更换经销商。如果销售人员处理不好与现有经销商之间的关系，也许换来的就是经销商的愤怒或仇恨，甚至搅乱市场秩序，使厂家的产品无法在市场上顺利销售。

梅明平对厂家区域经理说

前期准备的重要工作就是厂家与经销商签订《经销商整改备忘录》，这是防止未来双方产生矛盾的关键所在。因为《经销商整改备忘录》既给了经销商继续合作的机会，也给了经销商不合作的台阶。最重要的是，厂家通过《经销商整改备忘录》将合作与不合作的决定权交给了经销商。

25.2 正式解除合约

在整改的期限到达时，经检查评估经销商确实没有达到整改的要求，这时销售人员就需要正式通知经销商中止合作。销售人员在和经销商沟通时，态度要友好而坚定，表明厂家更换经销商的决心，告诉他中止合作是正常的市场行为，希望他能够理解，并希望他不要采用不当行为，否则就会失去在市场上的口碑，影响他与其他品牌的合作。

> ☑ **关键点：销售人员化解经销商对立情绪的小技巧**
> 在决定与经销商解除合约的同时，为经销商推荐一个在其他区域销售非常良好的非厂家竞品的产品，给经销商一个利润增长点，继续为经销商的员工队伍提供培训，继续为经销商提供行业的发展信息等。

25.3 妥善处理善后事宜

销售人员在和上级领导沟通的基础上，提供经销商最关心的遗留问题的解决方案，并快速（1个月之内）妥善地处理，以解除经销商的后顾之忧。销售人员妥善处理善后事宜包括以下4个方面。

25.3.1 为主要的下游客户做正面的文字说明

经销商更换以后，销售人员应在第一时间通知主要的下游客户，如KA卖场、批发市场等。在文字说明时，销售人员应尽量采用正面的文字说明，以免引起原经销商的不快，或者因下游客户的无端揣测导致对原经销商的伤害。

案例 经销商更换说明

各位客户：

由于武汉××贸易公司和广州××日化公司双方的原因（或者双方的合同到期，或者经销商的个人原因等），经双方友好协商，双方一致同意不再继续合作，结束日期为8月31日。

从9月1日起，武汉××批发公司将正式成为我公司在武汉地区唯一的指定经销商，特此通知。

此致

敬礼！

8月31日

广州××日化公司

25.3.2 暂停新产品上市

厂家严格控制新产品的上市时间和速度，对即将调整经销商的区域停止新产品的供货，以保证新经销商有产品可销售。因为被取消经销资格的原经销商有可能采取扰乱市场价格的方式进行报复，将所有产品放水销售，这样势必影响新经销商的接盘，甚至导致新经销商在很长一段时间没有利润。

25.3.3 库存处理

库存包括原经销商的库存和下游客户（如零售终端）的库存。销售人员处理库存有以下几种方式。

1. 盘存

为了妥善处理善后事宜，销售人员应及时盘点原经销商和下游客户的产品，包括终端零售店的产品规格、数量和生产日期，将盘点情况作为解决原经销商库存的依据。

2. 转移给新的经销商

经新经销商、原经销商与销售人员三方协商，确定产品转移价格、转移清单、转移时间、货款处理等。如果货款已支付给了厂家，则货款由新经销商一次性支付给原经销商；如果货款未支付给厂家，销售人员应协助厂家财务为原经销商销账，同时将这笔货款作为新经销商的挂账或作为新经销商的回款。

3. 转移给其他区域的经销商

销售人员与其他经销商联系，并与原经销商在沟通一致的基础上，确定产品转移价格、转移清单、转移时间、货款处理等。

案例 货物转移程序

目的：通过货物转移的方式解决原经销商库存，确保厂家货物在周转过程中流向明确。

方式：通过当地物流公司把原经销商货物调往其他销售区域的经销商处。

程序：（1）业务员清点原经销商库存产品，并经原经销商确认。

（2）业务员向厂家提出书面调货申请和货款解决方案，经部门领导同意之后方可调货，并在原经销商服务部留底登记。

（3）业务员凭调货申请、调货清单、货物运单、接收经销商签收单等证明材料，在1个月内为双方办理有关手续。

要求：调货过程中厂家各级业务员做好货物的包装、整理工作，当场处理，尽量避免调货带来的不必要的损失。

销售部

××××年9月

4．现场处理

由销售人员协助原经销商进行现场处理。销售人员可申请促销计划，开展促销活动，就地消化库存产品。但要注意不能引起市场价格的混乱，以免对新经销商产生不利影响。

5．退回厂家

对于不能采用以上方法处理的库存产品，必须退回厂家。

25.3.4 账款处理

1．应收账款

通过厂家财务对账单，销售人员与经销商确认应收账款金额。

2．经销商垫付的市场费用

对于经销商所垫付的各种费用，如进场费、条码费、铺市支持费等，应有相关的凭证和依据，以确定费用该由谁承担，承担的比例是多少。

3．各项返利与奖励等

按厂家与经销商签订的《产品经销合同》上的返利、奖励标准与条件，计算返利与奖励，以便与经销商的货款一同结算。

梅明平对厂家区域经理说

善后事宜处理不好会留下后遗症，对新经销商造成压力。善后事宜处理好的关键原则是不让原经销商利益受损。

25.4 新经销商支持

1．开展铺市促销活动

在新经销商开始经销的时候，厂家设计市场支持活动，强力出货，重点是占用下游客户和零售终端的进货资金，并适当加大其库存，降低它们从原经销商处进货的可能性。

2. 独家收购原经销商所供的产品

如果在操作上出现时间差，让原经销商的产品流入市场，可选择合作良好的下游客户进行"独家收购"，避免出现市场混乱的局面。

3. 以牙还牙

如果原经销商窜货情况严重，销售人员也可借鉴行业的一些做法，让新经销商对原经销商经销的主力产品进行市场攻击，以取得"围魏救赵"的效果，分散原经销商的注意力。"打"了再坐下来谈，让原经销商明白"大路朝天，各走一边"的重要性。

☑ **关键点：出现以下情况时，不要更换经销商**

（1）产品将进入旺季时不要更换经销商。旺季一旦变动了经销商，必然会延误战机，浪费销售的机会，并且这个时候更换经销商对原经销商的伤害更大。也许销售旺季能够使厂家综合、客观地评估经销商，找到更换或不更换的理由。

（2）所押厂家的货款比较多时不要更换经销商。因为"分手"总不会像"联姻"这么愉快，这时更换经销商势必会给厂家带来更多的呆账、坏账。

（3）经销商库存产品较多时不要更换经销商。在这种情况下，很难找到接手的经销商。如果不解决经销商的库存问题，还会伤害厂家与经销商的关系，导致经销商恶意窜货、低价倾销等事件的发生。

（4）经销商对厂家和产品兴趣依然高涨时不要更换经销商。因为这样会影响厂家在当地市场上的声誉，还会造成经销商对厂家的仇视。

梅明平对厂家区域经理说

支持新经销商工作的关键是，区域经理与新经销商一起逐个拜访老客户，并赠送老客户见面礼。

25.5 厂家区域经理工具箱

更换经销商时，区域经理要掌握以下 8 大工具。
（1）经销商整改备忘录。

(2)销售人员的心理障碍。
(3)销售人员化解经销商对立情绪的小技巧。
(4)妥善处理善后事宜的4个方面。
(5)经销商更换说明。
(6)货物转移程序。
(7)支持新经销商的3个方面。
(8)不要更换经销商的4种情况。

第 26 章 业务员管理

问题与痛点

1. 一天，区域经理谭红平巡访青岛市场，想检查一下入职半年的驻地业务员对自己工作职责和工作要求的认知情况。谭红平来到家乐福超市，见到业务员陈丹问道："你的工作职责有哪些？"陈丹一下语塞，半天回答道："我是推销产品的。"谭红平又问："你每个月的任务是多少？"陈丹脸红了，小声地说："忘了。"
2. 周三上午 10 点，区域经理王支支打电话想找经销商崔总的驻地业务员黄小宝了解一个销售数据，崔总对电话另一端的区域经理王支支说："王总，黄小宝已经辞职 3 天了，你不知道吗？"
3. 区域经理胡纯来到西安市场，问当地的驻地业务员陈菊："你昨天拜访了多少个客户？你周一拜访的是哪条路线？你总共负责多少个客户？经销商上个月的出货量是多少？"陈菊听后一脸茫然，说："我从来没有统计过。"

销售的基础工作包含以下内容：当地分销网点最大化，分销品种最大化，产品陈列最优化，及时补货。这些基础工作都由最基层的业务员来完成，他们数量多、分布广、素质参差不齐，且工作的大部分时间都由他们自主支配。业务员的工作质量直接影响区域产品的销量，影响销售人员月度销售计划的完成情况，所以厂家必须加强对驻地业务员的管理与督察。

26.1　业务员的工作职责

为提升产品在当地的销量，协助经销商建立销售网络，厂家为经销商配备了驻地业务员（以下简称业务员），他们的工作职责如下。

（1）了解经销商每月的销售计划。
（2）了解厂家市场部不时发布的促销方案。
（3）协助经销商下单，并确保经销商完成每月的销售计划。
（4）做好区域销售网点的建设、品种分销和产品陈列工作。
（5）维护区域市场秩序和产品批发、零售价格。
（6）做好宣传品的粘贴和布置工作。
（7）维护客情关系，做好批发商、零售商和 KA 卖场的拜访工作。
（8）及时填写各种销售报表。
（9）接受厂家销售主管的管理与监督。

梅明平对厂家区域经理说

由于业务员很分散，素质参差不齐，无法监控，所以管理难度较大。因此，区域经理要提高管理效率，最重要的是让这些业务员明白自己的工作职责和工作要求。为了让业务员能轻松了解工作职责和工作要求，区域经理最好把业务员的工作职责和工作要求编成顺口溜。如何编，详见第 21 章相关内容。

26.2　业务员的管理问题

在实际工作中，业务员的管理往往存在以下问题。

（1）业务员的来源不一。由于经销商分布广，厂家集中招聘业务员有一定的难度，所以业务员的来源不一，有经销商推荐的，有从社会上招聘的，还有经销商的亲属等。

（2）业务员的素质参差不齐。

（3）业务员的能力有强有弱。由于业务员的素质参差不齐、差别很大，表现在工作上就有很大的差别。

（4）对销售的跟进松紧有别。例如，有时经销商完成了月销售计划的 96%，距完成 100%只差 4%，这说明业务员没有跟进经销商的销售计划，或者根本不了解经销商的销售计划，给经销商造成了一定的损失（是否完成 100%对返利有很大的影响)。有时经销商上月完成销售计划的 128%,本月只完成 70%,这也说明业务员没有跟进经销商的销售计划,导致经销商完成月度销售计划不均衡。

(5)产品陈列、品种分销差别大。

(6)厂家驻地业务员变成经销商的业务员,经常帮助经销商收款,从事与厂家无关的工作。

(7)对业务员的监控弱,滥竽充数的业务员大有人在。

26.3 有效管理业务员

为有效地管理业务员,区域经理需要根据业务员的工作职责设计《厂家驻地业务员检查表》,由销售人员在拜访经销商时对业务员进行检查,并根据检查结果对业务员进行管理,从而从根本上改善业务员滥竽充数的现象,使业务员顺利地开展工作。

26.3.1 销售人员有效管理业务员的主要内容

1. 检查范围

(1)业务员的工作情况。

(2)市场秩序情况。

(3)销售费用使用情况。

2. 检查内容

(1)根据《厂家驻地业务员检查表》,对每项进行评分。

(2)处理窜货,核实经销商销售费用。

3. 处理方式

(1)对评分不超过 60 分的市场,当场解聘业务员。

(2)对评分在 61~80 分的市场,在检查完的 10 天内,由销售人员提出整改方案,规定在 1 个月的时间内,按整改方案完成整改。市场整改完成后,由销售人员再次打分,如低于 81 分,则当场解聘业务员。整改当月,取消业务员的销售奖金。

(3)对窜货按《产品经销合同》的处理程序和处理办法执行。

(4)经销商销售费用的检查结果直接汇报给上司,处理方式由厂家决定。

26.3.2 建立业务员的工作标准

1. 区域网点考核标准

（1）直供网点数量建设标准。网点按单店计算，乡镇、县城、地区和省会城市的网点由厂家确定。

（2）直供网点品种分销标准。

案例

各品牌主销产品名称（见表26-1）。

表26-1 各品牌主销产品名称

品牌名称	主销产品	数量合计
A品牌	略	10 SKU
B品牌	略	11 SKU
C品牌	略	4 SKU
D品牌	略	6 SKU

各渠道各品牌最低分销SKU数量（见表26-2）。

表26-2 各渠道各品牌最低分销SKU数量

渠道	A品牌	B品牌	C品牌	D品牌
KA渠道	8 SKU	5 SKU	2 SKU	3 SKU
批发	4 SKU	4 SKU	2 SKU	2 SKU
零售	4 SKU	4 SKU	2 SKU	2 SKU

（3）直供网点陈列标准（见表26-3）。

表26-3 直供网点陈列标准

渠道	A品牌	B品牌
KA渠道	12个排面 集中陈列	5个排面 按品牌归类集中陈列
批发	集中陈列	按品牌归类集中陈列
零售	4个排面 集中陈列	4个排面 按品牌归类集中陈列

2. 业务员拜访及检查标准

（1）旗舰店。拜访频率：每周每店 2 次，每次每店 0.5～2 小时。拜访内容：理货、下单、宣传品布置、促销申请、促销跟进、记录销量、竞品信息。

（2）批发店。拜访频率：每周每家 2 次，每次每家半小时左右。拜访内容：理货、下单、新品推荐、品种跟进、记录销量、查看库存、价格维护、窜货跟踪、假货跟踪、竞品信息、宣传品粘贴。

（3）零售店。拜访频率：每月 1～2 次，每次每家 10～30 分钟。拜访内容：理货、下单、清洁、记录销量、价格维护、窜货跟踪、假货跟踪、竞品信息、宣传品粘贴。

3. 价格标准

（1）批发店：至少是出厂价加 1%。

（2）零售店：至少是出厂价加 3%。

（3）旗舰店：至少是出厂价加 8%。

（4）零售价格：略。

4. 宣传品使用标准

（1）海报、挂卡等粘贴宣传品。凡厂家印刷了新的产品海报，需要在海报到达经销商仓库的 10～15 天，根据海报的数量，在直供销售网点按旗舰店、批发市场、乡镇零售网点、县城零售卖场的顺序粘贴海报，并确保粘贴牢固。

（2）产品堆头围画。凡是有堆头促销的县、市的卖场，至少有 1 个堆头使用"堆头围画"装饰。

5. 销售队伍建设标准

（1）全体销售人员需要学习、掌握销售管理的各种标准，树立产品的品牌意识，熟悉产品知识、推销技巧、陈列艺术、市场秩序处理程序。

（2）业务员主要负责网点建设、产品陈列、品种数量分销、宣传品粘贴、价格维护和窜货处理，填写《厂家系列产品直供网点一览表》（见表 26-4）、《厂家驻地业务员直供网点拜访日报表》（见表 26-5）。

表26-4　厂家系列产品直供网点一览表

经销商名称：　　　　经销商负责人：　　　　经销商固定电话：
经销商手机：　　　　驻地业务员：　　　　　驻地业务员手机：

编号	网点类型	店名	店主	店面面积	固定电话	手机	网点登记日期

表26-5　厂家驻地业务员直供网点拜访日报表

经销商名称：　　　　经销商负责人：　　　　经销商固定电话：
经销商手机：　　　　驻地业务员：　　　　　驻地业务员手机：

拜访日期	网点类型	店名	拜访时间	拜访时所做的工作	店主代表签字

（3）区域经理主要负责监督驻地业务员网点建设、产品陈列、品种数量分销、宣传品粘贴等是否符合厂家要求，并配合市场督察员或经销商销售代表对违规经销商和驻地业务员进行处理，填写《区域经理经销商拜访表》（略）、《厂家驻地业务员检查表》（见表26-6）、《区域经理上月工作总结和本月工作计划》（略）。

6．费用标准

（1）厂家对以下费用进行检查：个性化促销、进场费、业务员工资及奖金、差旅费。

（2）厂家根据"经销商月费用占月回款百分比排行榜"，由督察员对费用率较高的经销商进行抽查，如发现问题则上报厂家处理。

7．市场秩序管理标准

（1）行会处理。凡是违规的经销商，由行会会长协调处理。

（2）厂家处理。凡不能协调的，由经销商填写《窜货投诉状》，由厂家督察员按《产品经销合同》中的违规处理程序处理。

26.3.3 报表管理

根据厂家对业务员的工作标准的要求，区域经理设计《厂家驻地业务员检查表》（见表26-6），对业务员的每项工作进行考核。为使考核具有一定的公平性，在考核指标上，尽量做到以量化指标为主、以定性指标为辅。

网点建设、产品陈列和品种分销是业务员的基础工作，也是确保产品陈列最大化的基础。在设计检查表时，它们应占较大的比重。为确保宣传品的使用效果，如POP海报的张贴、堆头围画的利用，也是考核业务员的内容。价格管理是确保经销商利益的基础。报表填写及厂家的其他各项与业务员有关的规章制度，都是考核业务员的内容。

业务员所填写报表的真实性是相关人员评价业务员工作的重要依据。抽查《厂家驻地业务员直供网点拜访日报表》是否按时按要求填写，并对业务员所拜访的销售网点进行电话或实地检查，是保证业务员做好基础工作的前提。为此，区域经理在设计《厂家驻地业务员检查表》时，对于弄虚作假的行为，应加大扣分力度，使业务员不敢随便填写。

《厂家驻地业务员检查表》的填写说明：每个项目扣分时，扣除的最高分为每个项目的总分。但在抽查《厂家驻地业务员直供网点拜访日报表》时，其总分为3分，真实得3分，不真实最多扣20分，即可倒扣17分。

《厂家驻地业务员检查表》作为检查业务员的工作标准，业务员的上级主管——销售主管或区域经理都可以将此表格作为检查业务员工作的依据。对于没有达到工作要求的业务员，在督察员没有对其考核前，销售主管或区域经理根据《厂家驻地业务员检查表》逐一检查，可以帮助业务员改善工作质量，使其达到工作要求。

表 26-6　厂家驻地业务员检查表

县（市）：　　业务员：　　销售主管：　　督察员：　　得分：　　评分时间：

内容	项目	总分	工作标准	评分标准	得分
网点建设	旗舰店	5分	按《厂家系列产品直供网点一览表》上的数量进行抽查，但不得少于网点建设最低标准	每抽查少1家扣2分	
	批发店	5分		每抽查少1家扣1分	
	零售店	5分		每抽查少1家扣0.5分	
产品陈列	旗舰店	6分	牙膏至少12个排面，其他至少5个排面	每少1个排面扣0.5分	
	批发店	2分	牙膏、其他归类集中陈列	每个品牌不集中扣1分	
		4分	牙膏归类集中陈列	每个品牌不集中扣1分	
	零售店	5分	牙膏至少4个排面，其他至少4个排面	每少1个排面扣0.5分	
		3分	牙膏、其他归类集中陈列	每个品牌不集中扣1分	
品种分销	旗舰店	9分	牙膏至少8个SKU，其他至少5个SKU	每少1个SKU扣0.5分	
	批发店	6分	牙膏至少4个SKU，其他至少4个SKU	每少1个SKU扣0.5分	
	零售店	5分	牙膏至少4个SKU，其他至少4个SKU	每少1个SKU扣0.5分	
宣传品	粘贴类	5分	按旗舰店、县城批发、乡镇、县城直供的顺序在10~15天内粘贴完毕	厂家没有宣传品不扣分；不按时粘贴扣3分	
	堆头围画	5分	有堆头，至少有1个堆头有围画	有堆头没围画扣5分	
报表填写	网点记录	5分	《厂家系列产品直供网点一览表》	没有表扣5分	
	网点跟进	5分	《厂家驻地业务员直供网点拜访日报表》	没有表扣5分；检查的前1天没有更新扣3分	
价格管理	零售价	5分	略	每种产品不符合要求扣2分	
	批发价	5分	批发店：至少是出厂价加1%；零售店：至少是出厂价加3%；旗舰店：至少是出厂价加8%	每种渠道不符合要求扣2分	
队伍建设	销售队伍建设标准	5分	了解销售队伍建设标准	每种标准不了解扣0.5分	

续表

内容	项目	总分	工作标准	评分标准	得分
其他	客情关系	2分	与经销商和网点成员关系良好	良好2分，一般1分	
	快讯内容	3分	了解经销商快讯和业务员快讯的内容	了解3分，部分了解2分，不了解0分	
	产品知识	2分	了解牙膏、其他系列产品的名称、价格及功效	了解2分，部分了解1分，不了解0分	
	拜访报表	3分	抽查《厂家驻地业务员直供网点拜访日报表》，确定其真实性	真实3分，不真实最多扣20分	

评分说明：按照业务员所填写的《厂家系列产品直供网点一览表》（见表26-4）和《厂家驻地业务员直供网点拜访日报表》（见表26-5），督察员对上述网点进行抽查，按所选取的网点对业务员进行评分。

选择网点标准：全部旗舰店，全部批发网点，1个乡镇网点，20%的县市城区网点。

实际选择网点：旗舰店＿＿＿家，批发＿＿＿家，零售网点＿＿＿家，乡镇名称为＿＿＿。

梅明平对厂家区域经理说

销售管理就是数字管理，数字管理就是表格管理，表格管理就是对表格的内容进行检查，对内容的检查就是对业务员完成情况进行评分，评分的目的是对业务员进行奖惩。

26.4 实战演练

26.4.1 厂家驻地业务员岗位职责及管理制度

厂家驻地业务员岗位职责及管理制度

一、姓名：　　　　　工作岗位：　　　　上级主管：

二、主要工作职责

1．全面负责辖区市场的销售工作，加强经销商管理与渠道拓展，完成销售部下达的销售、回款、招商等任务。

（1）全年销售任务：　　　万元，分解如下。

月份	1	2	3	……	9	10	11	12	合计
销售任务				……					

（2）全年回款任务：　　　万元，分解如下。

月　　份	1	2	3	……	9	10	11	12	合计
回款任务				……					

（3）全年招商任务：　　　家，分解如下。

月　　份	1	2	3	……	9	10	11	12	合计
招商任务				……					

2．按市场部的促销计划组织促销活动。

3．开发经销商。

4．组建销售队伍，并负责进行有效管理。

5．与当地政府机关、媒体、客户和消费者保持良好的关系。

6．提交工作计划、工作报告、有关工作报表。

7．处理好突发事件，完成上级交办的临时性工作。

三、管理制度

1．计划、报告与总结。

（1）月度工作计划：每月26日前完成。

（2）工作日记：记录每天工作的主要内容。

（3）月度工作报告：每月5日前完成。

2．费用报销。

差旅费报销：每月5日前整理好有关票据寄回厂家，报销后以银行汇款方式于当月月底支付。

四、薪酬方案

厂家驻地业务员在按要求完成每月的工作任务后，由厂家按月支付薪酬，薪酬包括以下几项。

1．基本工资：　　　元/月。

2．通信费补助：　　　元/月。

3．交通费补助：　　　元/月。

4．奖金：分为月销售奖金和月回款奖金。

五、差旅制度

1．出差住宿标准：80元/天（住宿费报销规定为必须有住宿地发票，特殊情况凭加盖住宿旅店章的收据报销）。

2．出差补助：28元/天（包括市内交通费和伙食费）。

3．出差车票按交通工具的规定实报实销（交通工具为火车硬卧、普通长途客车）。

26.4.2 金辉厂督察员监督驻地业务员的岗位职责

（1）督察员需要充分了解厂家驻地业务员的工作职责。

（2）在选择所考核的厂家驻地业务员时，由销售总监根据经销商的销售情况确定。一般情况下，如出现以下情况，则需要对厂家驻地业务员进行检查：完成销售任务不稳定的经销商；距每个返利档次只差5%左右的经销商；品种分销不全的经销商；窜货的经销商等。

（3）在考核厂家驻地业务员时，督察员与销售主管一起对厂家驻地业务员进行考核。

（4）确保公平，并严格按要求进行评分。厂家驻地业务员的每项基础工作都是实现产品利润最大化的保证。厂家成立"提升厂家驻地业务员执行力督察小组"，为加强对厂家驻地业务员的监督奠定了组织基础。厂家通过督察员对厂家驻地业务员进行监督，实现对厂家驻地业务员的管理，是提升厂家驻地业务员执行力的基础。

26.5　厂家区域经理工具箱

在管理业务员时，区域经理要掌握以下10大工具。

（1）业务员的9种工作职责。

（2）业务员管理存在的7大问题。

（3）有效管理业务员的3大主要内容。

（4）业务员的工作标准。

（5）业务员拜访及检查标准。

（6）厂家系列产品直供网点一览表。

（7）厂家驻地业务员直供网点拜访日报表。

（8）厂家驻地业务员检查表。

（9）厂家驻地业务员岗位职责及管理制度。

（10）督察员监督驻地业务员的岗位职责。

第 27 章 日常工作

问题与痛点

1. 区域经理没有月度工作计划和行程计划，导致工作混乱，重点不突出，该做的工作忘了做。
2. 区域经理没有月度工作总结，工作好坏一个样，导致工作压力越来越小。
3. 区域经理对经销商没有分类，销量多少待遇一样，导致销量大的经销商没有激情，销量越来越少。
4. 区域经理没有经销商档案，更没有经销商的历史销售记录，无法判断经销商现在的销售与过去相比是进步还是退步。不知道经销商的生日、兴趣，无法与经销商建立客情关系。
5. 区域经理不会分析销售数据，不喜欢分析销售数据，凭感觉管理，想当然管理，导致管理没有说服力。

27.1 建立经销商档案

为做到对经销商心中有数，销售人员应及时建立经销商档案。经销商档案就是将经销商的各种资料归纳整合，为对经销商进行日常管理提供参考依据。经销商档案除了记录经销商的名称、电话、地址、账户等基础信息，还要增加一些经销商的动态资料，如表 27-1、表 27-2 所示。

表 27-1 经销商档案之一

经销商类别：＿＿＿＿

公司名称				地　址		
负责人姓名		年　龄			文　凭	
电　话		手　机			传　真	
加入日期		经商时间			注册资金	
员工人数		员工素质			员工培训	
办公面积		仓库面积			服务水平	
去年经销商总营业额			去年本厂家产品营业额			
客户类型			主要经销品种			
主要经销区域			经销竞争品牌			
运输工具数量						

销售记录

时间	去年同期销售	今年销售计划	实际完成销售	完成百分比	实际回款
1月					
2月					
3月					
4月					
5月					
6月					
7月					
8月					
9月					
10月					
11月					
12月					
合计					

表 27-2 经销商档案之二

名称				地址			
电话			手机		传真		
性质	A 个体	B 合伙	C 国营	D 股份公司	E 集体	F 其他	
渠道	A 商超	B 批发	C 酒楼	D 士多店	E 团购	F 夜市	
等级	A 级	B 级	C 级				

续表

人员	姓名	性别	出生日期	职务	婚否	电话	住址	文凭	其他
负责人									
影响人									
采购人									
售货人									

工商登记号				税号（国税）			
往来银行、账号							
注册资金		流动资金			开业日期		
营业面积		仓库面积			雇用人数		
店　　面	A 自有		B 租用	车　　辆			
付款方式					经营额		
经营品种及比重							
辐射范围							
铺货明细							
信用额度				信用等级		信用期限	
开发日期				开发人			
其他说明							

填表人：　　　　　　　　　　　　　　填表时间：

　　在填表时，销售人员要保证数据的完整性和真实有效性。对销售数据的分析和考核有利于销售人员及时掌握经销商的销售动态，不仅能为销售人员对经销商采取有针对性的措施提供可靠依据，还能有效避免资金风险。通过以上两个表，销售人员可以清楚地知道经销商的销售情况，并能区分经销商的优劣。

梅明平对厂家区域经理说

　　经销商档案属于厂家的核心资源，要注意保密和经常变更。

　　对于区域经理来说，经销商档案最重要的是经销商最近 3 年每个月的销售记录，它的重要指数★★★★★。没有经销商最近 3 年每个月的销售记录就没有比较，没有比较区域经理就无法了解经销商的销售变化情况，不了解经销商的销售变化情况，区域经理就无法对经销商的销售工作进行评价。

27.2 对经销商进行分类

> 对经销商进行分类,便于销售人员确定重点服务对象,有的放矢地进行资源投入。

对经销商进行分类,便于销售人员确定重点服务对象,有的放矢地进行资源投入。一般将经销商分为 4 类：A 类、B 类、C 类和淘汰类。经销商分类标准如表 27-3 所示。

表 27-3 经销商分类标准

项目	经销商分类			
	A 类经销商	B 类经销商	C 类经销商	淘汰类经销商
占经销商总数的比例（%）	10	70	15	5
销售能力	★★★★★	★★★★	★★★	★★
目前主销产品	本厂家产品	非竞争对手产品	其他类产品	竞争对手产品
销售本厂家产品的有利条件	★★★★★	★★★★	★★★	★★
销售本厂家产品的不利条件	★	★★	★★★	★★★★
经销商实力	★★★★★	★★★★	★★★	★★
经销商信誉	★★★★★	★★★★	★★★	★★

通过对上表进行分析,销售人员很快就能确定重点服务对象。根据经销商的分类,销售人员可以确定不同类型经销商的拜访频率。例如,A 类经销商每月拜访 4 次,B 类经销商每月拜访 2 次,C 类经销商每月拜访 1 次,淘汰类经销商不定期拜访。

梅明平对厂家区域经理说

区域经理的时间、资源是有限的,区域经理要提高工作效率,就需要把有限的时间和资源投入到最重要的经销商身上,即把 80%的时间和资源投入到 20%的经销商身上,这也是判断区域经理有没有有效工作的重要指标。

27.3 销售指标分析

销售指标主要包括销售增长率、销售额、出货量、销售计划完成率及其他销售指标。

27.3.1 销售增长率

1. 销售增长率的定义

销售增长率是指本期销售增长额与上期销售额之间的比率,它反映销售的增减变动情况,是评价经销商成长状况和发展能力的重要指标。销售增长率计算公式为:

$$销售增长率 = 本期销售增长额 \div 上期销售额$$
$$= (本期销售额 - 上期销售额) \div 上期销售额$$

2. 销售增长率分析

(1)销售增长率是预测经销商未来销售趋势的重要指标。
(2)该指标越大,表明经销商的增长速度越快,发展前景越好。
(3)与上月比较叫环比,与上年同期比较叫同比。

3. 销售增长率案例分析

表27-4所示为3个经销商的销售增长率。

表27-4 3个经销商的销售增长率

月份	1	2	3	4	5	6	7	8	9	10	11	12
增长率(%)	−9	−7	−5	−3	0	0	0	0	8	16	22	30
经销商	经销商1:张军				经销商2:李俊				经销商3:王平			

(1)1~4月,经销商张军的销售增长率为负数,说明张军的销量在持续下降。销售人员应立即前往张军处,了解原因,制定对策。

(2)5~8月,经销商李俊的销售增长率为零,说明李俊的销量处于平稳状态,既没有上升也没有下降,经销商李俊可能处于矛盾状态。这时,销售人员应立即想办法激励李俊。

(3)9~12月,经销商王平的销售增长率为正数,说明王平的销量在持续上升。销售人员应立即前往王平处,当面表扬王平,并总结先进经验,在自己区域内推广。

27.3.2 销售额

1. 销售额的定义

销售额是指经销商销售厂家产品的金额,其计算公式为:

$$销售额 = 销售量 \times 平均销售价格$$

2. 销售额分析

（1）销售额是判断经销商销售实力的重要指标。

（2）该指标越大，表明经销商的销售能力越强。

3. 销售额案例分析

表 27-5 所示为两个经销商的销售额。

表 27-5 两个经销商的销售额

月份	1	2	3	4	5	6	7	8	9	10	11	12
销售额（万元）	20	21	19	20	20	21	30	10	5	18	28	6
经销商	经销商1：张军						经销商2：李俊					

（1）1~6月，经销商张军的月销售额在20万元左右，上下震荡幅度为1万元，说明张军的销售额处于稳定状态。一般情况下，这种销售是通过终端实现的，说明该经销商的终端销售网点比较成熟，终端的精耕细作比较成功。

（2）7~12月，经销商李俊的销售额波动大，最高月销售额为30万元，最低月销售额为5万元，说明李俊的销量额处于极不平稳状态。原因可能有很多，如窜货、依赖促销活动、依靠流通市场销售、没有稳定的终端等。销售人员要实地考察、综合分析，并采取相应的对策。

案例 更换潮州经销商

潮州经销商与厂家合作已有10多年的时间，其忠诚度高，与厂家领导关系良好。随着市场的变化，厂家为了制止销售下滑的势头，决定采用渠道下沉的方法精耕细作，原有经销商的区域自然划小了。潮州经销商原来负责整个潮州地区，偶尔窜货到粤东地区，厂家总是睁一只眼闭一只眼。渠道下沉以后，潮州经销商的区域调整为潮州市区，其他地区和县城均新招了经销商。但是，潮州经销商还是习惯性地靠流通市场销售，当年的销售额如表27-6所示。

表 27-6 潮州经销商销售统计

月份	1	2	3	4	5	6	7	8	9	10	11	12
销售额（万元）	24	17	12	18	10	16	5	17	1	18	31	17

通过表27-6中的销售数据可以看出，潮州经销商月销售额最高时为31万元，

最低时为 1 万元。销售人员多次与潮州经销商沟通，希望其能改变营销观念，放弃流通市场，精耕细作，但效果甚微。最后，负责潮州经销商的销售人员经与厂家销售部领导讨论，决定放弃潮州经销商，更换经销商。

27.3.3 出货量

厂家考核经销商的指标一般都是经销商的进货量，这样容易造成经销商压货，不能准确反映经销商的销售水平，而以经销商的出货量为考核指标更符合实际情况。

1. 出货量的定义

出货量是经销商直接从自己的仓库销售给零售商的产品数量，其计算公式为：

出货量=上期库存+本期进货−本期库存

2. 出货量分析

（1）出货量是判断经销商实际销售的重要指标。

（2）通过出货量可以清楚地了解经销商的库存情况、销售情况。

（3）通过出货量可以判断经销商库存的合理性。

（4）出货量与进货量越均衡，表明经销商的销售能力、库存管理能力越强。

3. 出货量案例分析

某经销商 1~8 月某产品进货量与出货量数据如表 27-7 所示。

表 27-7 某经销商进货量与出货量统计

月份	1	2	3	4	5	6	7	8
进货量（件）	200	150	180	220	430	150	160	286
出货量（件）	150	150	150	100	310	200	180	120
差额（件）	50	0	30	120	120	−50	−20	166
累计差额（件）	50	50	80	200	320	270	250	416

说明：差额=进货量−出货量，累计差额=本月差额+上月累计差额。

通过表 27-7 中的数据可以得知，该经销商平均每月进货量为 222 件、平均每月出货量为 170 件。在正常情况下，该经销商的库存应保持一个销售周期销量的 1.5 倍左右。如果该经销商每月进货一次，则该经销商的最大库存量为：

170×1.5=255（件）

通过表 27-7 中的数据可以看出，累计到 8 月，该经销商的库存已达到 416

件，大大超过合理库存量 255 件。针对这种情况，销售人员应与经销商沟通，协助经销商消化库存，使之达到合理的库存水平。否则，将会造成库存积压过多，流动资金减少。有的经销商为了尽快消化库存，可能采用低价抛货的方式，扰乱市场秩序，最终导致市场价格紊乱。

27.3.4 销售计划完成率

1. 销售计划完成率的定义

销售计划完成率是考核经销商完成销售计划情况的指标，其计算公式为：

$$销售计划完成率 = 实际完成销售额 \div 销售计划$$

2. 销售计划完成率分析

（1）销售计划完成率是判断经销商是否关注厂家销售计划的重要指标。

（2）销售计划完成率是判断厂家销售计划合理性的重要指标。

（3）销售计划完成率是决定经销商奖励（返利）的重要指标。

（4）每个月完成销售额均衡且超过销售计划，说明经销商的综合销售能力较强。

（5）该指标往往与销售人员的收入挂钩，是厂家与经销商都非常关注的重要指标。

3. 销售计划完成率案例分析

表 27-8 所示为 3 个经销商销售计划完成率。

表 27-8　3 个经销商销售计划完成率

月份	1	2	3	4	5	6	7	8	9	10	11	12
增长率（%）	60	40	35	50	130	150	200	180	40	180	30	220
经销商	经销商 1：张军				经销商 2：李俊				经销商 3：王平			

（1）完成销售计划过低型。1～4 月，经销商张军的销售计划完成率每月都低，最高的 1 月也才达到 60%，说明完成销售计划比率过低。销售人员应立即前往张军处，再次对经销商的能力、网络进行评估。如果属于经销商的问题，则需要更换经销商；如果属于销售指标合理性的问题，则一方面向厂家反映以调整其销售计划，另一方面要引导经销商将注意力转移到做好市场的基本工作上。

（2）完成销售计划过高型。5～8 月，经销商李俊的销售计划完成率每月都高，最高的 7 月达到 200%，说明完成销售计划比率过高。对于月月超过销售计划过多的经销商，销售人员应引导经销商将注意力转移到做好市场的基本工作上，建立更加完善的销售网络，提供更加优质的服务，做好区域品牌宣传等，为明年可能大幅度提高销售计划做好前期准备。一般情况下，今年超额完成销售计划的区域，明年的销售计划就会制订得高一些。

（3）完成销售计划不稳定型。9~12 月，经销商王平的销售计划完成率最高的 12 月达到 220%，最低的 11 月只有 30%，说明完成销售计划比率不稳定，属于典型的问题经销商。销售人员应采取以下措施：更换经销商，或者缩小经销区域，或者协助经销商建立终端网络。

27.3.5　其他销售指标

1．专销率

销售人员产品占经销商经销产品的比重，体现了经销商对销售人员产品的重视程度。如果是专销，目标值应为 100%。专销率计算公式为：

$$专销率 = 本厂家产品销售额 \div 经销商的全部销售额$$

2．费用比率

虽然销售额增长很快，但费用的增长超过销售额的增长，仍是销售不健全的表现。经销商打折便大量进货，不打折即使库存不多也不进货，并且从折扣率高的竞争对手处进货，这不是良好的交易关系。经销商对厂家不忠诚，说明厂家的经销商管理工作不到位。

3．货款回收情况

货款回收是经销商管理的重要一环。虽然经销商的销售额很高，但货款回收不顺利或大量拖延货款，问题更大。

4．销售品种

销售人员需要了解经销商销售的产品是不是自己厂家的全部产品，或者只是一部分。虽然经销商的销售额很高，但是销售的产品只限于畅销产品、容易推销的产品，至于自己厂家希望促销的产品、利润较高的产品、新产品，经销商却不愿意销售或不积极销售，这也不是好的做法。销售人员应设法让经销商均衡销售厂家的产品。

5．产品的库存情况

缺货情况经常发生，表明经销商对厂家的产品不重视，同时表明销售人员与经销商的接触不多,这是销售人员严重的工作失职。

经销商缺货会使厂家丧失很多机会,因此做好库存管理是销售人员对经销商管理的基本职责。

6. 市场占有率

这个指标通常有两种考核方法:一是绝对量的考核,如某经销商被要求在自己的辖区内市场占有率达到30%;二是相对位次的考核,如某经销商被要求在自己的辖区内市场占有率第二。市场占有率计算公式为:

$$市场占有率 = 经销商的销售量 \div 辖区内同类产品的销售量之和$$

7. 铺货率

该考核指标在产品投入市场初期更为适用。铺货率太低不利于销售,但也不是越高越好,要视产品特征和销售人员的市场战略而定。铺货率计算公式为:

$$铺货率 = 实际上陈列的店头 \div 产品所应陈列的店头$$

8. 退货率

销售人员为了支持经销商,可能允许一定程度的退货。对销售人员来讲,当然是退货越少越好。计算退货数量时,将不合格的产品和经销商损坏的产品除外。退货率计算公式为:

$$退货率 = 退货的数量 \div 经销商的销售量$$

梅明平对厂家区域经理说

销售管理就是数字管理,数字管理就是指标分析。区域经理通过对指标的分析找出销售存在的问题和潜在危机,从而提前确定对策。

27.4 确定月工作计划

27.4.1 确定本月经销商销售计划

1. 按原销售计划执行

有些厂家在年初就将经销商的年度销售计划分解到了每个月,经销商按已分解的月销售计划执行就可以了,除非厂家临时有调整。

2. 当月确定销售计划

如果厂家没有事先确定经销商的每月销售计划,则根据本月的推广重点和促销力度，并参考经销商过去的销售数据及上月最后一次拜访的库存量，逐户、逐项分析，确定所属经销商本月销售计划。对上月销售计划完成较好的经销商，在确定本月销售计划时，就少分配一些；对上月销售计划完成较差的经销商，在确定本月销售计划时，就多分配一些。同样，如上月底的库存量较多，则本月分配的销售任务就少一些；反之，所分配的任务就多一些。不同的经销商往往分配不同的销售任务，如表27-9所示。

表27-9　1月河北区域经销商销售任务分配情况

经销商名称	销售任务（万元）	经销商名称	销售任务（万元）
经销商1	15	经销商9	30
经销商2	20	经销商10	10
经销商3	10	经销商11	8
经销商4	18	经销商12	12
经销商5	12	经销商13	18
经销商6	26	经销商14	22
经销商7	32	经销商15	28
经销商8	25	经销商16	35
小计	158	小计	163
1月河北区域销售任务合计321万元			

27.4.2　确定月度重点管理的经销商

销售人员通过对经销商销售计划的分析，参考所获得的一些信息，如经销商库存、竞争对手动态、零售网点动态（新开业、店庆、展销等）、厂家所做的促销等，确定本月重点管理的经销商。一般情况下，每月重点管理的经销商主要包括以下几类，如图27-1所示。

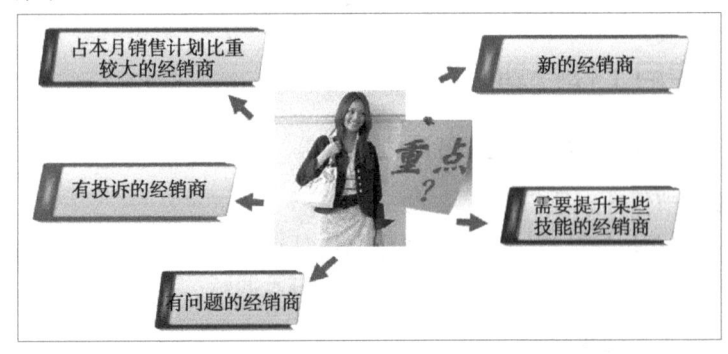

图27-1　每月重点管理的经销商

1．占本月销售计划比重较大的经销商

销售人员每月的工作主要围绕着完成销售计划展开。在销售人员所管理的经销商中，销售人员要对占本月销售计划比重较大的经销商进行重点管理，为他们解决实际问题，提供良好的服务，为他们完成销售计划创造良好的条件。

2．新的经销商

由于新的经销商对市场、产品有一个熟悉期，销售人员应重点扶持、培养他们，让他们尽快进入正常的销售轨道。例如，尽快帮助他们建立终端网络，为他们解答厂家的销售制度，培训他们的产品知识和促销技巧，帮助他们建立并培训销售队伍，等等。

3．需要提升某些技能的经销商

如果某经销商需要在当地市场的某个大型超市开展促销活动，而这个经销商对于开展促销活动没有经验，对于迅速处理促销现场发生的事情没有把握，在这种情况下，销售人员就应在促销期间现场跟进，协助经销商处理现场问题。

4．有问题的经销商

某些经销商的销售总是存在一些问题，如销量不稳定、销量时高时低、销售业绩连续3个月下降，或者连续3个月没有完成销售计划、没有销售积极性等。销售人员应针对这些问题，与经销商积极沟通，找出原因，尽快解决。

5．有投诉的经销商

对有投诉的经销商，销售人员应在第一时间赶赴现场，处理经销商的投诉，解决经销商的问题。

27.4.3 确定月工作行程表

通过以上分析，区域经理在确定重点管理的经销商后，根据需要管理的内容分配巡访时间，并确定巡访线路，填写《区域经理拜访行程表》，如表27-10所示。

该表由区域经理在每月初出差前填写，最重要的是将拜访的重要事项落实到每天每个经销商上。其中，地点应明确，目的主要填写销量和回款计划。

表 27-10　区域经理拜访行程表

填　表　人：_____　　　销售区域：_____　　　月　　份：_____

销售计划：_____　　　回款计划：_____　　　费用计划：_____

星期一	星期二	星期三	星期四	星期五	星期六	星期日
			1 地点： 目的：	2	3	4
5	6	7	8	9	10	11
12	13	14	15	16	17	18
19	20	21	22	23	24	25
26	27	28	29	30	31	

本月工作重点：_____

直属上司确认：_____

本行程表一式三份，执行人一份，直属上司一份，厂家行政部（人事部）一份。此表上的行程、地点和目的作为上司和行政部确定员工工作表现的依据。

梅明平对厂家区域经理说

没有事先的工作计划就不要行动，即使行动也是低效的、无序的、没有目的的。区域经理要养成制订工作计划的良好习惯，事先明确下月的工作重点是什么，下月每天的工作地点和内容是什么。

27.5　月度工作总结

27.5.1　区域经理对自己月度工作的总结

一个月结束后，区域经理需要对自己的工作进行总结，总结工作经验，吸取工作教训，以便日后更好地开展工作。

区域经理的月度工作总结主要从以下 5 个方面进行。总结完成后，填写相应表格，表格的样式如表 27-11 所示。

表27-11 月度工作总结表

填表人：_____ 销售区域：_____ 月份：_____

考核内容	销售	回款	其他指标
计划目标			
实际完成			
完成比率			
存在问题分析			
获得经验分析			
行程安排分析			
直属上司意见			

直属上司确认：_____

本总结表一式三份，执行人一份，直属上司一份，厂家行政部（人事部）一份。此表上的内容作为上司和行政部评价员工工作绩效的依据。

（1）目标完成情况。通过对计划目标和实际完成情况的分析，了解自己本月的工作结果，包括3个方面，即销售、回款和其他指标。

（2）存在问题分析。即本月在销售过程中存在的问题，包括没有完成计划的原因，自己的技能弱项等。

（3）获得经验分析。即本月在销售过程中获得的先进经验，包括超额完成计划的经验，经销商的经验等。

（4）行程安排分析。即对本月的行程安排进行分析，包括安排是否合理，有没有经常变化行程等。

（5）直属上司意见。区域经理在填完总结表后，应与直属上司进行沟通，直属上司应签上自己的意见。

27.5.2 区域经理对所管理的经销商的工作进行月度总结

区域经理为了更好地管理自己的经销商团队，使之拥有销售激情和热情，并在团队中营造你追我赶的氛围，有必要采用一些有效的管理手段，而编制《经销商快讯》就是一个很好的方法。

《经销商快讯》包含的内容很多，如市场价格、新产品信息、促销计划、销售经验分享、经销商销量排行榜、好人好事、厂家和个别经销商积压库存信息、厂家制度、会议精神、竞赛活动、终端开发安排、会议通知、相关知识培训、窜货处理、违规处理、国家政策、行业政策等。

《经销商快讯》的好处：让经销商及时了解各种信息；让经销商感觉到荣誉和压力；让经销商感受到销售人员的用心；有利于销售人员正确引导经销商的经营思路。

梅明平对厂家区域经理说

总结是下一次工作的开始，也是施加工作压力的主要工具。总结甚至比计划更重要，因为只有总结才知道结果好不好，只有总结才知道问题出在哪里。

27.6 实战演练

27.6.1 广东省经销商快讯

各位经销商朋友：

大家好！

我是广东省区域经理张涛，为确保大家的利益，更好地与大家合作，共同维护市场秩序，提升公司服务质量，即日起，我将每月编制一份《广东省经销商快讯》，以便及时向大家通报公司信息，包括公司的有关制度、市场价格、市场秩序、销售排行、经验分享等。

本月有以下事项与大家沟通。

一、万家网点大行动

为建立市→县→乡的销售网络，我们将在未来的3个月内，开展万家网点大行动，标准如下。

1．每个乡建立3个自供网点。

2．每个县或县级市建立20个自供网点。

3．每个地级市建立200个自供网点。

为尽快建设销售网点，公司为每个经销商配备了一定的网点建设赠品，该赠品由公司的业务员控制。希望经销商能安排车辆，做好网点的建设工作。同时，我们将开展全省业务员的竞赛活动，对于网点建设优胜者进行奖励。

二、市场价格情况

目前，全省的批发价格大部分地区集中在 154～155 元，少数区域的出货价已经达到156元，如韶关、清远。这个价格来之不易，在全省范围内对这两个地区的经销商给予表扬。希望各地经销商向韶关和清远的经销商学习，担负起维护各自区域市场价格的重任。

三、回款情况

本月各地经销商回款十分踊跃，截至8日，回款25万元的经销商共有17个，回款15万元的经销商共有11个。最快回款的经销商是珠海顺潮公司，于1月2日一次性回款35万元；回款最多的经销商是兴宁兴百公司，回款50万元。在此表示感谢！

四、新产品进场，旗舰店指引

新产品上市后，各地经销商可以根据实际情况以书面形式向公司申请新产品进店条码费用。旗舰店配额已经分配到各地，各地经销商可以和地区主管协调旗舰店配额的使用。

五、新产品销售情况

新产品上市后，很多经销商踊跃下单并积极推广，到目前为止，本月共出货7151箱，金额达132万元。销售前3名的经销商如下。

名次	经销商名称	销售量（件）
第一名	梅州太丰	550
第二名	深圳金励	420
第三名	汕头华叶	350

六、区域调整

以下经销商由于连续两个月没有完成与公司所约定的销售任务，根据《产品经销合同》第七条的相关内容，我们正陆续对以下经销商的区域进行调整：花都明记、斗门盛盈、梅州东郊。

七、新防窜货码

为进一步确保经销商的利益，我们给每个经销商配备了一个防窜货编码，希望经销商严格控制销售区域，防止窜货和低价销售。

八、促销策略（略）

九、客户经理工作情况

番禺苏君，已完成旗舰店的布置，与旗舰店的关系融洽，铺货82家，符合公司要求，在公司检查的当天，他的衣服背后布满汗渍；增城陈月兰，县城21家批发商，铺了13家，海报、陈列均符合公司要求。在此一并提出表扬。

十、上月经销商销售排行榜

名次	经销商名称	完成比率（%）
第一名	汕头华叶	326.62

续表

名次	经销商名称	完成比率（%）
第二名	连州美发	311.05
第三名	江门颖兴	262.45
……	……	……
第二十八名（倒数第三名）	深圳金励	122.93
第二十九名（倒数第二名）	电城远光	118.55
第三十名（倒数第一名）	番禺嘉力	118.36

顺祝

商祺！

27.6.2 北京英惠尔9月销售工作总结会议安排

1. 月度销售工作总结会议议程

各项会议议程如表27-12所示。

表27-12 月度销售工作总结会议议程

议程	时间	内容	负责人
第一天			
议程一	9:00—12:00	英惠尔年度营销策略	郑总
议程二	13:00—15:00	销售人员填写《月度工作总结表》	直属上司
议程三	15:00—21:00	与直属上司沟通《月度工作总结表》	直属上司
第二天			
议程四	9:00—10:20	对8月销售工作进行总结，分析销售数据、市场情况，总结经验和吸取教训等	郑总
议程五	10:20—10:30	公布8月销售排行榜，包括区域经理排行榜和分公司排行榜	郑总
议程六	10:30—10:50	分解9～12月销售目标	郑总
议程七	10:50—12:00	宣布9～12月工作计划	郑总
议程八	13:00—15:00	销售人员填写《9月出差行程表》，分公司经理分解9～12月工作计划	直属上司
议程九	15:00—18:00	直属上司确认《9月出差行程表》	直属上司
议程十	19:00—21:00	颁奖晚会，优胜者颁奖	总经理
第三天			
议程十一	9:00—16:30	专业工作态度和习惯培训	梅明平
议程十二	16:30—17:30	会议总结与结束	郑总

2．月度销售工作总结会议目的

（1）销售人员填写《月度工作总结表》和《9月出差行程表》。

（2）销售人员与直属上司进行正式、书面的沟通，让销售人员感觉到正式沟通带来的工作压力。

（3）分公司经理分解9~12月工作计划。

（4）通过8月销售排行榜及颁奖晚会，让优秀的销售人员感觉到荣誉，让暂时落后的销售人员感觉到压力，同时让全体销售人员感觉到销售的快乐和激情。

（5）通过专业工作态度和习惯培训，强化英惠尔营销团队管理目标——"用1年左右的时间打造一支国内领先水平的营销队伍"，达到提升销售人员思想的目的。

3．月度销售工作总结会议准备工作

（1）梅明平培训师准备专业工作态度和习惯的培训课件。

（2）英惠尔销售总经理郑总准备8月销售工作总结、8月销售排行榜、9月销售目标分解，同时准备9~12月工作计划，以及8月销售排行榜上优秀销售人员的奖品。

（3）分公司经理分解9~12月工作计划，包括新签的合同数量、销售回款、销售额等。

（4）后勤做好《月度工作总结表》《9月出差行程表》《销售知识百问百答》、郑总培训内容的PPT、梅明平培训内容的PPT的印刷工作，购买8月销售排行榜优胜者奖品和证书，安排会场及参会人员的吃、住、行事宜。

27.7　厂家区域经理工具箱

在管理日常工作时，区域经理要掌握以下8大工具。

（1）两个经销商档案样本。

（2）经销商的4种分类。

（3）多种销售指标分析。

（4）月度重点管理的5类经销商。

（5）月工作行程表。

（6）月度工作总结。

（7）《经销商快讯》的4大好处。

（8）月度销售工作总结会议安排。

附录 A 《厂商共赢渠道战略》厂家总裁班

培训背景

处于快速变化的时代,生产商和经销商面临的是高度不确定的复杂环境,这样的环境让人充满了焦虑和迷茫。各种渠道发生着不同程度的变化,多元化、碎片化的渠道,以及多种渠道有着前所未有的冲突,让人们感到渠道管理越来越难。很多厂家在渠道管理方面缺乏战略导向,该方面属于薄弱环节,在竞争中风险极大。

培训收益

> 本课程对《厂商共赢渠道战略》的顶层系统进行体系的建立和全方位模块框架搭建,是厂商共赢渠道咨询体系和培训赋能体系的核心指引课程,也是多渠道协同和渠道管理制度制定的最高指南。

本课程对《厂商共赢渠道战略》的顶层系统进行体系的建立和全方位模块框架搭建,是厂商共赢渠道咨询体系和培训赋能体系的核心指引课程,也是多渠道协同和渠道管理制度制定的最高指南。本课程将采用培研结合的咨询式学习,通过学习和实践让学员有所收获。

- 从竞争角度理解渠道的内涵与价值,知悉渠道管理的重要性;
- 从战略层面了解渠道结构、渠道设计、渠道成员等战略要素;

- 建立渠道管理知识和思维框架，全面掌握渠道管理系统；
- 掌握渠道设计、选择、激励、绩效评估实战方法与实用工具；
- 通过诊断分析洞悉企业渠道发展中存在的问题及本质原因；
- 通过共同研讨梳理渠道思路，获得适合厂家的制度输出成果。

培训事项

培训对象：生产商、制造商、品牌商等厂家的董事长、总经理、营销副总、销售总监、运营总监、大区经理等高层决策人员。

培训时长：3 天（每天 6 个课时，共 18 课时）。

授课方式：采用案例解析、工具植入、方案研讨、成果输出、培研结合、咨询式教学方式。

培训师：《经销商管理》的作者梅明平。

报名方式："新蓝海咨询"公众号。

课程大纲

第一讲 制定营销管理战略

本讲要点：营销管理几乎被认为是常识，但大多数人并不了解营销的本质。许多年来，市场上不断出现营销投入大、效果差的案例，其中的主要原因是其营销违背了营销逻辑。营销是有底层逻辑的，是有先后顺序和因果关系的，顺序混乱、因果不匹配，自然就无法实现营销目标。

一、从营销到逻辑营销管理
1. 什么是营销
2. 什么是管理
3. 什么是营销管理
4. 什么是逻辑营销管理
【工具】营销框架
【工具】管理框架
【工具】营销管理框架
【工具】逻辑营销管理框架
二、逻辑营销管理实施的 5 个训诫
1. 秉承让世界更美好的使命

2．选对目标客户
3．给目标客户一个选择的理由
4．让目标客户感知到选择的理由是真实存在的
5．使收入大于成本
【工具】五力模型图
【工具】定位点营销组合模型图
【工具】全渠道购买流程及触点图
【成果输出】厂家关于逻辑营销管理的训诫明细表

第二讲 制定营销渠道战略

本讲要点：在大多数情况下，厂家缺乏渠道战略。一方面，厂家不了解渠道战略究竟是什么；另一方面，没有专人去思考渠道战略。没有渠道战略的营销渠道，不仅没有竞争力，还很难实现分销目标。战略是什么？战略是为了获取差异化优势，让大家都遵守的基本原则。渠道战略就像一根主线，贯穿于渠道设计、渠道成员选择、渠道管理方式和绩效评估，以获取差异化优势，实现分销产品的有效目标。本讲的内容是渠道管理的核心、灵魂。

一、持续竞争优势
1．什么是持续竞争优势
2．获取持续竞争优势的理论依据
二、了解营销渠道
1．营销渠道的定义
2．营销渠道参与者
3．新时代消费者对营销渠道的需求
三、营销渠道战略
1．营销渠道战略的定义
2．4大基本分销决策
【工具】渠道战略与分销决策关系图
【案例】BMW的"定制"渠道战略
四、营销渠道战略的制定
1．按照渠道属性确定渠道战略
2．按照渠道利益确定渠道战略

3. 按照渠道关系确定渠道战略

4. 厂商共赢渠道战略

【案例】Zappos 利用竞争对手不重视分销战略而成功

【工具】典型渠道结构图

【工具】厂商共赢渠道战略结构图

【成果输出】厂家的关联组织清单

【成果输出】厂家的服务代理机构清单

【成果输出】厂家的渠道战略

第三讲 了解电子营销渠道

本讲要点：随着时代的发展，消费者对于购物的要求越来越高，不仅要求渠道多元化，还要求购物环节的柔性和完美体验。很多厂家在犹豫，是否参与电子营销渠道。电子营销渠道由于带给消费者极大的方便，是未来渠道发展的必然趋势。电子营销渠道不仅有固定的渠道，还有移动的渠道；不仅有纯粹的网店，还有可以交流的社交电商。无论是大厂家还是刚刚创立的小厂家，电子营销渠道都是需要建立的。

一、电子营销渠道的定义

二、电子营销渠道结构

1. 去中间化

2. 渠道流

3. 渠道种类

【案例】亚马逊取代实体零售商成为另一种中间商

【案例】汽车销售的常规结构与互联网结构

【案例】亚马逊交易完成后由传统渠道完成物流工作

【案例】消费者在虚实渠道冲浪是常态

【案例】 Delta 在 Facebook 卖票

【案例】用智能手机在线购买产品的购物者比例

【成果输出】适合厂家的产品有哪些固定的电子营销渠道

【成果输出】适合厂家的产品有哪些移动的电子营销渠道

【成果输出】适合厂家的产品有哪些社交的电子营销渠道

三、电子营销渠道的优势和劣势

1. 优势
2. 劣势

【案例】让虚拟模特帮助自己试穿衣服
【案例】戴尔的电子营销渠道降低分销成本

四、电子营销渠道的影响

1. 对其他 3P 的影响
2. 对定位的影响
3. 对渠道设计的影响
4. 对渠道管理的影响

【案例】关于电子营销渠道的决策
【案例】实体购物场是否已成为 20 世纪的"遗物"
【案例】快速销货模式是长期的电子营销方式吗
【案例】美泰克公司会失去浏览网页的消费者吗
【成果输出】厂家对虚拟渠道的定位
【成果输出】如何避免实体渠道与虚拟渠道之间的冲突
【成果输出】管理者如何管理实体渠道和虚拟渠道

第四讲 设计最优渠道结构

本讲要点：是否需要重新设计渠道，设置多长的营销渠道，确定多少个渠道成员，选择多少条营销渠道（渠道组合），渠道职责如何在渠道成员之间进行分工，渠道目标如何与营销目标匹配……这些问题与许多要素有关，厂家只有在充分了解对渠道设计产生影响的各个要素的基础上，才能设计出最佳的营销渠道（组合）。

一、识别渠道设计决策的需要

1. 建立新厂家
2. 开发新客户
3. 开发新产品
4. 开发新区域
5. 经销商不匹配
6. 渠道冲突严重
7. 渠道调整

二、选择合适的渠道结构

1. 渠道层级数目
2. 各层级的密度
3. 各层级的渠道成员类型
4. 可选择的渠道数目

【案例】三大汽车制造商渠道层级
【案例】欧迪公司增加了渠道类型
【工具】影响渠道长度的因素
【工具】产品标准化程度与渠道长度的关系
【工具】影响各级渠道密度的因素
【工具】巴克林关于渠道规模与渠道结构的模型
【工具】各级渠道成员的名称
【工具】影响渠道数目的因素

三、选择上下游客户的关系

1. 所有权关系
2. 管理关系
3. 伙伴关系

【案例】卡特彼勒高水平渠道设计获得差异化优势
【案例】把立白看成"渠道领袖"的专销商

四、选择最佳渠道组合

1. 确定各种替代渠道结构方案
2. 明确选择时所依据的决定因素
3. 对每种替代渠道结构方案进行评分
4. 对各种替代渠道结构方案的评分排序

【案例】雷克萨斯拥有行业内优秀的经销商网络
【案例】西卡密封粘接产品依托德高快速高效实现全网销售布局
【案例】通过社交网络与客户进行沟通的方式是怎样提升渠道管理能力的
【工具】确定权衡因素评分方法
【工具】权衡因素评分排行榜
【成果输出】渠道设计决策需求检查表
【成果输出】影响厂家渠道长度的因素汇总表
【成果输出】影响厂家渠道密度的因素汇总表

【成果输出】各层级的渠道成员名称

【成果输出】影响渠道数目因素汇总表

【成果输出】选择实体渠道上下游关系汇总表

【成果输出】选择渠道结构汇总表

【成果输出】选择渠道的决定因素汇总表

【成果输出】对每种替代渠道结构方案进行评分

【成果输出】对各种替代渠道结构方案的评分排序

第五讲 选择最佳渠道成员

本讲要点：完成渠道设计后，厂家就需要选择与渠道设计要求相匹配的渠道成员。这些成员能否承担渠道设计的分销职责？这些成员的忠诚度高不高？这些成员能不能与厂家实现渠道共赢？既要考虑厂家选择经销商的标准，也要考虑经销商如何选择厂家。

一、选择经销商的3大原则

1. 匹配原则

2. 直销原则

3. 密度原则

【案例】劳力士（Rolex）选择知名的经销商

二、招商路径与招商方法

1. 招商路径

2. 招商方法

【工具】招商路径一览表

【工具】招商工具汇总表

【工具】招商方法一览表

【工具】会议招商流程

三、厂家选择经销商的标准

1. 经销商的分销任务

2. 选择经销商的4大核心标准

3. 企业信息App

4. 经销商推荐

【案例】美国和英国制造商运用的选择标准

【案例】固特异拥有优秀的经销商网络
【工具】经销商为厂家提供的分销任务明细表
【工具】经销商为客户提供的分销任务明细表
【工具】经销商执行的分销任务图
【工具】选择未来渠道成员的 12 大标准
【工具】布伦德尔（Brendel）设计的工业企业选择未来渠道成员的 20 个主要问题清单

四、经销商选择厂家的标准
1. 产品线
2. 广告与促销
3. 管理支持
4. 公平交易和友好关系
【成果输出】厂家选择经销商的原则
【成果输出】适合厂家的招商路径明细表
【成果输出】适合厂家的招商方法明细表
【成果输出】经销商承担的分销任务明细表
【成果输出】制定适合厂家的招商标准
【成果输出】制定经销商选择厂家的标准

第六讲 高效激励渠道成员

本讲要点：激励渠道成员是实现厂商共赢的核心。需要注意的是，渠道激励要与渠道战略匹配。设计一个能迅速找到渠道成员需求和问题的组织架构是实现厂商共赢的关键，而如何设置组织架构，如何确定成员、如何运作是确保组织架构发挥作用的关键。同时，对经销商提供实质性的支持，及时解决渠道冲突，也能极大提升经销商的积极性。

一、渠道战略与渠道成员激励
1. 分销密度与渠道成员的关系
2. 利润占比与渠道成员忠诚度的关系
【工具】分销密集程度与渠道成员密切程度之间的关系
【工具】利润占比与渠道成员忠诚度的关系

二、厂商共赢委员会
1. 两大目的
2. 组成
3. 运作方式
【案例】卡特彼勒的厂商共赢委员会
三、对渠道成员提供支持
1. 共同付费广告
2. POP 展示
3. 渠道成员的竞争与激励
4. 渠道成员进货折扣
5. 使命销售员
6. 销售返利
7. 培训项目
【案例】厂商关系只能是"不可共患难"吗
【成果输出】厂家渠道成员分销密集程度与密切程度关系表
【成果输出】厂家渠道成员利润占比与忠诚度明细表
【成果输出】厂家厂商共赢委员会的构成明细表
【成果输出】厂家支持经销商的具体项目表

第七讲 评估渠道成员绩效

本讲要点：大多数厂家对经销商没有绩效评估，导致经销商做好做坏一样，经销商绩效提升只是一场梦。绩效评估是对渠道成员在某个时期如1年的经营情况进行评估，目的是通过评估对优秀的渠道成员进行奖励，对落后的渠道成员进行处罚。绩效评估最大的好处在于，评估后实施的奖惩能够对渠道成员在接下来如第二年的经营表现给予强大的压力，促使渠道成员的绩效越来越好、效率越来越高，渠道成员绩效螺旋式上升。

一、渠道战略与渠道成员绩效评估
二、经销商绩效评估指标
1. 经销商竞争能力评估指标
2. 经销商盈利能力评估指标
3. 渠道信任

【案例】A公司经销商的渠道占有率
【案例】某厂家经销商的市场渗透率
【工具】渠道信任量表
三、经销商绩效评估方法
1．确定经销商绩效评估因素与权重
2．经销商绩效加权评分排行
3．经销商绩效加权评分频率分布
【工具】评价经销商绩效的加权平均法
【工具】经销商加权得分正态分布表
四、经销商绩效整改措施
1．优秀经销商奖励措施
2．良好经销商奖励措施
3．一般经销商管理措施
4．较差经销商处罚措施
5．很差经销商处罚措施
【案例】如何理解"当你们成功时，我们才会成功"
【工具】经销商加权得分排行榜及整改措施表
【成果输出】确定评估经销商绩效的指标
【成果输出】确定经销商评级及整改方案

第八讲 梳理渠道产品线

本讲要点：不同的销售渠道适合不同的产品线。为了帮助渠道成员获得利润及竞争优势，必须做好对产品的定位。同时，在推出新产品的过程中，必须与渠道成员进行沟通，让渠道成员参与新产品的设计研发，使新产品更符合渠道成员的需求。在产品的销售过程中，需要采用排他性交易及搭售的方法，实现快速销售产品的目的。

一、突出产品的渠道竞争优势
1．通过产品定位突出渠道优势
2．通过塑造产品差异突出渠道优势
二、将新产品纳入渠道成员的产品组合
1．鼓励渠道成员参与新产品构思

2．加强渠道成员对新产品的认可

3．对渠道成员进行新产品培训

【案例】雪佛莱出新产品时需要征求经销商的意见

【工具】新产品开发流程图

【工具】渠道成员对新产品的认知度调查表

三、制定产品线经销策略

1．排他性交易

2．搭售

【案例】固特异向独家经销商提供排他性轮胎

【案例】回天胶业利用渠道优势拓宽产品线

【成果输出】确定突出厂家产品渠道优势的产品定位方法表

【成果输出】确定突出厂家产品渠道优势的产品差异方式表

【成果输出】确定突出厂家新产品的培训对象和培训内容表

第九讲 启动渠道价格引擎

本讲要点：定价定天下。定价不仅牵涉消费者和渠道成员的心理价位，还反应渠道成员的利润空间。零售价格定高了，消费者不会购买；采购价格与渠道成员的产品销售价格不匹配，渠道成员不会购买；渠道成员的利润率定错了，影响渠道成员是否采购及销售的积极性。总之，定价牵一发而动全身，需要慎之又慎。

一、渠道定价结构框架

1．渠道定价定天下

2．渠道定价逻辑

3．渠道定价结构

【工具】商品的渠道定价结构

二、渠道定价指导原则

1．履行的职能

2．竞争者品牌

3．利润率的惯用标准

4．消费者价格点

【案例】固特异背离惯用标准的理由

【案例】宝马在各个价格点都有产品销售

【工具】职能检查清单
【工具】名牌和小型生产商承担的分销工作
三、渠道产品定价方法
1. 价格点定价法
2. 单价产品盈利定价法
3. 组合产品定价法
4. 改变容量定价法
【案例】吉列组合定价法
【案例】减少容量定价不变
【工具】单件产品定价盈亏平衡图解
【成果输出】确定厂家产品的渠道定价结构
【成果输出】制定厂家分工明细表
【成果输出】制定收集利润率惯用标准的信息表
【成果输出】确定厂家所处行业的价格点
【成果输出】确定适合厂家的定价方法

第十讲 畅通渠道物流

本讲要点：无论是实体营销渠道还是电子营销渠道，要完成实物交易必须有物流。现阶段，尤其是电子营销渠道的消费者对于物流的配送速度要求越来越高，同时消费者通过移动手机的比价软件促使价格竞争白热化，最终导致商品的价格越来越低，所以物流不仅要提升速度，还要降低综合物流成本。本讲从物流系统的观念出发，对如何畅通物流渠道进行深入探讨。

一、物流系统的定义
1　物流的基本作用
2. 什么是物流系统
【案例】运输速度、存货水平与总成本的关系
二、物流系统的构成
1. 运输
2. 库内货物处理
3. 订单处理
4. 存货控制

5．仓储

6．包装

【案例】无停留分销极大提高货物处理效率

【案例】格兰杰公司开发卫星交换系统处理订单

【案例】惠而浦用10个配送中心代替41个老仓库

【工具】各种运输方式的运营特点一览表

【工具】经济订货批量（EOQ）

三、物流服务标准

1．厂家发货标准

2．经销商收货标准

3．订货标准

四、物流服务管理

1．明确渠道成员对物流的需求

2．确保生产商物流符合渠道成员的标准

3．使渠道成员确信厂家能够达到物流标准

4．对物流服务进行监控与调整

【案例】吉列公司取消空运方式

【案例】直接分销是否真的如此简单

【成果输出】制定降低物流总成本的措施

【成果输出】制定厂家的物流服务标准

第十一讲 优化渠道结构

本讲要点：优化渠道结构不是对某条营销渠道的绩效进行评估，而是对不同营销渠道的绩效进行评估。例如，对经销商渠道、自营大客户渠道、电子营销渠道等进行评估，目的是了解哪条营销渠道具有最大的绩效，哪条营销渠道的绩效需要改进等。关于对渠道成员进行绩效评估的问题，在第六讲已经介绍过了。

一、渠道绩效评估指标

1．渠道竞争能力评估指标

2．渠道盈利能力评估指标

【案例】销售增长率指标及横向比较

【案例】某家电制造商空调的渠道任务完成率

【案例】A 公司的渠道占有率及其变化

【案例】某厂家的经销商渠道经营稳定性统计

【案例】2020 年 A 公司各渠道的销售费用率

【案例】2020 年 A 公司各渠道的利润率

【案例】A 公司的渠道重叠调整

【工具】销售渠道成本费用表

【工具】不同渠道之间的互补与冲突评分

【工具】渠道策略与渠道管理绩效评分

【成果输出】确定评估渠道绩效的指标

二、渠道效果等级评估法

1．适用厂家

2．评估规则

3．评估成员

【工具】渠道效果等级评估表

【成果输出】确定渠道效果等级评估表

三、营销渠道调整

1．调整方式

2．调整时机

3．调整原则

4．调整内容

【案例】你认为在确保服从方面会存在哪些问题

【案例】你认为新的政策会影响经销商的行为吗

【成果输出】确定渠道调整方式

【成果输出】确定渠道调整内容

收获与总结

　　回顾本课程每讲的内容要点，总结课程的重要知识点，辅导学员制订行动计划，学员分享与问题解答。

附录 B 《数字化转型》经销商总裁班

课程背景

传统经销商在产品管理、销售管理、团队管理、流程管理、营销管理和商机管理等诸多方面面临结构化痛点。在网络环境和数字化科技日益发展的新时代，如何借助这些技术实现渠道管理的升级、提升管理效率是极具价值的思考点。拥抱互联网、转变发展方式是大势所趋，无数企业都在改变。竞争对手在逐渐变强，许多老板内心焦虑，但自己还在原地踏步，他们虽然知道要拥抱互联网、要做出改变，但就是不知从何入手。

经销商面临的挑战

对于厂家来说，提升经销商团队的经营管理能力是厂家业绩倍增的基础。然而，新时代经销商面临许多挑战，这些挑战成为经销商快速发展的巨大障碍。经销商面临的挑战包括但不限于以下内容：

1. SKU 数量多，产品管理难；
2. 库存数据变动大，数据很难精确把控；
3. 库存积压和缺货问题普遍存在，库存成本高；
4. 仓库拣货效率低，出错率高；
5. 业务员在外拜访难监管、难管控；

6. 销售情况不清楚，出货、进账难统计；

7. 电商冲击大，价格透明，利润下降；

8. 营销手段单一，新客成活难。

课程收益

本课程将从流程管理、渠道阵地、决策支撑、生态升维多个维度帮助经销商进行系统思考，并为经销商数字化建设提供系统指导。

本课程包括业务流程数字化、渠道决策数字化、线上线下融合化等内容，为经销商借助数字化技术进行经营生态提升提供数字化升级的赋能指导。

培训事项

培训对象：厂家的经销商，包括经销商老板、操盘手等。

培训时长：2天（每天6个课时，共12课时）。

授课方式：理论讲解、案例解析、方案研讨、工具植入、成果输出。

培训讲师：《经销商管理》的作者梅明平。

报名方式："新蓝海咨询"公众号。

课程大纲

第一部分　业务流程数字化

第一章　采购管理数字化

本章要点：为经销商合理采购提供数据依据，防止盲目采购造成产品积压，或者采购数量不足造成缺货，影响销售业务。

一、采购策略数字化

1. 库存预警补货
2. 缺货补货
3. 智能补货
4. 以销定购
5. 智能采购价值

二、采购业务数字化
1. 采购订单
2. 采购入库单
3. 采购退货单
4. 采购换货单
5. 采购费用分摊单
6. 采购业务价值
三、采购查询数字化
1. 采购单据查询
2. 采购明细查询
3. 采购价格跟踪
4. 采购查询价值
四、采购管理数字化价值
1. 合理化采购
2. 避免库存积压
3. 避免缺货

第二章 销售管理数字化

本章要点：从销售订货到订单拣货打包，再到司机配送，回库交账，整个销售业务可用本软件一体化解决方案实现，多个部门协同处理，信息快速流转，避免使用多套系统带来的弊端。

业务员在外访销、司机车销、传统订货会、多种销售模式均可支持，从各个业务环节助力商贸公司数字化转型。

一、销售业务数字化
1. 零售单
2. 销售订单
3. 销售退货申请
4. 销售出库单
5. 销售退货单
6. 销售换货单
7. 预订货单
8. 销售业务价值

二、车销业务数字化

1. 装车调拨

2. 回库调拨

3. 车销交账

4. 车销业务价值

三、拜访管理数字化

1. 拜访记录

2. 拜访计划

3. 职员定位

4. 职员轨迹

5. 拜访设置

6. 拜访管理价值

四、销售查询数字化

1. 销售单据查询

2. 销售明细查询

3. 销售价格跟踪

4. 预订货查询

五、销售管理数字化价值

1. 流程化管理

2. 提升销售过程效率

第三章 外勤管理数字化

　　本章要点：掌握按客户级别、领导分配、异常客户情况自动生成拜访计划的方法，确保客户拜访标准化，不漏掉一个客户。掌握到店签到、离店签退、上传带水印照片的方法，老板可对拜访过程实现强管控。掌握通过定位看到员工当前位置和拜访轨迹、了解业务员当天的拜访情况的方法。

一、拜访设置数字化

1. 作用

2. 具体操作

二、拜访计划数字化

1. 作用

2. 具体操作

三、执行拜访数字化

1．作用

2．具体操作

四、拜访结果记录数字化

1．作用

2．具体操作

五、外勤管理数字化价值

1．自动生成拜访计划

2．严格监控到离店过程

3．拜访轨迹一目了然

第四章　拣货管理数字化

本章要点：通过 WMS 系统软件，让拣货员通过 PDA 扫码拣货，实现全程无纸化作业。同时，WMS 系统语音播报拣货货位，让拣货员轻松找到货物，降低出错率，并提升拣货效率。

一、拣货设置数字化

1．作用

2．具体操作

二、拣货分配数字化

1．作用

2．具体操作

三、执行拣货数字化

1．作用

2．具体操作

四、集货管理数字化

1．作用

2．具体操作

五、打包装箱数字化

1．作用

2．具体操作

六、拣货效益分析

1．语音拣货

2. 二次拣货

七、拣货管理数字化价值

1. 轻松找到货物

2. 拣货效率提高 3 倍

第五章 司机管理数字化

　　本章要点：掌握通过线路自动规划帮助司机选取最优线路的方法，提升送货效率，减少司机数量，降低人员成本。

一、订单分派数字化

1. 作用

2. 具体操作

二、智能装车数字化

1. 作用

2. 具体操作

三、配送过程数字化

1. 作用

2. 具体操作

四、司机交账数字化

1. 作用

2. 具体操作

五、配送效益分析

1. 3 种派单方式

2. 文员有权调配

3. 业务员责任清晰

六、司机管理数字化价值

1. 帮助司机快速上货

2. 智能优化配送线路

第六章 仓储管理数字化

　　本章要点：从采购订单的产品入库，到货位摆放，到拣货订单分配，再到产品打包装箱，以及仓库多种盘点方式，满足仓库全场景业务管理需求，大数据赋能仓储管理，告别传统的管理模式，节省两三倍的人工成本，助力企业仓储业务数字化改革。

一、拣货中心数字化

1．作用

2．具体操作

二、发货中心数字化

1．作用

2．具体操作

三、其他出入库数字化

1．待收货订单

2．其他出库单（内部领用等）

3．其他入库单（内部领用退回等）

4．调拨单

四、库存盘点数字化

1．报损单

2．报溢单

3．盘点单

4．成本调拨单

【截图】成本调拨单

五、生产管理数字化

1．生产模板

2．组装单

3．拆分单

六、库存预警数字化

1．预警查询

2．预警设置

七、借进借出数字化

1．借进单

2．借出单

3．借进借出查询

八、仓储管理数字化价值

1．满足仓储全场景业务管理

2．传统拣货模式效率低

3. 降低仓储成本

第七章 财务管理数字化

本章要点：系统自动统计经销商每个月的费用开支，往来单位的应收、应付情况，并且支持图形报表，让报表查询更直观。系统自动统计业务员销售业绩、拣货员拣货业绩、司机配送业绩，多维度统计员工业绩，提成方案支持多种组合，月底不再加班算提成。

一、收款数字化

1. 按单收款
2. 收款单
3. 预收款单
4. 提现、存现、转款
5. 待确认款项

二、付款数字化

1. 按单付款
2. 付款单
3. 预付款单

三、收入、支出数字化

1. 费用单
2. 其他收入
3. 应收、应付调整
4. 费用合同

四、账务处理数字化

1. 会计凭证
2. 结账

五、账簿数字化

1. 总账
2. 明细账
3. 科目余额表
4. 辅助核算余额表

六、财务报表数字化

1. 资产负债表

2. 利润表

七、财务管理数字化价值

1. 多元报表统计

2. 业绩提成统计

第二部分　订货商城移动化

第一章　专属商城移动化

本章要点：实现零售客户通过手机客户端 24 小时下单进货、付款，提高批发效率。

一、订单处理数字化

1. 订单处理

2. 退货申请处理

3. 在线支付对账单

二、基础业务数字化

1. 商品上架

2. 商品授权

3. 买家账号

三、商城设置数字化

1. 基础设置

2. 店铺设置

3. 运费设置

4. 商城装修

5. 公告设置

四、商城统计数字化

1. 交易分析

2. 商城客户列表

第二章　营销管理数字化

本章要点：可以将秒杀、优惠、特价等促销信息实时推送给零售店老板，并快速统计促销效果，提高沟通效率。

一、会员中心

1. 会员管理

2. 会员设置

3. 积分兑换

二、营销活动数字化

1. 发短信

2. 优惠券

3. 商品促销

4. 整单促销

5. 特价

6. 套餐

三、商城营销数字化

1. 商城拼团

2. 商城秒杀

3. 商城预售

4. 商城弹窗广告

四、营销推广数字化

1. 我要推广

2. 推广历史查询

五、营销活动分析

1. 作用

2. 具体操作

第三章 线上线下一体化

本章要点：通过线上线下一体化，可以快速提升客单价、客户数和订单量，加快商品展示、新品传播和促销推广速度，并且保证客户安全和资金安全。

一、三升

1. 客单价提升

2. 客户数提升

3. 订单量提升

二、三快

1. 商品展示快

2. 新品传播快

3. 促销推广快

三、两安全

1. 客户安全

2. 资金安全

第三部分　管理决策智能化

第一章　经营概况数字化

本章要点：快速统计和展示销售业绩、财务数据、客户占比、流动资产占比等情况，展示经营、现金流和资产负债的发展趋势，并对客户的类别和销售金额、毛利、回款进行排行。

一、销售业绩完成率

1. 销售计划

2. 实际完成

二、财务数据概况

1. 净利润

2. 收入合计

3. 支出合计

4. 资产负债率

三、客户占比

1. 有效客户

2. 无效客户

四、资产流动占比

1. 预付账款

2. 应收余额

3. 超期应收

4. 资金余额

五、3个维度财务分析

1. 经营趋势

2. 现金流走势

3. 资产负债走势

六、客户销售排行

1. 按销售金额

2. 按毛利

3、按回款

七、ABCD 客户分类

1．A 类：核心客户

2．B 类：重要客户

3．C 类：一般客户

4．D 类：其他客户

第二章 客户分析数字化

　　本章要点：通过对客户进行分类，对客户进行相应管理，提高管理效率。通过对新客户的复购情况进行分析，加快新客户的转化。同时，通过对交易异常的客户进行分析，制定管理方案。

一、ABCD 客户价值分类

1．ABCD 客户分类预警

2．采取决策措施

二、新客户转化分析

三、客户交易异常分析

第三章 销售人员分析数字化

　　本章要点：了解销售人员每月的业绩情况，并对销售人员的各类客户进行统计分析，随时了解预警客户。了解销售人员的费比情况，快速找出费比异常的销售人员。预测销售人员的拜访趋势、业绩趋势、开单走势等。

一、销售人员业绩考核数字化

1．业绩指标设置

2．查看预警客户

二、严卡销售费用数字化

1．费销比排行

2．销售人员分析列表

三、人效分析数字化

1．人效分析

2．更多分析

3．销售人员业绩分析

4．销售人员 ABCD 客户分析

5. 销售人员销售异常分析

第四章　商品分析数字化

　　本章要点：对每类、每件商品的利润、销量进行分析，及时了解异动商品的情况，快速制定异动商品解决方案。
一、商品利润贡献分析
二、商品流量贡献分析
三、商品异常分析

第五章　财务分析数字化

　　本章要点：对销售人员和客户的应收账款进行排行；对企业的资金余额、存货余额、应收余额、预付账款等几项流动资产以饼状图的形式展示。费用支出占比，包括企业保险金、运输费、包装费、优惠金额等维度的费用支出占比情况，以饼状图的形式统计。查询客户的欠款情况。统计企业费用支出占比、企业流动资产占比情况，根据企业现金流情况绘制折线图，更直观地体现资产变动情况。
一、客户应收排行
二、流动资产分析
三、其他分析
1. 费用支出分析
2. 应收、超期应收分析
3. 费用支出分析
4. 流动资产分析
5. 现金趋势分析

第六章　管理决策驾驶舱

　　本章要点：传统的进销存软件，仅仅反映进货数据、销售数据、库存数据等基础数据。经销商的数字化转型，还可以根据"二八法则"找出自己的流量商品、核心客户、业务员人效等关键数据。根据 ABCD 客户分类，从传统贸易公司向客户经营公司转变，更深入地发现企业内部问题，实现降本增效的目的，提升管理效率。

一、提升管理效率
1. 传统进销存软件
2. 本软件特点
二、快速决策

第四部分　上游下游互联化

本部分要点：打通库存信息，上游厂家及时获知经销商的库存状态，同时经销商将采购订单直接分享给上游厂家，上游厂家根据订单备货。

经销商将订单分享给零售商，经销商和零售商可双向填写反馈。零售商打开订单可以立即在线支付，实时获取订单状态，并可查询反馈过的历史订单记录。信息双向反馈，双方可随时查看订单反馈记录。

线上线下订单打通，客户可通过互联网平台直接下单，商家也可以直接推送线下订单给客户，无须多个平台周转，客户就可实现一键购买、在线支付。

一、联通企业内部
1. 客户裂变
2. 营销活动推广
二、联通上游厂家
1. 库存信息
2. 采购订单
三、联通下游客户
1. 订单信息
2. 历史订单记录
3. 信息反馈

收获与总结

回顾本课程每章的内容要点，总结课程的重要知识点，辅导学员制订行动计划，学员分享与问题解答。

附录 C 销售总监管理经销商的 13 大模块 105 种管理工具

表 C-1 销售总监管理经销商的 13 大模块 105 种管理工具

13 大模块	105 种管理工具
一、定义经销商	1. 4 种典型的消费品分销渠道模式 2. 两种经销形式 3. 经销商的分类方法 4. 独家经销的 10 大优点 5. 非独家经销的 5 大缺点 6. 批发型经销商与终端型经销商的区别 7. 经销商与代理商的区别 8. 经销商在渠道中的作用
二、厂商关系	1. 厂家对经销商的希望 2. 经销商对厂家的希望 3. 厂家 7 种伤害经销商的行为 4. 经销商 6 种伤害厂家的行为 5. 销售人员与经销商关系的两种误区 6. 提升经销商利益的 9 种方法 7. 销售人员监督和控制经销商的方法 8. 建立新型厂商关系需要解决的 10 大问题
三、分销渠道选择	1. 分销渠道的 4 种结构 2. 直接渠道与间接渠道的区别 3. 8 种顾客需求对分销渠道结构的影响 4. 长渠道与短渠道的区别 5. 宽渠道与窄渠道的区别 6. 分销渠道设计要考虑的 4 种因素 7. 厂家在新产品营销时应考虑的 3 大因素 8. 厂家选择分销渠道的步骤

续表

13大模块	105种管理工具
四、返利设计	1．返利的两种功能 2．返利的6大目的 3．按返利兑现时间、兑现方式、奖励目的和内容确定返利种类 4．3种返利兑现形式 5．参考4大因素确定返利水平 6．建设返利系统的4大关键点 7．设计返利系统 8．利用返利制度提高经销商销量的7种方法
五、经销商激励	1．激励经销商的3个维度 2．麦克威关于经销商的需求与问题的观点 3．了解经销商需求与问题的方法 4．经销商顾问委员会 5．厂家与经销商合作的18种项目 6．厂家与经销商建立战略联盟的基本原则 7．分销计划设计的3个步骤 8．经销商销售竞赛 9．什么奖品能更好地激励经销商 10．激励经销商常用的30种方法
六、对经销商促销	1．对经销商促销存在的5大主要问题 2．对经销商促销的5大论点 3．对经销商促销的7大主要内容 4．协作性广告 5．促销补贴 6．对经销商促销的两种主要分类 7．促销的4大主要技巧 8．产品促销与销量的关系 9．不同产品的4种促销方法 10．促销的战略行为
七、应收账款管理	1．经销商的5C信用评估法 2．经销商综合信用评估表 3．决定信用限额的关键因素 4．现金折扣

续表

13大模块	105种管理工具
	5．滚动收款
	6．坏账准备金制度
	7．3种回款控制方法
	8．5种催债方法
	9．《房屋抵押合同》样本
	10．科学、合理的催款程序
八、合同管理	1．经销合同的4大作用
	2．经销合同的5大内容
	3．经销合同的10大议定条款
	4．《产品经销合同》中掌控主导权的5大重要事项
	5．签订经销合同的8大注意事项
	6．经销合同签订的3个阶段
	7．制定有话语权的《产品经销合同》的6个方面
	8．经销合同有效期的截止日期
	9．《产品经销合同》样本
九、渠道冲突	1．横向冲突和纵向冲突
	2．良性冲突和恶性冲突
	3．经销商冲突的6大原因
	4．渠道效率的概念
	5．渠道冲突与渠道效率的一般曲线
	6．解决渠道冲突的5种方法
十、窜货管理	1．直接窜货和间接窜货的概念
	2．间接窜货责任人的认定
	3．引起窜货的6大诱因
	4．4种经销商识别码
	5．销售人员处理窜货问题的4大缺陷
	6．市场督察部的职责
	7．窜货处罚标准的两大参考要素
	8．好佳公司《市场秩序管理公约》
	9．好佳公司《市场违规处罚条例》

附录 C　销售总监管理经销商的 13 大模块 105 种管理工具

续表

13 大模块	105 种管理工具
十一、绩效评估	1. 经销商绩效评估的 4 大影响因素 2. 重型汽车工业中研究经销商绩效所采用的 30 种标准 3. 经销商绩效评估的 6 种标准 4. 评估经销商的销售绩效的 3 个要点 5. 从 6 个方面了解经销商库存信息 6. 评估经销商的发展前景的 7 个问题 7. 经销商绩效评估的 3 种方法 8. 经销商定量评估的 5 个步骤 9. 经销商两大整改建议
十二、经销商培训	1. 经销商培训的 3 个层次 2. 经销商培训的 10 种形式 3. 培训师的两种来源 4. 经销商培训资料的内容 5.《经销商工作指南》的主要内容
十三、经销商年会	1. 确定年会的主题 2. 确定年会的时间、地点 3. 确定年会议程 4. 年会现场控制注意事项 5. 年会费用预算

附录 D 区域经理管理经销商的 14 大模块 91 种管理工具

表 D-1 区域经理管理经销商的 14 大模块 91 种管理工具

14 大模块	91 种管理工具
一、招商策略	1. 分两步走策略 2. 追随策略 3. 逆向拉动策略
二、招商标准	1. 了解经销商经营思路的方法 2. 了解经销商经营实力的方法 3. 了解经销商管理能力的方法 4. 了解经销商合作意愿的方法
三、开发流程	1. 销售人员的心理准备 2. 销售人员自我形象设计的要求 3. 销售人员开发新市场应准备的 9 类资料 4. 收集信息的 9 种渠道 5. 商务谈判的 6 大注意事项 6. 商务谈判的 7 大主要议题 7.《产品经销合同》注意事项
四、拜访经销商	1. 拜访前的 4 大准备事项 2. 拜访经销商的 5 项任务 3. 拜访结束后的 6 项总结工作
五、激励	1. 利益激励的 3 种途径 2. 服务激励的 6 种途径 3. 精神激励的 4 种途径

续表

14大模块	91种管理工具
六、压货	1. 压货的4种目的 2. 压货的3种方式 3. 给经销商施压的3种方法 4. 给业务员施压的两种方法 5. 加强终端分销的5种方法
七、促销	1. KA卖场堆头促销 2. 铺市促销 3. 应对竞争对手的促销 4. 会议促销 5. 新产品促销 6. 应对窜货的促销 7. 编写促销方案
八、终端管理	1. 从4个方面管理终端队伍 2. 终端业务管理7项工作 3. 市场零售价管理方法 4. 市场批发价管理方法
九、货款管理	1. 从4个方面帮助经销商降低终端货款风险 2. 用返利模式降低货款风险的方法 3. 零售终端的10种欠款信号 4. 在销售合同中确保账款安全的方法 5. 从4个方面严格执行经销商开户制度 6. 容易造成单据和金额误差的5种情况 7. 经销商的12种欠款信号 8. 正常应收账款的处理方法 9. 已被拖欠款项的处理方法 10. 拖欠时间与追收成功率的关系
十、投诉处理	1. 处理经销商投诉的6种原则 2. 处理产品质量投诉的方法 3. 处理窜货投诉的方法 4. 处理延迟送货投诉的方法 5. 处理服务质量投诉的方法 6. 处理对厂家驻地业务员的投诉的方法

续表

14 大模块	91 种管理工具
	7. 处理垫付费用投诉的方法
	8. 处理对账单投诉的方法
	9. 处理兑现返利投诉的方法
	10. 处理投诉时留下文字资料的好处
十一、窜货管理	1. 处理窜货的 6 个步骤
	2. 查出窜货真相的 3 个方面
	3. 查找窜货来源的 5 大要点
	4.《窜货证据认定书》的样例
	5. 判断窜货事件的影响的 3 个角度
	6. 上报给直接领导的 4 个好处
	7. 5 类不同窜货的处理方案
	8. 由区域内非合作商家主导的窜货事件的原因与对策
	9. 做好善后工作的 4 个方面
十二、更换经销商	1. 经销商整改备忘录
	2. 销售人员的心理障碍
	3. 销售人员化解经销商对立情绪的小技巧
	4. 妥善处理善后事宜的 4 个方面
	5. 经销商更换说明
	6. 货物转移程序
	7. 支持新经销商的 3 个方面
	8. 不要更换经销商的 4 种情况
十三、业务员管理	1. 业务员的 9 种工作职责
	2. 业务员管理存在的 7 大问题
	3. 有效管理业务员的 3 大主要内容
	4. 业务员的工作标准
	5. 业务员拜访及检查标准
	6. 厂家系列产品直供网点一览表
	7. 厂家驻地业务员直供网点拜访日报表
	8. 厂家驻地业务员检查表
	9. 厂家驻地业务员岗位职责及管理制度
	10. 督察员监督驻地业务员的岗位职责

附录 D　区域经理管理经销商的 14 大模块 91 种管理工具

续表

14 大模块	91 种管理工具
十四、日常工作	1. 两个经销商档案样本 2. 经销商的 4 种分类 3. 多种销售指标分析 4. 月度重点管理的 5 类经销商 5. 月工作行程表 6. 月度工作总结 7. 《经销商快讯》的 4 大好处 8. 月度销售工作总结会议安排